A Força Movente
da Música

Cartografias Sensíveis das
Cidades Musicais do Rio de Janeiro

Conselho Editorial

Alessandra Teixeira Primo – UFRGS
Álvaro Nunes Larangeira – UFES
André Lemos – UFBA
André Parente – UFRJ
Carla Rodrigues – UFRJ
Cíntia Sanmartin Fernandes – UERJ
Cristiane Finger – PUCRS
Cristiane Freitas Gutfreind – PUCRS
Erick Felinto – UERJ
Francisco Rüdiger – UFRGS
Giovana Scareli – UFSJ
Jaqueline Moll – UFRGS
João Freire Filho – UFRJ
Juremir Machado da Silva – PUCRS
Luiz Mauricio Azevedo – USP
Maria Immacolata Vassallo de Lopes – USP
Maura Penna – UFPB
Micael Herschmann – UFRJ
Michel Maffesoli – Paris V
Moisés de Lemos Martins – Universidade do Minho
Muniz Sodré – UFRJ
Philippe Joron – Montpellier III
Renato Janine Ribeiro – USP
Rose de Melo Rocha – ESPM
Simone Mainieri Paulon – UFRGS
Vicente Molina Neto – UFRGS

Apoio

A Força Movente da Música

Cartografias Sensíveis das
Cidades Musicais do Rio de Janeiro

Micael Herschmann
Cíntia Sanmartin Fernandes

Editora Sulina

Copyright © Autores, 2023

Capa: Humberto Nunes (elaborada a partir da obra "Incompletude", de 2008, de autoria da artista plástica Anna Maria Maiolino)
Projeto gráfico e editoração: Niura Fernanda
Revisão: Janaina Mello e Adriana Lampert
Editor: Luis Antonio Paim Gomes

Dados Internacionais de Catalogação na Publicação (CIP)
Bibliotecária Responsável: Denise Mari de Andrade Souza – CRB 10/960

H571f   Herschmann, Micael
        A força movente da música: cartografias sensíveis das cidades musicais do Rio de Janeiro / Micael Herschmann, Cíntia Sanmartin Fernandes. – Porto Alegre: Sulina, 2023.
        272 p.; 16x23cm.

        ISBN: 978-65-5759-106-2

        1. Meios de Comunicação. 2. Comunidades. 3. Comunicação Social. 4. Sociologia. 5. Cidades. 6. Música. I. Fernandes, Cíntia Sanmartin. II. Título.

CDU: 316.77
CDD: 302.23

Todos os direitos desta edição reservados à
EDITORA MERIDIONAL LTDA.

Rua Leopoldo Bier, 644, 4º andar – Santana
Cep: 90620-100 – Porto Alegre/RS
Fone: (51) 3110.9801
www.editorasulina.com.br
e-mail: sulina@editorasulina.com.br

Maio/2023
IMPRESSO NO BRASIL/PRINTED IN BRAZIL

Para Alessandra, Clara,
Janaína, Leandro, Maria
Eduarda, Pedro Ivo, Stela
e Verônica, importantes
afetos que nos ensinaram
de forma lúdica e amorosa
a partilhar o mundo.

Começamos desde o que a partir de agora é uma história dilatada, a qual propõe exigências inesperadas para cultivar a respons-abilidade [...]. O risco de escutar uma história é que essa pode requerer-nos dentro das redes que se ramificam e que não podem ser conhecidas antes de nos aventurarmos por entre a sua miríade de fios. [...] (Continuamos apegados) a passados em andamento, que se antecipam mutuamente em presentes densos e futuros ainda possíveis [...] (é fundamental) seguirmos com o problema em uma fabulação especulativa (Haraway, 2019a, p. 203).

Não vê que os rios nunca enchem o mar? A vida de cada um também é assim: está sempre toda por viver [...] (Couto, 2005).

Sumário

Breves anotações de uma extensa pesquisa cartográfica 11

1. Desafio de pesquisar as Cidades Musicais, especialmente as práticas e dinâmicas cotidianas menos visíveis................. 21
   1.1 Cidades Criativas no Brasil 24
   1.2 Músicas *nas* e *das* cidades.. 30
   1.3 Particularidades de quatro cidades do estado do Rio de Janeiro... 33
   1.4 Trabalho de campo em urbes com tramas musicais produtivas potentes 41

2. Rio de Janeiro – reinvenções e (re)existências 55
   2.1 Importância de estudar as culturas de rua cariocas em um contexto de valorização e investimentos em megaeventos... 56
   2.2 Entre as "conchas vazias" e a potencialidade das dinâmicas criativas urbanas cotidianas na área do porto do Rio de Janeiro 73
   2.3 Resiliências, Polinizações e (Re)existências articuladas às expressões da música negra urbana 103
   2.4 Protagonismos de grupos minoritários que vêm ressignificando áreas dessa urbe 126

3. Paraty – muito além da cidade dos festivais 167
   3.1 Da cidade das festas religiosas à cidade dos festivais 169
   3.2 Atores sinalizando desafios e perspectivas de mudanças 173

3.3 Festivais e práticas musicais como estratégias de desenvolvimento local relevantes 186

4. As ruas (en)cantadas de Conservatória 191
   4.1 Longevidade do circuito de seresta e serenata na localidade no Vale do Café 196
   4.2 O Arranjo Produtivo Local de Entretenimento 200
   4.3 Enfrentando os desafios locais e agenciando o desenvolvimento do território 202
   4.4 Capital da Serenata e da Seresta 209

5. Rio das Ostras: entre grandes festivais, tentativas de reconhecimento da Unesco e outras estratégias *branding* territorial 213
   5.1 Ressignificação musical da cidade 215
   5.2 Relevância e limites do Festival de *Jazz* e *Blues* 222
   5.3 Candidatura ao selo da Unesco 227
   5.4 A música como vetor importante capaz de alavancar o desenvolvimento local 234

6. O *fazer* com polinizador e (re)existente dos vagalumes, abelhas, formigas e borboletas pelos territórios 239

Referências 251

Breves anotações de uma extensa pesquisa cartográfica

O fascínio pelo cotidiano das cidades contribuiu significativamente para unir e (co)mover dois pesquisadores cujos olhares se debruçaram sobre as interações sensíveis e inteligíveis que foram realizadas nas localidades de Paraty, Rio de Janeiro, Conservatória e Rio das Ostras nos últimos anos, especialmente aquelas que gravitaram em torno das experiências musicais. Pode-se dizer que a forte convicção de que essas manifestações musicais são paradoxalmente agenciadas não só pelas instâncias do biopoder, mas também pelos atores locais em iniciativas biopolíticas (as quais se traduzem em práticas cotidianas de "re-existência") potentes e que promovem inclusão social, norteou o conjunto de reflexões elaboradas aqui por esses cartógrafos das experiências festivas e "transpolíticas" (Susca, 2019) urbanas.

Desse modo, a despeito do contexto mais adverso e autoritário vivido especialmente nos últimos anos sob a gestão de governos de extrema-direita no País, seguimos cartografando (sensivelmente) as ruas da cidade do Rio de Janeiro – na condição de pesquisadores das expressões artísticas que se (re)inventam com a urbe e, num gesto de perseverança e de desdobramento de pesquisas anteriores (Herschmann e Fernandes, 2014), incorporando em nosso fazer cartográfico mais três cidades do litoral e interior do estado (Paraty, Conservatória e Rio das Ostras) – isto é, acompanhamos, ao longo dos últimos cinco anos, atores/coletivos e suas respectivas redes que permaneceram *malgrè tout* atuando nas cidades e ressignificando imaginários a partir de "paisagens sonoras" (Schafer, 1969) potentes.

Esses atos político-musicais-sonoros (Fernandes, 2021) presentes no cotidiano foram considerados, por nós, relevantes e capazes de construir "territorialidades sônico-musicais" (Herschmann e Fernandes, 2014), as quais, em geral, ganham a forma de rodas, bailes, cortejos e microeventos de rua frequentes.

A nossa pesquisa esteve centrada em analisar a dinâmica que envolve coletivos artivistas e suas redes na ocupação da cidade, muitas vezes concretizada de forma autorizada, mas também de maneira informal e até clandestina. Nosso intento foi o de rastrear os atores, acompanhando as controvérsias e construindo cartografias que permitissem compreender as cidades não só pela ótica da funcionalidade, da aceleração, da impessoalidade, dos riscos e do medo, mas também como localidades marcadas por encontros, sociabilidades, afetividades e experiências de desaceleração. Nosso objetivo foi o de oferecer uma análise e fabulações urbanas que privilegiassem também aspectos menos visíveis das experiências musicais metropolitanas, especialmente daquelas subterrâneas, que se encontram "fora do radar" do poder público.

Vale sublinhar que ao realizar a nossa pesquisa empírica nos inspiramos no "pensamento tentacular"[1] de Haraway (2019a, 2019b, 2021, 2022) e terminamos por lançar mão de algumas metáforas oriundas do universo de Gaia, as quais são propostas nas obras de autores relevantes que se constituem em interlocutores-chave das nossas reflexões sobre os agenciamentos da música nas cidades cartografadas.

A primeira dessas metáforas está relacionada à nossa própria condição de "pesquisadores-formigas", que trabalhamos tomando como

---

[1] O pensamento de Haraway (2019a, 2019b, 2021, 2022) é provocativo e capaz de expandir as nossas reflexões sobre as diversas consequências geradas pelo Capitaloceno e a necessidade de pensar e imaginar (especialmente por meio de "fabulações especulativas") outros "futuros possíveis". O "pensar-agir tentacular" de Haraway significa "sentir e tentar" (inclusive está na etimologia do termo "tentáculo"), ou melhor, implica colocar à prova as fronteiras metodológicas para articular e expandir de forma inovadora os conhecimentos.

referência fundamental a Teoria Ator-Rede proposta por Latour (e outros especialistas em epistemologia da ciência) e seu conceito de uma necessária desconstrução da "Sociologia do Social" (Latour, 2012; Lemos, 2013; Callon, 2010). Para nós, "cartógrafos das controvérsias" da ANT (Actor Network Theory), essa abordagem teórico-metodológica se constitui em uma crítica contundente às teorias sociológicas que se apoiam em categorias sociais e, ao mesmo tempo, aposta em uma valorização radical do trabalho empírico. Em sua obra, Latour destaca a relevância de não ceder à tentação de usar atalhos e explicações esquemáticas, e enfatiza a necessidade de seguir tomando o mundo social da perspectiva da "formiga", atuando muito próximo aos atores, acompanhando o cotidiano deles em suas reagregações (Latour, 2012).

A segunda metáfora é a das "abelhas", proposta pelo economista Moulier-Boutang: valendo-se da noção de "polinização", esse autor identifica nas práticas cotidianas interdependentes das redes esse tipo de trabalho, que, como o das abelhas, não é reconhecido, mas é crucial para a agregação de valor e o funcionamento do capitalismo contemporâneo. No caso das abelhas, a contribuição desses insetos à polinização da biosfera não tem preço, por ser tão vital à sobrevivência do planeta e da vida. Do mesmo modo, a potência das externalidades produzidas pelas redes sociais é vital para o funcionamento do capitalismo atual: é de onde ele extrai grande parte da riqueza (Moulier-Boutang, 2007 e 2010). Assim, é possível considerarmos o trabalho colaborativo dos atores que constroem a cultura musical de rua carioca fundamental para a construção do cotidiano e da vida rica sociocultural da cidade, da qual participam diferentes segmentos sociais – e não apenas os turistas e a elite econômica que certamente têm recursos para gozar do leque de eventos que vêm sendo ofertados na nova cidade globalizada que está sendo construída desde o início do século XXI. Ao dar as costas à "sociedade do pólen carioca", isto é, ao gentrificar essa localidade e impor uma série de dinâmicas de regulação e repressão, como tem sido feito largamente na cidade do Rio, o poder público pode estar prejudicando de maneira contundente o funcionamento urbano mais fluido e criativo na região. Felizmente, diferentemente das abelhas (praticamente exterminadas em algumas localidades do planeta pelos graves desequilíbrios produzidos pelo antropoceno) – como pudemos observar na nossa pesquisa – os artistas e suas redes não cessam de "polinizar" e ressignificar essa metrópole que, a despeito de tudo (especialmente de estar experienciando uma crise sem precedentes), seguem apresentando sinais de vitalidade nas tramas cotidianas.

A terceira e quarta metáforas são as dos "vagalumes" e "borboletas" propostas pelo filósofo e historiador da arte Didi-Huberman em sua obra. A de vagalumes, anteriormente já empregada por Dante e Pasolini, é retomada de forma mais solar por Didi-Huberman em seu livro *A sobrevivência dos vagalumes*. Em suas reflexões, este autor (2011) parte especialmente do famoso artigo "O vazio do poder na Itália", escrito por Pasolini, em 1975, e no qual o cineasta lamenta a morte dos vagalumes, que seriam para ele fulgurações figurativas de momentos de graça que resistem ao mundo do terror, isto é, lampejos de inocência, em contextos marcados pelo aniquilamento e precarização, graças ao fascismo e, posteriormente, ao modo de vida burguês triunfante. Didi-Huberman (2011) questiona o fatalismo desesperado de Pasolini e identifica possíveis lampejos dos vagalumes nos agenciamentos das experiências e das imagens na contemporaneidade. Assim, este filósofo resgata a noção de ressurgência, de Arendt, para quem seria preciso reconhecer a vitalidade das sobrevivências e da memória quando essa encontra formas justas de transmissão. E, finalmente, em outros trabalhos seus em que aborda temáticas correlatas, especialmente sobre as dinâmicas de "levantes", Didi-Huberman trata da potência dos panfletos políticos, também conhecidos em francês como *papillons*. Para esse autor, as borboletas são mensagens desobedientes elaboradas "desde o início para voar", feitas para serem lançadas à multidão. Portanto, quase sempre são lançadas às nuvens: não se sabe exatamente "como" e "se" as mensagens serão recebidas. Destaca ainda que, de modo geral, são textos feitos de luz e sombras em nome dessa potência que se chama de levante (Didi-Huberman, 2019). Vale sublinhar que, em conversas formais e informais que tivemos com os atores nas cidades pesquisadas, quase sempre foi destacada por eles – em seus discursos – a aptidão das músicas em criar atmosferas e ambiências sedutoras e envolventes, isto é, a capacidade de ressignificar positivamente a experiência urbana, mesmo em contextos de ampliação da repressão do Estado e de crescimento da violência nas cidades. Ao mesmo tempo, sublinham a importância das "performances" (Taylor, 2013) musicais, como forma de transmitir conhecimentos associados direta e indiretamente às culturas de minorias da urbe. Pode-se dizer que essas experiências musicais pesquisadas vêm produzindo experiências potentes de imersão sonora, as quais veiculam mensagens relevantes e políticas que constroem um imaginário e, de certa maneira, outro mundo possível no cotidiano dessas cidades.

Salientamos que, provavelmente, teria sido impossível realizar esse trabalho hercúleo e desenvolver essa perspectiva "tentacular" ao se debruçar sobre este estudo – no processo de construção dessas cartografias sensíveis e das controvérsias dessas quatro cidades musicais do estado do Rio de Janeiro – se não tivéssemos contado com a valiosa colaboração e o apoio incansável da equipe interinstitucional de investigação que foi organizada, envolvendo os grupos de pesquisa Comunicação, Arte e Cidade (vinculado ao Programa de Pós-Graduação em Comunicação da Universidade do Estado do Rio de Janeiro) e o Núcleo de Estudos e Projetos em Comunicação (vinculado ao Programa de Pós-Graduação em Comunicação da Universidade Federal do Rio de Janeiro). Essas equipes nos acompanharam em quase todas as etapas do extenso trabalho de campo que foi realizado: assim, não só tivemos a oportunidade em inúmeras ocasiões de discutir com esses pesquisadores as nossas reflexões, trechos de depoimentos e informações controversas, mas também pudemos contar com sua presença e empenho em contribuir com a difícil tarefa de "seguir os rastros" (Latour, 2012) dos atores locais.

Além das dificuldades logísticas e dos grandes desafios de trabalhar com um extenso *corpus* empírico (que envolveu lidar com distintas "realidades" e dinâmicas sociais de diferentes localidades dessa macrorregião), sublinha-se que foi difícil concluir a parte final dessa pesquisa por conta do impacto do contágio acelerado (e constante) e das medidas sanitárias que foram adotas no contexto da pandemia de Covid-19 no País. Poderíamos listar de maneira resumida algumas dessas dificuldades enfrentadas e que, sem dúvida, afetaram os resultados aqui apresentados: a) a impossibilidade de fazer presencialmente o trabalho de campo nas cidades selecionadas durante um longo período, dado os riscos que a pandemia oferecia aos atores e a todos os envolvidos direta e indiretamente com essa investigação; b) a distorção dos dados socioeconômicos das cidades pesquisadas, por conta do contexto de uma profunda crise que afetou dramaticamente os atores nas localidades (e de excepcionalidade deflagrada pela pandemia); c) e, evidentemente, a interrupção da maioria das atividades dos artistas/produtores nos territórios e das dinâmicas culturais rotineiras e programadas nas cidades, bem como o redirecionamento de boa parte das políticas públicas para programas emergenciais (assistenciais e de apoio) aos atores nessas cidades. Aliás, não foi só a pandemia que lançou obstáculos a esta iniciativa acadêmica: desde 2016, a chegada ao poder de grupos conservadores e religiosos de extrema-direita nas esferas municipais, estaduais e federal dificultou não só a implementação de políticas públicas progressistas e democráticas em diferentes regiões, mas também a liberação de recursos para as áreas de ciência e tecnologia do País (dificultando em alguns momentos, em função dessas carências, o cumprimento de etapas da nossa agenda de pesquisa).

Nessas linhas iniciais, gostaríamos de informar ao leitor que se buscou, com essa iniciativa acadêmica, apresentar ao público não apenas um livro com os resultados de uma longa pesquisa realizada entre 2017 e 2022, mas também uma plataforma digital como uma cartografia sensível das quatro cidades pesquisadas (https://www.cartografiasmusicais.com.br). A nossa intenção foi a de oferecer uma plataforma digital – composta de farto material audiovisual – na qual o usuário poderá acessar depoimentos dos atores e conhecer um pouco das atividades e dos eventos que são concretizados nessas localidades: a nossa aposta é a de que o público, ao acessar esses conteúdos variados, seja capaz de compreender um pouco o potencial de reconfiguração das iniciativas musicais, isto é, não só a sua capacidade em contribuir para a democratização do acesso à vida cultural e aos espaços desses territórios, mas também a sua importância para a construção de sinergias com outras cadeias produtivas e novos patamares de desenvolvimento local sustentável. Em outras palavras, buscou-se oferecer o acesso mediado a um conjunto de experiências sensíveis que talvez ofereçam elementos mais palpáveis para que o público (re)dimensione a relevância da música nos processos de ressignificação do cotidiano e do imaginário das urbes pesquisadas.

Evidentemente, não poderíamos encerrar este breve texto inicial sem agradecer aos pesquisadores, atores locais, assistentes de pesquisa, técnicos e alunos de graduação e pós-graduação que contribuíram de alguma maneira para as reflexões e a pesquisa que fundamentaram a elaboração deste livro e da plataforma digital cartográfica. Expressamos aqui o nosso agradecimento aos seguintes colaboradores: Andrea Estevão, Antônio Consciência, Carla Helal, Cristiane Carvalho, Cristiane Mazeda, Eduardo Bianchi, Erick Felinto, Fabiano Lacombe, Flavia Magalhães, Indira Oliveira, Janaína Mello, Joaquim

Lima, João Grand Junior, Leonardo de Marchi, Luciana Guilherme, Luiza Kosovski, Marcos Rego, Marialva Barbosa, Maria Lívia Roriz, Michelle Ezequiel, Rafael J. da Silva, Rodrigo Morelato, Sami Brasil, Stênio Matos, Tatiane Mendes, Taissa Maia, Taíza Moraes e Victor Belart. Além disso, a todos que colaboraram com a conclusão deste trabalho e que infelizmente não foram mencionados, deixamos aqui registrado o nosso muito obrigado. E, finalmente, aproveitamos essa oportunidade para agradecer imensamente a FAPERJ, CAPES e CNPq – importantes agências de fomento à pesquisa do País – pelo apoio fundamental que permitiu a concretização dessas iniciativas de caráter acadêmico em um contexto de crise, tão adverso e complexo vivido no Brasil.

Para finalizar essa apresentação, gostaríamos de sublinhar dois aspectos que estiveram presentes no processo de elaboração deste livro. Primeiramente, enfatizamos que ao elaborar essa publicação não pretendíamos de maneira alguma esgotar o debate sobre as cidades musicais (e criativas) ou apresentar "soluções ou alternativas redentoras", mas, sim, buscamos subsidiar a construção de um necessário, amplo e profícuo diálogo que permita "seguirmos lidando com o problema" (Haraway, 2019a, 2019b e 2022), isto é, que possibilite a diferentes lideranças, especialistas, artistas, técnicos e políticos continuarem enfrentando de maneira questionadora e democrática os desafios dos municípios brasileiros na sua busca pela competitividade e/ou pelo desenvolvimento local sustentável (Buarque, 2008).

Em segundo lugar, destacamos que este livro não é dirigido apenas aos membros da comunidade acadêmica, mas, sim, a um público mais amplo e interessado em se aprofundar no debate sobre o possível papel da "criatividade" (Florida, 2005; Reis, 2012) na construção de ciclos virtuosos, de prosperidade urbana. A partir dos estudos de caso das cidades do Rio de Janeiro, Paraty, Rio das Ostras e Conservatória, buscamos oferecer ao leitor um leque de experiências municipais ricas que certamente subsidiarão uma compreensão mais crítica e plural da complexidade dos desafios que vêm sendo enfrentados no estado do Rio de Janeiro, especialmente nos processos e dinâmicas locais – mais ou menos institucionalizados – que agenciam a cultura como um vetor fundamental para alcançar novos patamares de desenvolvimento local.

1. Desafio de pesquisar as Cidades Musicais, especialmente as práticas e dinâmicas cotidianas menos visíveis[2]

> Que nação é essa
> Que se manifesta na voz do tambor
> Que nação é essa [...]
> Que balança o mundo, que arrasta massa
> [...] tem poeta na praça
> Nação de ritmos, do violão brasileiro
> Da bossa nova, do samba de roda [...]
> Nação de músicos revolucionários [...]
> Cidade da música, da música [...]
>
> (Trechos da canção *Cidade da Música*,
> de Daniela Mercury)

O conceito de "cidade criativa" vem se tornando cada vez mais presente em se tratando de políticas culturais contemporâneas, especialmente no âmbito dos municípios. Sabemos, no entanto, que a aposta na criatividade articulada ao planejamento urbano não é nova e vem sendo acionada de diversas maneiras: nesse sentido, do final dos anos 1970 ao início da década de 2000, autores como Arantes (2002), Zukin (1982), Vaz e Jacques (2001) discorreram sobre a progressão do pareamento da cultura com planejamento e projeto urbano (Seldin, 2015 e 2016). Esses e outros autores sugerem que o fenômeno

---

[2] Informa-se ao leitor que trechos deste capítulo foram publicados em Fernandes e Herschmann, 2018.

de desindustrialização levou a uma série de revezes econômicos em cidades que, até então, dependiam intensamente da produção de bens de consumo manufaturados. Declínios na oferta de emprego e a degradação da paisagem urbana foram apenas algumas das consequências desse fenômeno que atinge várias urbes do globo. Assim, as imagens de cidades decadentes e desindustrializadas levaram crescentemente os gestores urbanos a tentar reavivar desesperadamente as economias locais por meio do investimento, especialmente na construção de *clusters*, distritos criativos e polos turísticos.

Ao mesmo tempo, constata-se que no século XXI a noção de criatividade adquiriu uma nova roupagem e se apresenta como uma alternativa à construção de cidades pós-industriais mais prósperas: como sendo capaz de contribuir decisivamente na reconfiguração da imagem das cidades que buscam inserir-se de forma mais competitiva no mundo globalizado (Reis, 2012).

Gostaríamos de ressaltar que, a despeito do uso pouco rigoroso desta noção, consideramos aqui a "criatividade" como uma importante riqueza na dinâmica do capitalismo contemporâneo (do chamado "Capitalismo Cognitivo"): constitui-se em uma potencialidade que se exprime como um "saber vivo" e colaborativo, constituído a partir das interações entre os diferentes tipos de saber, tais como o técnico, científico, artístico e tácito (aquele baseado em experiências cotidianas) (Moulier-Boutang, 2007; Cocco *et al.*, 2003).

Antes que se possa gerar mal-entendidos, é importante situar o leitor em relação à perspectiva que é desenvolvida aqui e que busca, de modo geral, construir um olhar bastante crítico a respeito dos projetos de cidades musicais e criativas que vêm sendo implementados no País. Entretanto, é preciso também salientar que o público não encontrará aqui uma condenação *a priori* desses projetos e processos que vêm sendo organizados em diversos territórios, pois é preciso reconhecer inclusive nessas dinâmicas locais o engajamento e, muitas vezes, a "boa-fé" de muitos atores envolvidos direta e indiretamente na incessante busca, não só de um projeto coletivo, mas também por novos patamares de desenvolvimento para os seus respectivos territórios. Ou seja, adverte-se que seria fácil – de antemão – desqualificar neste livro as teorias, iniciativas e debates sobre cidades criativas em qualquer contexto – mas ao mesmo tempo profundamente superficial e reducionista –, argumentando-se por exemplo que, na maioria das vezes, por detrás de tudo isso, o que vem se construindo efetivamente é um território gentrificado, excludente e *friendly* especialmente aos interesses turísticos (de preferência elitizados) e, de modo geral, ao mundo dos *business* dos grandes *players*, em detrimento dos interesses locais, da maioria da população (especialmente o "direito à cidade" [Lefebvre, 2015] dos segmentos sociais mais pobres ou minoritários). Ao mesmo tempo, evidentemente, a nossa perspectiva é bastante criteriosa em relação à postura de alguns especialistas de inúmeras municipalidades que têm atuado de maneira ávida na busca por soluções rápidas e "redentoras": poder-se-ia dar o exemplo daqueles que abraçam apressadamente os três *Cs* de Charles Landry (cultura, comunicação e cooperação) e/ou aqueles que incorporam os três *Ts* de Richard Florida (talento, tecnologia e tolerância) nos processos de replicação de modelos de políticas de desenvolvimento para as localidades (Landry e BianchinI, 2000; Florida, 2002).

Uma das chaves para a compreensão dos pressupostos que norteiam os autores deste livro é, sem dúvida, oferecida por Szaniecki, quando ela afirma que: a "cultura é ambiguamente biopolítica [...] constitui-se em poder sobre a vida, mas também em potência transformadora da vida" (Szaniecki, 2016, p. 23). Portanto, a hipótese central abraçada aqui é a de que, quando o poder público e instituições definem localidades do estado do Rio de Janeiro como "cidades criativas", sua população se encontra diante dessa ambiguidade: por um lado, há processos de submissão às diferentes esferas de "biopoder" (Foucault,

2010) mais ou menos institucionalizadas em cada região; e, por outro, há também possibilidades de os atores (re)construírem "re-existências" (Fernandes et al., 2022) e processos de ressignificação relevantes no cotidiano dessas urbes (Herschmann e Fernandes, 2014).

1.1 Cidades Criativas no Brasil

A despeito das inúmeras críticas dos atores locais identificadas ao longo da nossa pesquisa nessas localidades, pode-se dizer que o projeto de construção de "cidades criativas" (Fernandes e Herschmann, 2018) tem adquirido relevância nas agendas de políticas públicas e de planejamento urbano. Parece haver uma crescente consciência entre lideranças, artistas e autoridades públicas de que a cidade deve ser a unidade a partir da qual se devem propor e implementar políticas públicas que beneficiem a economia da cultura, uma vez que as atividades que a compõem estão de tal forma entrelaçadas a outros setores econômicos e questões sociais (tais como turismo, gastronomia, qualidade de vida, desenvolvimento sustentável, educação, moradia, lazer, direito à cidade, história, entre outros) que apresentam um alto potencial para produção de "externalidades" positivas em cada uma dessas áreas e, de modo geral, para o território (Cocco, 2003).

Pode-se dizer que a construção de "cidades criativas" é hoje parte de um ativismo municipal emergente que busca acionar um conjunto de estratégias que visam tornar as localidades melhor preparadas para enfrentar a "competição interurbana num mundo globalizado" (Vivant, 2012). A grande questão é: como tirar as cidades de um quadro de marasmo ou de decadência industrial e torná-las territórios mais atraentes e dinâmicos? Claro que essas estratégias neodesenvolvimentistas têm variado bastante, não só no que se refere à endogenia e às densidades dos processos, mas também em função da instabilidade das políticas implementadas (que começam e cessam de acordo com os interesses de lideranças e políticos locais) (Reis, 2012). Aliás, a descontinuidade das políticas é, em geral, apontada pelos especialistas como uma das grandes dificuldades enfrentadas no contexto brasileiro (Rubim, 2007; De Marchi, 2018).

No que se refere especificamente à modalidade musical, há, em geral, duas linhas de atuação. Na primeira, dão-se incentivos fiscais para o estabelecimento de *clusters* e distritos nas localidades – o que facilita os intercâmbios de conhecimento e os associativismos entre os *players*. E, na outra, aposta-se em atividades relacionadas à música ao vivo, desde grandes festivais espetaculares envolvendo grandes estrelas da música e matérias jornalísticas de ampla divulgação até microeventos de rua que mobilizam os seus nichos de público basicamente por *posts* e matérias audiovisuais veiculados especialmente nas redes sociais.

No entanto, tem sido sob o patrocínio da Unesco que as políticas para a conformação de cidades musicais têm adquirido mais legitimidade, visibilidade e institucionalidade. Desde 2004, com a criação da Rede de Cidades Criativas, a Unesco tem promovido a cooperação entre as cidades que identificaram a criatividade como fator estratégico para o desenvolvimento urbano sustentável. Essa iniciativa está fortemente relacionada a certa abordagem da entidade à diversidade cultural e se soma aos esforços de outra agência das Nações Unidas, a Conferência das Nações Unidas para o Comércio e Desenvolvimento (UNCTAD), para apresentar a economia criativa como conjuntos de estratégias para alcançar desenvolvimento ecologicamente e economicamente sustentável, e socialmente inclusivo.

No caso do Brasil, é possível atestar que: primeiramente, as discussões sobre economias e cidades criativas ganharam volume a partir dos debates acerca de políticas culturais que foram implementadas nas gestões de Gilberto Gil e Juca Ferreira; e que, posteriormente, adquiriram mais efetividade, especialmente a partir da gestão da Ana de Hollanda, no Ministério da Cultura, com a criação da Secretaria Especial de Economia Criativa. Infelizmente, o investimento maior na questão criatividade coincide com o gradativo abandono em programas exitosos de grande capilaridade e socialmente muito relevantes, como os Pontos de Cultura do Cultura Viva (Szaniecki, 2016). Assim, por um lado, parte-se do pressuposto de que poderiam ter coexistido no País projetos que valorizam as redes de criadores locais, como os Pontos de Cultura, e o investimento na criação das secretarias de Economia Criativa (nos âmbitos municipais, estaduais e federal). Nesse sentido, alguns pesquisadores, tais como João Grand Junior e João Luiz Figueiredo, argumentam que se poderia construir no Brasil uma "outra perspectiva teórica e conceitual de economia criativa, que levasse em conta o cotidiano e a dinâmica das redes de criadores nos territórios, que se poderia denominar de 'economia criativa e popular'"[3]. Por outro lado, reconhece-se que, lamentavelmente, a atenção em relação aos aspectos mais endógenos e colaborativos dos processos criativos dos territórios foi de certa forma relegada a um segundo plano pelas políticas públicas priorizadas no País a partir de 2012. Na avaliação de alguns críticos, essa guinada global das políticas na direção das economias criativas tem contribuído para o adensamento de uma lógica neoliberal no cotidiano e imaginário urbanos, que tende a colocar o empreendedorismo e a criatividade cada vez mais na centralidade da construção de um território competitivo hoje no mundo globalizado: esses autores postulam que essa "virada" tem resultado frequentemente na priorização dos interesses do grande capital e tem conduzido, de modo geral, a precarização e responsabilização dos atores locais pelo insucesso das iniciativas (Raudig, 2008; Szaniecki, 2012). O fato, por exemplo, da organização da Rede Brasileira de Cidades Criativas

---

[3] Comentário feito em entrevista realizada com João Grand Junior, geógrafo e pesquisador de economia criativa, concedida à pesquisa no dia 11 de agosto de 2022.

ter sido assumido pelo Ministério do Turismo[4] pode nos levar a duas conclusões relevantes e não necessariamente excludentes: a primeira é a de que, na carência de um Ministério da Cultura (suprimido em 2019, nas reformas administrativas da gestão do então presidente Bolsonaro), o de Turismo foi acionado para suprimir a representação desse debate no âmbito federal e internacional; e, em segundo lugar, que a lógica turística é preponderante nas iniciativas que envolvem as cidades criativas.

Goste-se ou não, o fato é que os projetos e as apostas na construção de cidades criativas têm se tornado cada vez mais comuns: não têm apenas conquistado a adesão de técnicos e lideranças locais, mas também gerado inúmeros desdobramentos no País, especialmente do ponto de vista das estratégias de marketing territorial. Só para que se tenha uma ideia do crescente interesse na construção de cidades criativas: de acordo com informações divulgadas pelos municípios, até 2022 tínhamos no Brasil doze localidades brasileiras já contempladas com o selo de Cidades Criativas da Unesco, são elas: a) Florianópolis, Belo Horizonte, Paraty e Belém (Gastronomia); b) Brasília, Curitiba e Fortaleza (Design); c) João Pessoa (Artesanato e Artes Populares); d) Santos (Cinema); e) Campina Grande (Artes Midiáticas); f) e, finalmente, Salvador e Recife (Música).

Analisando o estardalhaço e o empenho dessas urbes em conseguir esse selo da Unesco, poderíamos nos fazer algumas indagações: por que para inúmeras cidades hoje é tão importante serem reconhecidas nacional e internacionalmente como localidades que contêm eco-

---

[4] Para mais informações sobre a formação dessa rede de cidades criativas conferir: Ministério do Turismo. MTur e Unesco selecionam consultoria para implementação da Rede Brasileira de Cidades Criativas. *Gov.br*, Brasília, 27 jul. 2022.
(Disponível em: <https://www.gov.br/turismo/pt-br/assuntos/noticias/mtur-e-unesco-selecionam-consultoria-para-implementacao-da-rede-brasileira-de-cidades-criativas>. Acesso em: 8 ago. 2022).

nomias criativas? Será que, de fato, isso pode representar vantagens competitivas significativas para os territórios no mundo globalizado e/ou são estratégias de marketing territorial oportunistas muito em voga na atualidade? E para as populações que habitam essas cidades: efetivamente corrobora para a inauguração de dinâmicas e políticas públicas locais mais inclusivas (democráticas) que serão capazes, portanto, de colaborar para trazer novos patamares de desenvolvimento sustentável para essas regiões? Essas e outras questões orientam parte das análises desenvolvidas neste livro.

Como assinalado anteriormente, o debate sobre economias, indústrias e cidades criativas chegou ao Brasil na década passada, durante a gestão do então ministro da Cultura Gilberto Gil, associado ao debate sobre a relevância da informação e do conhecimento na sociedade contemporânea. Sedimentado e aplicado nos anos 1990 como principal referência para a produção de políticas públicas na Inglaterra (que alcançou alguns resultados expressivos), o fato é que esse conjunto de pressupostos e conceitos (muitos deles, precários) foi absorvido no Brasil e em outros países de forma muito pouco crítica. De certa maneira, seria possível afirmar que as autoridades brasileiras e de diferentes localidades "compraram" um debate neodesenvolvimentista – que passa por inúmeros campos do saber, mas especialmente por economia, geografia, urbanismo, comunicação, turismo e sociologia – e, que vem propondo novos modelos de incremento socioeconômico (de tom mais ou menos neoliberal, dependendo da região) no globo. Poder-se-ia afirmar que, com a crise dos modelos industriais, a saturação do setor de serviços e o advento da era digital, um número cada vez maior de autoridades e tecnocratas – a partir dos anos 1990 – começa a abraçar a ideia de que a alternativa de retomada para construir um contexto de mais prosperidade passaria pela construção de tramas ou *clusters* locais inovadores e que isso geraria vantagens competitivas significativas para os atores e regiões no mundo globalizado. Assim, vão ganhando força noções como "economia" e "cidade criativa" por todo o mundo e, especialmente, dentro de organismos internacionais de destaque – como OMC, Unesco e BID – preocupados com as crises mundiais recorrentes. É sempre relevante sublinhar como o uso das novas tecnologias, especialmente a partir da segunda metade dos anos 1990, fez com que a planta da fábrica fosse de certo modo "implodida" e as atividades produtivas começassem a se organizar em rede e pelos territórios (não à toa, para alguns autores a "cidade é considerada a nova fábrica", o atual espaço de "articulação" e "lutas"). O resultado é que a cidade segue ganhando – cada vez mais – centralidade, e é para lá que migram possíveis projetos coletivos[5].

Assim, frequentemente a indagação que de alguma forma emerge nos intercâmbios envolvendo os pesquisadores – os quais se deparam com o desafio de tomar este debate sobre "cidades criativas" com a seriedade e o rigor exigidos –, é a de que investir nesta discussão seria talvez oferecer mais visibilidade a uma lógica "mimética" e "reducionista" que aposta em "receitas de sucesso". Isto é, ao trazer à tona um conjunto de "ideias fora do lugar" (Schwarz, 1999) para diferentes contextos específicos, a pergunta que norteia as discussões é se, ao se considerar esse horizonte e pressupostos, não se estaria avaliando de alguma maneira a aplicação de uma agenda neoliberal e/ou mesmo de um "modelo exógeno", os quais vêm sendo replicados em distintas cidades do globo.

Apesar desses riscos, é preciso recordar também que essa agenda das cidades criativas já foi assumida por um expressivo número de tecnocratas de diferentes regiões do planeta como uma forma de uma urbe se posicionar e competir pelos investimentos, recursos e volumes

---

[5] O conceito de "Cidades Criativas" foi proposto primeiramente por dois arquitetos, Landry e Bianchini, Ainda Em 1994, Mas Depois Retomado Com Vários Sentidos Por Inúmeros Autores (Landry E Bianchini, 1994; Reis, 2012; Florida, 2002).

de consumo com outras metrópoles na atualidade. Portanto, ao assumir este desafio de pesquisar as cidades criativas, busca-se não só tentar garantir que o debate ganhe mais densidade e dimensão crítica (não se restringindo à pauta de gestores públicos e políticos), mas também possibilitar a construção – ainda que de forma precária – de um diálogo necessário entre o meio acadêmico e a sociedade, em torno de uma temática de grande relevância e atualidade.

Além disso, muitos pesquisadores mais propositivos questionam se efetivamente não seria possível que as investigações (que vêm sendo realizadas) contribuam um pouco para uma possível revisão das políticas públicas em curso, tornando os processos de construção das cidades criativas um pouco mais democráticos e "endógenos", possibilitando que os atores locais desempenhem um protagonismo maior na ressignificação dos territórios, de modo que essas políticas passem a privilegiar diretamente a construção ou ampliação do Estado de bem-estar social dos seus habitantes ou mesmo a constituição do "comum". A ideia subjacente ao pensamento de Hardt e Negri (2009) é a de que não haveria "comum" sem o processo de produzi-lo: portanto, o comum seria uma constante construção coletiva: isto é, seria uma soma constituída pelos bens elementares, essenciais, como o ar, a luz, os oceanos, a alimentação, os corpos, o patrimônio ambiental, mais aquilo que criamos em nosso próprio benefício, como a arte, os *softwares* livres, a internet, os espaços públicos das cidades, mais a gestão comunitária desses bens entre os pares (que da perspectiva desses autores deveriam efetivamente se autogovernar).

1.2 Músicas *nas* e *das* cidades

A ideia de lançar mão da música como um significativo "recurso" de *turning point*, o qual poderia dinamizar determinado território, é um argumento cada vez mais presente na literatura especializada, nos discursos de autoridades e lideranças locais[6]. O grande êxito de festivais que se territorializaram, como Lollapalooza (na cidade de Chicago), Reading (em Leeds), Sónar (em Barcelona) e SXSW (em Austin), é com grande frequência atribuído ao fato de serem eventos que beneficiaram de diferentes maneiras algumas metrópoles. Ao mesmo tempo, há que se reconhecer também que a nomenclatura "cidades musicais" ganhou efetivamente mais notoriedade internacional (de fato vem se popularizando) a partir de 2004, quando foi criado esse tipo de selo pela Unesco, para designar as cidades que apresentam uma produção musical muito potente no seu território (para localidades que teriam supostamente uma "vocação regional" para a música)[7].

A nossa proposta aqui é a de inserir, aprofundar e expandir o debate sobre dinâmicas criativas nas cidades, privilegiando o conjunto de reflexões que contempla as experiências vividas pelos atores – valori-

---

[6] Alguns especialistas chegam a postular que o momento de organização e realização de eventos como festivais de música (Bennett *et al.*, 2014; Wynn, 2015), podem vir a se constituir em acontecimentos fundacionais que agregariam os atores de diferentes segmentos sociais e que poderiam alavancar não só o desenvolvimento local, mas também uma "sociabilidade cosmopolita" (e até instaurariam relações mais "interculturais" em um território). Ora, sem discordar inteiramente dessa literatura, o que as investigações apresentadas neste volume vêm sinalizando é que isso eventualmente acontece em algumas cidades, mas há também processos e desdobramentos que vão em outras direções e envolvem processos de exclusão, práticas autoritárias e corrupção, exigindo uma reflexão mais cuidadosa e menos generalizadora.

[7] A Unesco passou a associar títulos aos territórios desde que essas cidades fossem capazes de comprovar que em seu território há algum setor criativo dentre os sete que este organismo internacional considera estratégicos (os setores considerados cruciais são os do artesanato & arte popular, *media art*, cinema, *design*, gastronomia, literatura e música). Portanto, a Unesco criou a Rede de Cidades Criativas (UCCN) para promover a cooperação entre as cidades que identificaram a criatividade como um fator estratégico para o desenvolvimento urbano sustentável. Hoje já existem quase duas centenas de cidades que compõem essa rede e, dessas, temos algumas dezenas designadas como *musicais*. Dentre essas, estão metrópoles como Bolonha, Glasgow, Sevilha e, desde 2016, a cidade de Salvador (na Bahia). (Mais informações ver o seguinte link: <http://en.unesco.org/creative-cities>. Acesso em: 15 dez. 2022).

zando as experiências dos corpos, em atuações performáticas, sonoras, táteis e/ou teatralizadas – que sobretudo considera o espaço urbano um "lugar amplamente praticado" (De Certeau, 1994). Parte-se aqui da perspectiva de que é importante considerar não apenas se a "cidade é musical" (ou seja, se possui dinâmicas institucionalizadas envolvendo desde o ensino da música, passando pela produção e circulação, até seu consumo; se historicamente possui uma produção significativa e visível que permitiria afirmar que há uma "vocação local"[8] voltada para essa prática artística; se existem profissionais e/ou equipamentos culturais privados e públicos usados para exibição dessa produção regional; e/ou as políticas públicas de fomento e apoio a esse tipo de atividade), mas também as tramas da "música na cidade" (nas análises, é preciso levar em conta também: a produção espontânea e dinâmicas pouco institucionalizadas; os ecossistemas musicais locais invisíveis presentes no cotidiano; e/ou as práticas musicais minoritárias transgressivas, que incomodam e que são até proibidas, as quais desafiam as práticas regulatórias da urbe) que em geral estão "fora do radar" do poder público, mas podem se constituir em significativas riquezas locais. Em outras palavras, ao longo deste livro buscou-se de certa maneira se debruçar não apenas sobre o que era muito aparente e debatido nessas cidades, isto é, procurou-se analisar as potencialidades dos "ecossiste-

---

[8] Vale salientar que, ainda que se possa identificar setores (da economia) e tramas produtivas (criativas) de grande dinamismo nos territórios, empregamos aqui o termo "vocação local ou regional" com muitas reservas, de maneira bastante crítica. Ao contrário de parte da literatura que analisa o papel das cidades no mundo globalizado e celebra a identificação de vocações regionais (Sassen, 1996), muito estudos empíricos densos sobre desenvolvimento local não só nos advertem para a pluralidade de atividades significativas realizadas em muitas dessas localidades (muitas delas não identificadas como tal pelo poder público), como também problematizam esse tipo de perspectiva reducionista (Figueiredo e Jesus, 2017). Perguntam-se se, ao privilegiar com apoios e políticas públicas essas vocações, essas cidades não estariam ao mesmo tempo canalizando recursos e, de certa forma, "dando as costas" para outras relevantes riquezas, capazes também de contribuir para o desenvolvimento daquelas regiões.

mas musicais (in)visíveis e subterrâneos", oferecendo também, para reflexão, cartografias das experiências musicais coletivas "quase invisíveis" das localidades. Assim, procurou-se nesta publicação repensar a relevância também dos "ecossistemas musicais de pouca visibilidade e/ou quase subterrâneos" (virtuais e presenciais) como importantes riquezas: avaliando seu potencial sinérgico no incremento direto e indireto das "cadeias das economias criativas" de urbes estratégicas do estado do Rio de Janeiro, tais como as cidades de Rio de Janeiro, Paraty, Conservatória e Rio das Ostras.

1.3 Particularidades de quatro cidades do estado do Rio de Janeiro

Assim, a partir dos estudos de caso das cidades de Rio de Janeiro, Paraty, Conservatória e Rio das Ostras, analisou-se especialmente a importância das atividades musicais realizadas ao vivo e nos espaços públicos e privados por artistas coletivos e/ou redes sociais, para a ressignificação dessas urbes do estado do Rio de Janeiro, isto é: buscou-se repensar a sua capacidade em converter esses territórios em espaços mais democráticos (com melhores níveis de inclusão e participação social) e com dinâmicas mais interculturais. Parte-se do pressuposto de que há uma cultura musical potente nessas localidades, praticada por diversos atores (a grande maioria "engajados") e que é capaz de criar condições não só para a ampliação da sociabilidade, mas também para a ressignificação inovadora dos espaços dessas cidades (Herschmann e Fernandes, 2014).

Evidentemente, essas urbes possuem um número consistente de atividades musicais que são programadas para serem realizadas em espaços privados e têm uma função importante na construção de um imaginário urbano de "territorialidades" (Haesbert, 2010) e sociabilidades que gravitam em torno da música (infelizmente, nem sempre são espaços capazes de proporcionar o intercâmbio entre variados segmentos sociais). Mais do que isso: essas cidades têm sido capazes de abrigar – especialmente em função da articulação dos atores locais – "cenas musicais" (Straw, 2006) significativas em seu território.

A hipótese que norteou a investigação concluída alicerçou-se no pressuposto de que existiriam "cidades musicais" pelo Brasil e pelo mundo (evidentemente, com suas respectivas e relevantes singularidades), tais como as quatro cidades que estão sendo pesquisadas. Um pouco distinto da noção de "cidades musicais" (como modalidade de "cidade criativa"[9]), tal como formulado pela Unesco, emprega-se esse conceito para designar localidades que possuem "territorialidades sônico-musicais" significativas que, pela ação ao longo do tempo, promovem expressivas modificações no imaginário e no cotidiano urbano (Bennett *et al.*, 2014; Wynn, 2015).

Com a noção "territorialidades sônico-musicais" busca-se valorizar a importância da música e das inúmeras sonoridades presentes no cotidiano das cidades para os processos de reterritorialização que serão realizados pelos atores pesquisados. Muitas vezes a decisão da área que será ocupada com música leva em conta não só a circulação dos atores, mas também o fluxo e a intensidade dos fluxos sônicos do

---

[9] Os conceitos de "indústrias criativas", "economia criativas" e "nação criativa" dos quais derivou o conceito de "cidades criativas" (a maioria desses, cunhados na primeira metade dos anos 1990) incluem dinâmicas de produção, circulação e consumo de bens criativos e culturais abrangendo de forma difusa áreas como arquitetura, artes, artesanato, antiguidades, audiovisual, *design*, edição, videogames, *softwares*, moda, música, publicidade, televisão, teatro e rádio. De modo geral, os setores criativos constituem-se em um conjunto de campos absolutamente heterogêneos que adquirem, em geral, grande visibilidade, graças à força e onipresença do turismo globalizado e à força da lógica do entretenimento no cotidiano. (Mais detalhes, cf.: Hartley, 2005 e Reis, 2012). Segundo a Unesco, as "cidades criativas" reuniriam setores das indústrias criativas potentes no seu território (mais informações, ver: <http://en.unesco.org/creative-cities/home>, acesso em: 29 nov. 2022). Sobre a polissemia de significados atribuídos ao conceito de "cidades criativas", ver Reis, 2012.

local (Herschmann e FernandeS, 2014). Essas territorialidades – mais ou menos temporárias –, pela sua regularidade, geram uma série de benefícios locais diretos e indiretos para o território (permitindo até o incremento das atividades socioeconômicas locais). Aliás, como sugerem alguns autores de *Sound Studies* (Labelle, 2010; Kittler, 1999; Connor, 2000; Denora, 2000), são relevantes porque afetam o ritmo, o imaginário e os corpos no dia a dia, reconfigurando de alguma maneira os territórios. Essas territorialidades, portanto, construiriam novas cartografias sônicas ou acústicas da cidade. Ou seja, essas "territorialidades sônico-musicais" – pela recorrência da sua presença, intensidade dos afetos suscitados (que promovem enorme mobilização), pluralidade e pela sua multiplicação em diversas áreas – acabam produzindo efeitos significativos em partes da cidade ou na urbe como um todo.

Vale ressaltar que a tendência da Unesco é considerar as cidades criativas (e musicais) centros de excelência tendencialmente institucionalizados. Isso vale também para boa parte da literatura especializada nesse conjunto de temáticas (Bradford, 2004; Florida, 2002 e 2005; Hartley, 2005; Howkins, 2001 e 2009; Landry, 2006; Landry e Bianchini, 2000; Lerner, 2009; Reis, 2008, 2010 e 2012; Reis e Kageyama, 2009; Scott, 2006; Throsby, 2001). Nesse sentido, para o arquiteto Charles Landry, que supostamente cunhou o conceito (um tanto impreciso e polêmico) de "cidades criativas" em 1995 (com Franco Bianchini), seria preciso criar um ambiente estruturado que propiciasse condições para aflorar não só a imaginação, mas também a participação pública.

> A cidade criativa é um toque de trombetas para estimular a abertura mental, imaginação e participação pública [...]. O argumento é o de que há sempre mais potencial em qualquer lugar do que pensaríamos à primeira vista [...]. Parte-se do pressuposto de que devem ser criadas condições estruturais para

que as pessoas pensem, planejem e ajam com imaginação para aproveitar oportunidades ou resolver problemas aparentemente intratáveis [...]. Isso significa que as cidades grandes e pequenas podem ser criativas. A hipótese é a de que as pessoas comuns podem fazer coisas extraordinárias acontecerem, se tiverem oportunidades (Landry, 2009, p. 3-4).

Portanto, ainda que essas urbes possam ter suas atividades musicais institucionalizadas (mais ou menos apoiadas pelo Estado e por empresas privadas), considera-se, aqui, relevante contemplar também as inúmeras iniciativas espontâneas (marcadas pela informalidade) desenvolvidas pelos atores em um território. Aliás, o que em geral se observa nas pesquisas de campo é que os atores parecem mais empenhados e engajados quando percebem que há espontaneidade nas iniciativas (identificada por eles com a noção de "autenticidade" e fidelidade aos interesses da rede da qual fazem parte), quando se sentem efetivamente protagonistas das atividades (e que são capazes de construir a partir dessas atividades "heterotopias"[10] que possuem vitalidade). Parte-se da convicção, aqui, de que os atores acreditam ser possível construir um "modo de ser" e de "estar junto" (Maffesoli, 2009) "alternativo", o que Harvey denominou de "utopismo espaço-temporal" ou "utopismo dialético" (Harvey, 2009).[11]

---

[10] Como inúmeros autores das ciências sociais já assinalaram, não se trata, aqui, de apostar na capacidade dos atores em (re)construir uma "utopia" ou "utopismo espacial tradicional" (Harvey, 2009). Portanto, emprega-se, aqui, a noção de "heterotopias" não exatamente no sentido foucaultiano – como conjunto de práticas, na maioria das vezes, a serviço do "biopoder" (Foucault, 2013) – e mais no sentido utilizado por Lefebvre (2004 e 2015): como iniciativas potentes, capazes de conduzir a "biopolítica da multidão" (Hardt e Negri, 2000, 2005 e 2009), portanto, seriam heterotopias potentes e transformadoras da vida urbana.
[11] Ainda que não se concorde inteiramente com os argumentos propostos por Harvey (2009), sua perspectiva se revela interessante aos propósitos desta pesquisa ao valorizar a ação transformadora dos atores sobre o território (sobre as relações e dinâmicas de espaço-tempo).

Assim, em conversas formais e informais, vários atores quase sempre mencionam uma grande desconfiança em relação aos processos de institucionalização envolvendo os setores criativos. Portanto, argumenta-se que essas dinâmicas – na área da música – são muito mais complexas do que aparentam: institucionalizar e apoiar com recursos não tenderia necessariamente a garantir a presença de atores mobilizados e atuantes em uma localidade. Ainda que os preceitos que orientam este trabalho coincidam com alguns dos postulados da Unesco no que tange a essa temática, parte-se do pressuposto de que são os atores (no cotidiano) que efetivamente (re)constroem – com ou sem apoio institucional – uma "cidade musical".

Outro aspecto destacado recorrentemente pelos atores locais nas entrevistas realizadas ao longo dos anos de pesquisa é que o fato de o poder público decidir que determinada cidade será doravante um território criativo dedicado especialmente a um setor da produção cultural (dentre as sete áreas definidas pela Unesco) pode ter também efeitos negativos, engessando ou até limitando algumas dinâmicas das urbes em áreas de atuação não consideradas prioritárias e/ou estratégicas.[12] É preciso advertir ao leitor que as cidades se renovam com o passar do tempo, especialmente em seus circuitos *off* (alternativos) – as trajetórias das urbes são marcadas também pela "serendipidades" (Vivant, 2012) – e, que, muitas vezes, esses territórios têm mais de um setor criativo relevante, os quais deveriam ser igualmente apoiados por políticas públicas.

---

[12] Apesar das queixas dos atores de serem preteridos muitas vezes pelas políticas públicas implementadas em suas respectivas cidades, Souza, em seus estudos com o conjunto das cidades brasileiras contempladas com os selos da Unesco, faz uma observação relevante e de certo modo surpreendente: "não foi identificado necessariamente [...] o engajamento de ações voltadas especificamente para as áreas pelas quais a Unesco chancelou essas cidades [...] (o que se observou) foram ações de fomento que procuram de alguma maneira contemplar várias linguagens e linhas de atuação" (Souza, 2020, p. 26).

Aliás, vale ressaltar que os processos envolvendo os selos da Unesco e suas avaliações técnicas são também de certa maneira relativizados como uma referência importante para a pesquisa que foi empreendida e que resultou nas reflexões e argumentos registrados neste livro. Nesse sentido, vale sublinhar que outra hipótese relevante que norteou as nossas reflexões é também um forte indicativo disso: especialmente quando postulamos que as quatro cidades estudadas são em alguma medida "musicais" ou que têm certa vocação territorial relevante para a música. É importante lembrar que mesmo tendo sido contemplado como uma cidade criativa na modalidade gastronomia no caso do município de Paraty e, e ao mesmo tempo, Rio das Ostras não ter sido considerada urbe criativa por esse organismo internacional[13], ambas – apesar dos inúmeros desafios enfrentados em seus territórios – seguiram consideradas aqui cidades com tramas produtivas musicais significativas.

Na pesquisa concluída junto às cidades criativas do Brasil que foram contempladas com selo da Unesco, Ferreira (2017) salienta não só que muitas cidades criativas não conseguiram preencher bem os formulários e construir bem a sua candidatura junto a esse organismo internacional, mas também que o processo da candidatura é em geral arbitrário, decidido pela tecnocracia e pelos poderes locais (e, que, portanto, muitas cidades podem ter mais de uma cadeia produtiva cultural potente, isto é, podem possuir vários setores produtivos criativos expressivos):

> Por meio das cidades brasileiras, foi possível perceber que o processo de obtenção da chancela da Unesco é sempre muito semelhante, e que as candidaturas são construídas muitas vezes

---

[13] Como discutiremos no capítulo 5, a cidade de Rio das Ostras teve a sua candidatura à cidade criativa (selo da música) não homologada pela Unesco em 2021.

com muitas dificuldades técnicas (muitos municípios naufragam suas candidaturas nessa etapa de preenchimento) [...]. A iniciativa quase sempre parte da prefeitura municipal e não há nenhum critério definido para eleger uma categoria cultural específica, mas com certeza é aquela que mais se adequa ao preenchimento do formulário de candidatura; que se enquadra às atuais e futuras políticas públicas de desenvolvimento do município; e também que trará maior visibilidade da cidade na rede global [...]. Isso quer dizer que Salvador (que possui o selo da música) poderia ser reconhecida como a cidade criativa da gastronomia, devido à sua distinta culinária com tempero diferenciado e pratos de origem africana [...]. Da mesma forma Belém (que tem selo de gastronomia), com o notável artesanato de origem indígena representado pelas cerâmicas, cestaria, objetos de madeira, conchas e cuias [...] e também Florianópolis (que igualmente possui o selo de gastronomia), com a produção manufatureira ligada à tradição açoriana com a renda de bilro, as panelas, potes e moringas em cerâmica, os cestos e balaios em palha; [...] poderiam ser reconhecidas também como cidades criativas do artesanato e da arte popular (Ferreira, 2017, p. 141).

Analisando de maneira crítica, pode-se afirmar que mais do que a construção de um território criativo, as iniciativas dos poderes locais produzem uma imagem e um imaginário de uma cidade globalizada e preparada para competir em uma economia crescentemente imaterial, a qual valoriza amplamente as vivências de experiências (Pine e Gilmore, 2001). Em inúmeras iniciativas desse tipo, é possível atestar que muitas vezes os políticos e as autoridades afirmam junto a diferentes setores das sociedades que estão construindo uma cidade criativa, mas frequentemente o que se assiste é a implementação de um conjunto de estratégias de marketing territorial. Se analisamos o planejamento e as intervenções conduzidas nessas urbes, constatamos que os processos são exógenos e operam a partir de uma lógica mimética (copiam-se modelos de metrópoles supostamente exitosas) e ostentatória (valoriza-se não só tudo que possa ser excessivamente espetacular ou apto a produzir sinergias com o *branding* territorial, mas também as mega obras e a construção de grandes equipamentos urbanos), sendo capazes de atrair turistas e investimentos que visam em última instância enriquecer investidores e grupos políticos específicos (os objetivos são financeiros e de crescimento da máquina urbana)[14]. Assim, recorrentemente identificamos como parte dessas estratégias de *city marketing* o emprego de iniciativas culturais envolvendo a realização de megaeventos midiáticos; a utilização de arquitetura icônica e projetos em lugares estratégicos da região; a elaboração de ações que priorizam atração de turistas e investimentos para a localidade; e a condução de processos de exclusão e gentrificação de áreas de interesse do grande capital.

Claro que há uma literatura – especialmente anglo-saxã (Bennett *et al.*, 2014; Wynn, 2015) – que considera que o momento de organização e realização de megaeventos e festivais, por ser um acontecimento que agrega os atores de diferentes segmentos sociais (e produz sinergias entre grupos mais ou menos organizados, empresários e Estado), é que poderia alavancar não só o desenvolvimento local, mas também uma "sociabilidade cosmopolita" (Beck, 2006) (e até instaurar relações mais "interculturais" em um território). Ora, sem discordar inteiramente dessa literatura, o que o trabalho de campo nessas cidades indicou é

---

[14] Segundo Reis (2012, p. 80 e 81), diferentemente nas cidades criativas, os processos são construídos de forma endógena e democrática, valorizando-se a cultura existente; isto é, as singularidades de cada território. Nessas cidades, os objetivos são o de articular de forma mais harmoniosa possível os aspectos econômicos, ambientais, culturais e sociais, de modo que os beneficiários sejam efetivamente amplos setores da sociedade daquele território. De forma distinta à "lógica de (mega) projeto" que caracteriza as dinâmicas do *city marketing*, a cidade criativa é encarada como um processo contínuo que acaba até atraindo turistas e investidores, mas isso seria uma decorrência e não propriamente o objetivo final traçado.

que isso eventualmente acontece em algumas cidades, mas há processos e desdobramentos que vão em outras direções e que exigem uma reflexão mais crítica e rigorosa. Portanto, há que se reconhecer também que existem processos de "festivalização de uma cidade" (Bennett *et al.*, 2014), os quais redundam em projetos excludentes (em geral voltados para o turismo e para a elite econômica) – de gentrificação e alijamento da população mais pobre que vê negado o seu "direito à cidade". Assim, muitas vezes as localidades se constituíram ao longo de períodos significativos de tempo (no cotidiano) como cidades criativas através de iniciativas envolvendo os artistas, redes de fãs e empresários, sem passar direta ou indiretamente pelo apoio efetivo ou por intervenções levadas a cabo pelo poder público.

Gostaríamos de sublinhar que quando nos referimos às "cidades musicais" estamos colocando em relevo especialmente atividades que gravitam em torno da música ao vivo, que atualmente representam aproximadamente 70% dos ganhos dos artistas do segmento da música. Sem menosprezar de forma alguma a relevância da venda em suporte físicos e digitais de fonogramas, os quais representam 80% dos ganhos do mercado da música (pelos dados divulgados pela indústria fonográfica), é preciso reconhecer também a importância direta e indireta, hoje, dos concertos ao vivo e festivais para inúmeros atores: para os músicos, para a geração de milhares de empregos diretos e indiretos e para o dinamismo das cidades (bem como se poderia ainda mencionar a relevância para o desenvolvimento de estratégias de *branding* ou marketing territorial).

1.4 Trabalho de campo em urbes com tramas musicais produtivas potentes

Apresentam-se, a seguir, algumas informações sobre o contexto no qual foi realizada esta pesquisa. Apesar de o estado do Rio de Janeiro ser um celeiro da produção musical e audiovisual do País, durante muito tempo o poder público apostou nos *royalties* do petróleo como a coluna vertebral de crescimento econômico e social da região.[15]

Nos últimos anos, o debate sobre as economias e as cidades criativas ganhou espaço junto à tecnocracia local, mas a lógica extrativista-industrial ainda é reinante na macrorregião. Pode-se dizer que o esforço pioneiro na construção de dados sobre os setores produtivos criativos no País foram os realizados por Prestes Filho e Cavalcanti (2002), que identificavam nas cadeias da economia da cultura vetores fundamentais para o desenvolvimento do Rio de Janeiro; e aquele elaborado pela Federação das Indústrias do Rio de Janeiro (Firjan) no relatório intitulado "Mapeamento da Indústria Criativa no Brasil" – de forma mais estruturada e com continuidade no acompanhamento –, cuja primeira edição foi publicada em 2008 e a última em 2019 (Firjan, 2008 e 2019). Na realidade, é possível constatar que na segunda década do século XXI começaram a ser divulgados diversos trabalhos acadêmicos dedicados à economia criativa, voltados a analisar diferentes estudos de caso do contexto brasileiro, tais como Barbalho *et al.* (2011), Jesus e Kamlot (2016), Figueiredo *et al.* (2017), Figueiredo e Jesus (2017), Fernandes e Herschmann (2018), Valiati e Moller (2016), Guilherme (2017) entre outros.

Infelizmente, no que se refere à principal metrópole do estado, a aposta, por enquanto, é na realização quase exclusiva de megaeventos e na execução de algumas intervenções urbanas de embelezamento que vêm excluindo boa parte da população e aprofundando as diferenças sociais, além de visarem construir uma localidade atraente voltada para um turismo e entretenimento elitizados. Denúncias de

---

[15] Assiste-se atualmente no Brasil a uma estagnação econômica vigente que, em parte, está relacionada por um lado à oscilação do preço do barril do petróleo no mercado mundial; e, por outro, a uma ampla crise política e institucional vivida pelo País desde o *impeachment* da presidente Dilma Rousseff.

desrespeito aos direitos civis envolvendo desapropriações, corrupção envolvendo empreiteiras e favorecimentos de grandes grupos econômicos nacionais e internacionais tomaram conta do noticiário e das mídias sociais, desacreditando de forma contundente a tese de que os investimentos feitos nessa cidade visam o bem-estar comum e deixarão, portanto, legados sociais relevantes (Herschmann e Fernandes, 2014). Evidentemente, o estudo de caso da metrópole do Rio de Janeiro é de grande complexidade e envolve inúmeras cadeias produtivas que atuam de maneira mais ou menos integrada. No setor da música envolve atividades realizadas nos espaços públicos e privados; de forma paga e gratuita; por meio de concertos, festas e festivais; com ou sem apoio do Estado.

Tendo em vista a dificuldade em desenvolver um estudo sobre a cidade do Rio de Janeiro como um todo, optou-se nesta publicação por analisar o que vem ocorrendo no cotidiano nos últimos anos na região da Zona Portuária desta capital: aliás, trata-se de uma localidade na qual o poder municipal vem investindo significativamente neste início do século XXI como área estratégica e icônica do projeto de conversão da cidade em um território criativo. Inicialmente nomeada como "Porto Maravilha", consideramos bastante significativo que, durante as obras que antecederam a realização das Olimpíadas no Rio, foi anunciado em 2015 pelo poder público municipal a criação ali de um "Distrito Criativo do Porto".[16] Em 2022, a prefeitura tenta incre-

---

[16] Participaram, inclusive, desse lançamento (que foi realizado no auditório do Museu de Arte Rio) representantes da prefeitura, da Companhia de Desenvolvimento Urbano da Região do Porto (CDURP), da Firjan, do Sebrae e dos coletivos artísticos locais, os quais apresentaram o projeto do distrito para uma plateia composta predominantemente de membros de empresas convidadas. Mais detalhes, conferir: Boeckel, Cristina. Distrito do Porto é criado para buscar negócios após a Rio 2016. *G1*, Rio de Janeiro, 12 ago. 2015 (Disponível em: <https://g1.globo.com/rio-de-janeiro/olimpiadas/rio2016/noticia/2015/08/distrito-criativo-do-porto-e-criado-para-buscar-negocios-apos-rio-2016.html>, acesso em: 30 jul. 2022).

mentar o dinamismo local (e reverter a sensação de "conchas vazias" presente de forma marcante na localidade), atraindo empresas de alta tecnologia, e passa a conceder redução de ISS para os negócios que se instalarem nessa área, que ela renomeou de "*Hub* Porto *Maravalley*". Portanto, batizada como "Porto Maravilha", depois como "Distrito Criativo do Porto" e, finalmente, como "*Hub* Porto *Maravalley*": o que salta aos olhos nesse processo (em que poder público busca induzir o desenvolvimento) é que a gentrificada Zona Portuária – que teve a sua reforma (dos anos 2010) inspirada na cidade de Barcelona quando essa urbe abrigou as Olimpíada em 1992 – ainda não alcançou o dinamismo esperado, mas mesmo assim segue ocupando certa centralidade no conjunto das estratégias de marketing territorial que vem sendo implementado até o momento na cidade pelo poder público municipal (daí inclusive a nossa opção em delimitar o estudo empírico no Rio de Janeiro a essa localidade).[17]

---

[17] Apesar de a investigação realizada no Rio de Janeiro (analisada em mais detalhes no capítulo 2 desta publicação) ter se concentrado na região da Zona Portuária – dada a impossibilidade de realizar um estudo empírico nessa extensa metrópole, bem como nas outras três cidades pesquisadas –, sublinha-se que estivemos pesquisando também algumas áreas adjacentes ao Centro da cidade, que seguem desenvolvendo inúmeras atividades musicais (e criativas) relevantes, tais como a Praça XV, Cinelândia e Lapa. Dentre essas localidades, pode-se constatar que a área da Cinelândia tem (re)adquirido nos últimos anos mais destaque e dinamismo cultural. Para mais informações sobre essa pesquisa, conferir também a cartografia (plataforma digital) que foi elaborada pelos autores deste livro (<https://www.cartografiasmusicais.com.br>, acesso em: 29 nov. 2022). A popularidade alcançada pelos concertos e rodas da Banca do André, por exemplo, sugere que a área da Cinelândia vem adquirindo um pouco mais de dinamismo. Segundo André Breves: "[...] a música é incrível, tem uma capacidade de mobilização sensacional [...] e temos uma programação semanal muito eclética. Foi uma caminhada difícil e fomos construindo muitas parcerias e alianças importantes, afinal estar na rua não é simples, mas conseguimos construir um ambiente alegre e descontraído onde praticamente não ocorrem furtos [...]. O fato de ser um local de fácil circulação também tem contribuído para o sucesso dos eventos" (entrevista com André Breves, proprietário da Banca do André, localizada na Cinelândia, concedida à pesquisa em 10 de junho de 2019).

Curiosamente, o que foi possível constatar na pesquisa é que até o momento o investimento em grandes equipamentos culturais e a aposta no potencial transformador e movente dos megaeventos – inclusive os grandes festivais de música e de artes (que passaram a ser realizados nos antigos armazéns de carga da área do porto) – não vêm garantindo a tão esperada ressignificação desta região do Centro do Rio de Janeiro (Herschmann e Fernandes, 2014; Fernandes e Herschmann, 2018). É preciso sublinhar que nem sempre investir em obras monumentais traduz-se no final do processo em grandes resultados que são revertidos para o bem coletivo ou comum. Por um lado, a localidade possui um museu construído pelo renomado arquiteto espanhol Calatrava, mas, ao mesmo tempo, destruiu-se no processo de embelezamento da área do Porto parte da memória afro-brasileira local (havia nessa região sítios arqueológicos relevantes).[18] Infelizmente, o caso da metrópole do Rio de Janeiro indica que há com frequência um distanciamento e/ou tensões entre as "políticas do comum"[19] (Hardt e Negri, 2009) e as políticas públicas (mesmo em relação a algumas, supostamente mais progressistas) que, de modo geral, vêm sendo implementadas no País.

Assim, pesquisando as dinâmicas de "reagregação social" dos atores (Latour, 2012) – com suas "táticas" e "artes de fazer" (Certeau, 1995) – constata-se que a *pièce de resistance* que vem garantindo um dinamismo na região seriam muito mais os pequenos eventos musicais (microeventos) organizados por músicos e suas redes de fãs – que se-

---

[18] Sobre a relevância desses sítios arqueológicos destruídos e o esforço de preservação desta memória conferir Bazila, 2021.

[19] As "políticas do comum" caminhariam para além do Estado de Bem-estar Social (do mundo institucionalizado), buscando potencializar formas de conduta e de subjetivação que deslizam dos mecanismos disciplinares e de controle (fabris ou pós-fabris e do biopoder do capital financeiro transnacional) em direção a uma dinâmica que privilegie a cooperação dos atores (da multidão), o encontro de singularidades, a mobilização e constituição relativamente autônoma da vida social (Hardt e Negri, 2009).

guem ofertando quase diariamente, de forma gratuita nas ruas, praças e becos – nos arredores, que vêm atraindo regularmente milhares de pessoas de todos os segmentos sociais. Esses eventos não têm visibilidade na mídia tradicional, mas são amplamente conhecidos pelo público, através das redes sociais. São esses pequenos concertos gratuitos e regulares que, em boa medida, vêm arrebatando jovens e artistas para essa região e que vêm dinamizando este território. Assistimos na cidade do Rio de Janeiro à aposta em um projeto de construção de uma cidade globalizada com um *branding* territorial fortalecido, a qual não leva em consideração as dinâmicas culturais presentes – os "ecossistemas culturais" existentes, de pouca visibilidade e/ou pouco institucionalizados (Herschmann e Fernandes, 2014).

A despeito de certo descaso do poder público em relação à música – à exceção da aprovação da progressista e, ao mesmo tempo, polêmica lei municipal do Artista de Rua (promulgada, em 2012, por muita pressão dos movimentos sociais deflagrados pelos artistas locais) –, as atividades musicais realizadas nos espaços privados e públicos vêm também desempenhando um relevante e estratégico papel na ressignificação do estado do Rio de Janeiro, tal como pode ser constatado, por exemplo, pelo crescente e estrondoso êxito de algumas áreas do Centro da capital que hoje abrigam polos estratégicos da cidade, tais como a Zona Portuária (especialmente a região da Pequena África), Lapa e Praça XV.[20] Esses casos são relevantes, geram benefícios so-

---

[20] Os estudos de caso mais conhecidos do Centro são, sem dúvida, o bairro da Lapa e da Praça XV que, desde a última década do século XX, passaram a se constituir em relevantes polos de entretenimento da cidade. Estruturado pelos atores – artistas, proprietários de casas de espetáculos e produtores culturais – e com pouca participação e/ou investimentos do Estado, vale ressaltar que através de sua rede de empreendedores se organizaram nessas localidades circuitos e cenas dedicados a gêneros mais tradicionais e populares que passaram a atrair grande contingente de público regularmente (Herschmann, 2007; Fernandes, 2011).

cioeconômicos para esses lugares (dinamizando expressivamente o comércio local há vários anos), atraem grande visitação e hoje reúnem grande número de atividades culturais e turísticas fundamentais para a sustentabilidade dessa metrópole (Herschmann, 2007 e 2010)[21].

Tendo recebido grandes investimentos estatais na sua reforma no início do século XXI e planificada como uma região voltada também para a alta tecnologia, a área da Zona Portuária (que conta com redução de ISS para 2% às empresas que se instalarem ali) – foco do nosso estudo nessa cidade – vem se consolidando, com algumas dificuldades, como um importante polo cultural e criativo da cidade.

Aliás, a região também batizada pela prefeitura num primeiro momento como "Porto Maravilha" abriga hoje vários museus (como o do Amanhã, o de Arte do Rio e o de História e Cultura Afro-Brasileira), o AcquaRio, a Roda Gigante do Rio, armazéns como o Utopia e Píer Mauá, que organizam feiras, festivais, exposições e eventos culturais relevantes. Como veremos no capítulo 2, é preciso levar em conta que a área do porto abriga outras importantes iniciativas – de menor visibilidade midiática, mas de grande popularidade – dedicadas especialmente à gastronomia e à música ao vivo, tais como as localidades do Largo da Prainha, da Pedra do Sal e da Praça Harmonia.

Assim, é possível constatar que, depois de terem sido instalados onerosos equipamentos culturais na localidade (que ainda não alcançaram os resultados esperados), a prefeitura – desde do abrandamento da pandemia de Covid-19 – deu outra "cartada" ao lançar e estimular

---

[21] Além disso, na última década, vêm se destacando práticas espontâneas "engajadas", formas de "ativismo musical" que estruturam (ainda que provisoriamente) territorialidades "sônicas" ou "acústicas" (Labelle, 2010) – não necessariamente organizadas por profissionais do *mainstream* ou do chamado setor independente da música – que vêm (re)potencializando a sociabilidade de territórios estratégicos do Centro do Rio de Janeiro, os quais correm o risco, ciclicamente, de "desvitalizar-se", como sugere a história dos últimos cem anos desta cidade (Herschmann, 2007).

ali de forma mais efetiva a criação de um polo de empresas de diversos tamanhos e de base tecnológica: inclusive sendo renomeada essa área como "*Hub* Porto *Maravalley*".[22] Segundo o secretário municipal de Desenvolvimento Econômico, Inovação e Simplificação, Francisco Bulhões, o projeto do "*Hub* Porto *Maravalley* seria algo como o Vale do Silício Carioca e é um desdobramento do projeto do Distrito Criativo do Porto [criado em 2015] [...]: o objetivo é atrair grandes *big techs*, *startups* e centros de pesquisa para o coração da zona portuária do Rio [...] sem dúvida, será um dos principais vetores do desenvolvimento econômico do Rio".[23]

Como problematizaremos no próximo capítulo, a despeito das políticas públicas descontínuas implementadas nessa localidade, as recorrentes "territorialidades sônico-musicais" dos microeventos construídas pelos atores e seus coletivos e redes no cotidiano é que vêm garantindo até o momento à Zona Portuária certo dinamismo relevante a esse território, especialmente em um contexto de crise.

Além da capital do estado, as reflexões contidas neste livro contemplam cidades de menores porte dessa macrorregião, algumas

---

[22] Nesse sentido, no dia 31 de maio de 2022 foi oficializada pela prefeitura a criação do projeto "*Hub* Porto *Maravalley*" (inspirado no Vale do Silício) com o objetivo de criar um polo de *startups*, negócios de tecnologia e educação na Zona Portuária do Rio. Para mais detalhes, conferir: Invest.Rio. Empresas de Tecnologia apostam na região do Porto. *O Globo*, Rio de Janeiro, 28 maio 2022 (Disponível em: <https://oglobo.globo.com/conteudo-de-marca/tem-no-rio/tem-inovacao-no-rio/noticia/2022/05/empresas-de-tecnologia-apostam-na-regiao-do-porto.ghtml>, acesso em: 1 ago. 22); e Barros, Walter. Rio de Janeiro lança projeto *Hub* Porto *Maravalley* e quer se transformar em capital da inovação tecnológica do Brasil. *Cointelegraph Brasil*. Rio de Janeiro, 3 jun. 2022 (Disponível em: <https://cointelegraph.com.br/news/rio-de-janeiro-launches-porto-maravalley-project-and-wants-to-become-brazils-capital-of-technological-innovatio>, acesso em: 1 ago. 22).

[23] Entrevista: Secretário Chicão Bulhões que fala sobre os pilares que projetam um Rio mais forte. *Conexão Fluminense*, Rio de Janeiro, 17 mar. 2022 (Disponível em: <https://conexaofluminense.com.br/entrevista-chicao-bulhoes-rio-mais-forte>, acesso em: 1 ago. 22).

delas com ciclos exitosos significativos (que serão analisados detalhadamente nos capítulos 3, 4 e 5).

Assim, há muitos anos, cidades pequenas e turísticas, tais como Paraty, Conservatória e Rio das Ostras, vêm experimentando ciclos de crescimento socioeconômico e têm obtido esses resultados por conta das atividades musicais realizadas ali (que gravitam em torno de "gêneros musicais" [Negus, 2005] importantes no contexto nacional); isto é, estas são, em grande parte, responsáveis pelos patamares de desenvolvimento alcançados[24] nessas pequenas urbes. Em outras palavras, nas cidades investigadas observou-se a importância de tais atividades para a ressignificação dessas urbes do estado do Rio de Janeiro. Em outros termos, considera-se estes estudos de caso especialmente relevantes, pois suas tramas sociais indicam a construção de alternativas de desenvolvimento e alguns dos grandes desafios que se colocam na atualidade às cidades musicais (e, de modo geral, às criativas no Brasil).

O distrito de Conservatória é um estudo de caso raro, pois vem alcançando grande êxito há mais de 70 anos. Na realidade, esse sucesso é impulsionado por um ativismo de músicos amadores da terceira idade que todos os finais de semana se dirigem para esse local para cantar seresta de forma nômade, pelas ruas do pequeno e charmoso vilarejo. Religiosamente, esses "ativistas" (super engajados) se dedicam à atividade sem visar nenhum tipo de ganho econômico, apesar de a iniciativa gerar inúmeros benefícios diretos e indiretos para donos de hotéis, bares e restaurantes. Analisando a trajetória da localidade, é possível verificar que foi o Movimento Seresteiro que contribuiu em grande medida para a construção do "perfil" atual da cidade. Assim, a partir da década de 1960, a realização mais recorrente das serestas e

---

[24] Mais detalhes, conferir mapeamento dos municípios produzido pela Firjan: <http://www.firjan.com.br/EconomiaCriativa/pages/default.aspx>. Acesso em: 15 dez. 2022.

serenatas e a criação do Museu da Seresta e da Serenata (como tradicional ponto de encontro do movimento) são apontados pelos atores sociais como marcos históricos do fortalecimento deste movimento musical. Cabe ressaltar, ainda, que vários dos entrevistados assinalam que foi também nesse período que a memória seresteira ganhou as ruas de Conservatória, com o projeto "Conservatória, em toda casa uma canção", quando em todas as edificações do Centro Histórico passaram a ser instaladas placas alusivas às músicas cantadas nas serestas e serenatas. O fato é que, cada vez mais, o vilarejo ganhou ares de um "parque temático" (com as casas e negócios ganhando nomes de músicas do repertório seresteiro; isto é, ali o visitante encontra, por exemplo, a loja de livros Canto Lírico, a padaria Lua Branca, Restaurante Dó-Ré-Mi, e assim por diante), impulsionado pelo afeto, pela memória e pelo amadorismo do Movimento Seresteiro, capaz de atrair um grande número de fãs desses gêneros musicais (Herschmann e Fernandes, 2014).

Evidentemente, o sucesso de Conservatória nas últimas décadas atraiu o interesse de técnicos e consultores do poder público, que identificaram na localidade um caso em que a "economia da cultura" foi capaz de alavancar Desenvolvimento Local. Vários tecnocratas passaram a considerar Conservatória como mais uma experiência positiva de associativismo entre atores e empreendedores locais: similar à ocorrida em outras cidades do mundo e fartamente descrita na literatura que analisa a trajetória de *clusters*, arranjos produtivos locais e distritos industriais.

Assim, tendo em vista seguidas avaliações feitas por consultores de diversas instituições de fomento, a localidade de Conservatória passou a ser considerada, no início do século XXI, o primeiro Arranjo Produtivo Local de Entretenimento do Brasil. Desse modo, foi estabelecida uma Coordenação Local do "Projeto do APL" – com apoio especialmente do governo do estado do Rio – e passou-se a desenvolver uma série de ações, como a construção de uma subestação de energia elétrica, a abertura de estradas de acesso e a criação e diversificação de um calendário de eventos anual, cujo objetivo era incrementar o desenvolvimento na região. Apesar de várias políticas públicas polêmicas que vêm sendo implementadas na região e que buscam, entre outras coisas, profissionalizar a atividade musical dos seresteiros, Conservatória segue muito ativa e continua sendo considerada pelos frequentadores a "capital da seresta do País" (Herschmann e Fernandes, 2014).

O caso de Rio das Ostras é talvez o que mais se aproxima do que ocorre de forma recorrente na Europa e é analisado pela literatura voltada à "festivalização da cultura" (Bennett et al., 2014), que avalia sua importância para o desenvolvimento dos territórios. De fato, é um caso em que uma cidade balneária muito pouco conhecida conseguiu alavancar o desenvolvimento local (Oliveira, 2014) – especialmente o seu setor turístico – a partir da implementação de um grande festival de *jazz* e *blues* de grande êxito nas últimas décadas, e que conta com o apoio por parte do poder público local. Mais do que apenas dinamizar as cadeias do turismo e do entretenimento da região, os concertos passaram a atrair e mobilizar significativamente o público do entorno, em função do caráter comunitário e gratuito desses eventos, inclusive fomentando o surgimento de cenas musicais nessa urbe.[25] A presença dessas cenas locais – ainda em fase de estruturação – levou os técnicos da prefeitura, de forma precipitada, a tentar emplacar a candidatura da cidade ao selo da música. Como analisaremos em mais detalhes no capítulo 5, apesar do fracasso dessa candidatura junto a este organismo internacional, o processo de construção do dossiê da Unesco foi um

---

[25] Iniciou-se um processo de formação de público interessado em *jazz* na localidade. Ao mesmo tempo, começaram a surgir músicos e grupos locais que tocam *jazz* e *blues*, inclusive vários deles já participaram de algumas edições deste festival (Oliveira, 2014).

marco importante no exercício de amadurecimento do debate sobre as articulações entre cultura, criatividade e desenvolvimento local. Como consequência, pode-se atestar que, nos últimos anos, há uma crescente preocupação por parte do poder público (ou pelo menos de parte dos técnicos, daqueles partidários de uma perspectiva mais progressistas) em ampliar o número de eventos e oficinas dirigidos não só a fomentar a cultura local (atendendo as demandas da população do balneário), mas também ao esforço em tentar incorporar mais os artistas e a mão de obra da cidade ao modelo turístico predominante (baseados em grandes eventos e festivais).

Já a cidade de Paraty conseguiu reposicionar o seu *branding* territorial e se inseriu no mapa internacional dos grandes eventos e festivais globalizados com o enorme sucesso da Flip (Festa Literária, que começou a ser organizada em 2003). Hoje, a cidade abriga pelo menos 12 grandes festivais (praticamente um para cada mês do ano), sendo três desses megaeventos dos mais importantes de música do País: o Bourbon, Circuito SESC de *Jazz* e o Mimo. Para além desses festivais, vários outros eventos do calendário municipal têm na música um ingrediente importante para incrementar a sociabilidade das festas e mobilizar os atores. Analisando os resultados alcançados por esses festivais, é possível atestar que resultam em um incremento expressivo da cadeia produtiva do turismo, que permite à cidade manter uma ocupação média anual de 80% ao ano, números que colocam-na entre as que mais arrecadam com o turismo no País.

Além disso, em 2017 Paraty foi reconhecida como "cidade criativa da gastronomia" (em função da excelência da cozinha caiçara local) pela Unesco e como patrimônio cultural da humanidade pela mesma instituição. A despeito desses aspectos positivos, no levantamento realizado pudemos constatar que a população local é muito ressentida por décadas de políticas públicas excludentes, típicas de cidades pequenas. Há um problema crônico pela ausência de ensino superior na região, e pesquisas apontam o crescimento da violência entre os jovens. De modo geral, os atores nas entrevistas afirmaram se sentirem ali sem perspectiva: de certa maneira, percebem a cadeia de turismo como uma espécie de "armadilha" (de jogo de cartas marcadas que favorecem os poderosos empresários da cidade), que exaure as pessoas e não oferece muitas oportunidades de ascensão social. Por isso, técnicos ligados à Secretaria de Cultura – que concentra um grande número de lideranças progressistas da cidade – vêm tentando construir novos equipamentos culturais que podem vir a melhorar a qualidade de vida local (como bibliotecas, cinemas e teatros), um Centro de Formação Profissional (para tentar qualificar um pouco mais a mão de obra local), bem como criaram uma Coordenadoria da Juventude do município (no intuito de ouvir e mediar as demandas dos jovens e fazer com que esses interesses sejam contemplados nos principais fóruns institucionalizados da cidade).

Apesar de a Secretaria de Cultura estar aberta e tentando desenvolver políticas mais inclusivas, infelizmente esses mesmos técnicos não reconhecem, por exemplo, nas rodas de rua realizadas de rima e *hip hop* ou nas festas juvenis da cidade feitas em hostels e espaços alternativos uma riqueza local que pode desenvolver a cena local juvenil capaz também de mobilizar os frequentadores da vida cultural da cidade de todos os segmentos sociais. Infelizmente, eles endossam a ação de interdição dos profissionais do Iphan local, que tem proibido essas atividades. Vale também salientar que as equipes de produtores que organizam grandes eventos musicais, como Circuito SESC de *Jazz* e os festivais Bourbon e Mimo, na sua maioria são trazidas de fora e vêm utilizando pouco a mão de obra de produção cultural que é formada em universidades da região ou localidades próximas. Inclusive, a prefeitura nos últimos anos, para tentar territorializar um pouco esses eventos gratuitos na cidade, tem exigido não só que as produtoras desses megaeventos ofereçam oficinas, cursos e palestras para a população local, mas também, quando possível, que esses festivais absorvam os artistas da região em palcos menores ou alternativos.

O esforço realizado neste livro implicou mais do que uma hercúlea investida de se debruçar e sistematizar um enorme volume de informações, dados e narrativas, mas, sim, no desenvolvimento de reflexões críticas sobre um conjunto de temáticas de grande relevância e atualidade, as quais estão tendo implicações diretas e indiretas relevantes sobre esses territórios. Diante do exposto, pode-se afirmar que persiste uma carência de políticas mais progressistas e democráticas, capazes de contribuir para a dinamização das vocações musicais presente no estado do Rio de Janeiro. A despeito das limitações e dos equívocos das políticas públicas empregadas, essa macrorregião possui em algumas cidades tramas e culturas musicais de grande vitalidade, as quais promovem com frequência não só ciclos virtuosos socioeconômicos, mas também dinâmicas associativas entre diferentes atores e lideranças locais (Fernandes e Herschmann, 2018).

2. Rio de Janeiro – reinvenções e (re)existências

> São Sebastião do Rio flechado
> Em seu peito atravessado
> Pelas setas dos seus filhos
> Queira a Deus que os meninos
> achem a trilha nos seus trilhos
> inspirados na beleza do seu verde e seu anil
> e mereçam a cidade estandarte do Brasil [...]
> São Sebastião
> Tua cidade cor de rosa
> fez da prosa um belo samba de Noel
> Se eu fosse Gardel cantaria um tango
> pelo tanto dos encantos de Isabel
> Oh! meu São Tomé se alguém duvida
> passe os olhos pela Urca e o Sumaré
> Onde a Imperatriz beijou a flor
> Porta-bandeira da cidade mais feliz [...]
> (trecho do samba intitulado "São Sebastião", de autoria de Martinália)

Desde 1960, quando deixou de ser a capital federal do País (transferida para Brasília), comenta-se muito a respeito da decadência e sobre as "crises" da cidade do Rio de Janeiro. Ainda que seja relevante compreender todo esse debate sobre a contrariedade dessa macrorregião – que envolve inúmeros fatores, tais como: a) a saída de empresas/capitais e instituições públicas do território; b) perda gradativa de prestígio da região em relação a outras grandes cidades brasileiras (as quais têm alcançado patamares de desenvolvimento mais expressivos que o Rio nas últimas décadas); c) corrupção generalizada na máquina pública e gestões públicas marcadas pela austeridade ou por aplicação de medidas neoliberais (Vainer, 2013 e 2104; Maricato, 2014) – este livro dedica-se analisar especialmente a trajetória recente da cidade ao longo das últimas gestões municipais (dos prefeitos Eduardo Paes e Marcelo Crivella) no que se refere a políticas públicas e planejamento urbano implementados entre 2012 e 2022.

O interessante neste período é constatar que a cidade oscila significativamente – num período de uma década – entre um contexto de abundância de recursos (aporte de grandes volumes de investimentos públicos por conta da realização das Olimpíadas e da Copa do Mundo na cidade) no qual estiveram em curso algumas políticas públicas de cunho mais progressistas e iniciativas que buscavam reposicionar essa urbe no mundo globalizado como uma localidade *friendly* e "criativa", atraente aos investimentos e de perfil turístico; e, outro, logo em seguida, no qual se construiu uma ambiência bastante diversa marcada principalmente não só pela escassez de recursos públicos, mas também pela aplicação de políticas conservadoras (excludentes e repressivas), bem como pelo esvaziamento de qualquer debate sobre projetos coletivos de interesse público.

2.1 Importância de estudar as culturas de rua cariocas em um contexto de valorização e investimentos em megaeventos[26]

Os meios de comunicação tradicionais e as redes sociais têm sido invadidos por enunciados e conteúdos que vêm interpretando de maneira muito diversa, quase em uma perspectiva dicotômica, as transformações que têm ocorrido no Rio de Janeiro nos últimos anos,

---

[26] Informa-se ao leitor que uma versão mais reduzida dessa parte do capítulo foi publicada em Herschmann e Fernandes, 2016.

por conta de um conjunto de intervenções realizadas pelo Estado no espaço público. De um lado, encontramos um conjunto de matérias que exaltam as mudanças promovidas pelo Estado:

> O bucólico bairro da Gamboa, na Zona Portuária do Rio de Janeiro, volta a receber investimentos e um forte apelo turístico. O projeto Porto Maravilha, com a missão de preparar a cidade para recepcionar os grandes eventos mundiais, é o maior responsável pelo renascimento da Gamboa [...]. As obras da prefeitura do Rio estão a todo vapor na Zona Portuária para revitalizar o bairro [...].[27]

De outro lado, é possível identificar várias narrativas que denunciam os silenciamentos da mídia tradicional em relação a uma gama de processos autoritários e de exclusão social, a qual, para alguns atores, instaura uma espécie de "estado de exceção" (Vainer, 2013) na cidade do Rio de Janeiro.

> Investimentos na (re)construção de estádios com custos bilionários, enquanto faltam escolas e equipamentos básicos de saúde; obras públicas em áreas da cidade escolhidas para remover o maior número de pobres e garantir os maiores ganhos imobiliários privados; crimes ambientais cometidos sob o discurso da urgência; gastos imensos em obras de mobilidade urbana, direcionadas para áreas já privilegiadas das cidades; foram alguns dos maiores "legados" dos megaeventos [...]. Novas leis, órgãos públicos, benefícios fiscais, constituíram uma nova esfera de institucionalidade dirigida aos negócios dos megaeventos. Benefícios privados foram favorecidos em

---

[27] Freitas, Claudia. Porto Maravilha. *Jornal do Brasil*. Caderno Rio, 13 jul. 2015. (Disponível em: <http://www.jb.com.br/rio/noticias/2015/02/22/porto-maravilha-corte-de-arvores--provoca-indignacao-nos-moradores-da-gamboa>. Acesso em: 18.07.2015).

detrimento ao público, violando abertamente o princípio da impessoalidade, universalidade e publicidade da lei e dos atos da administração pública no que qualificamos de instauração de uma "cidade de exceção" (Comitê Popular Rio – Copa e Olimpíadas, 2013).

Como compreender as tensões e os conflitos que envolvem o debate sobre os investimentos feitos na cidade do Rio de Janeiro para prepará-la para abrigar os "megaeventos"[28] e caracterizá-la como uma megalópole globalizada? Quais são as possíveis consequências que serão geradas por essas políticas públicas em uma metrópole com uma vida cultural extremamente dinâmica e com tantos graves problemas sociais?

Como é notório, após um longo e lento período de decadência socioeconômica, política e cultural, a cidade do Rio de Janeiro vem recuperando de certa maneira nos últimos anos um lugar de protagonismo no cenário nacional, especialmente no âmbito cultural. O Estado tem buscado reverter este quadro atraindo investimentos: apostando em estratégias de *city marketing* (muito em voga hoje) e na transformação da urbe em uma localidade mais globalizada, a qual deveria necessariamente concentrar megaeventos (esportivos e culturais, tais como Copa do Mundo, Olimpíadas, feiras da ArtRio e edições do *Rock in* Rio). Ao mesmo tempo, nos últimos anos têm ocorrido tensões e conflitos nos quais inúmeros atores procuram ir às ruas para denunciar a dimensão excludente do "projeto de cidade"

---

[28] Sobre o conceito de eventos e megaeventos, valem algumas considerações. Contrera e Moro (2008) salientam que as festas (comemorações, eventos e rituais) sempre estiveram presentes na vida social e que os megaeventos surgiram, posteriormente, no século XX, com a emergência da cultura de massa (ou seja, relaciona à condição de megaevento ao contingente de público mobilizado). Já Vargas e Lisboa (2011) destacam a condição temporária e ocasional dos eventos, distanciando-os da rotina do cotidiano.

em curso: segundo eles, as construções do Porto Maravilha, da Cidade Olímpica e mesmo o *Hub* Porto *Maravalley* foram impostos à população e interessam especialmente ao mundo dos negócios, portanto, da perspectiva de inúmeros atores e de alguns especialistas, a argumentação de que esses empreendimentos atendem demandas coletivas da população local seria bastante questionável.

Assim, a partir da análise dos megaeventos e do levantamento das iniciativas artísticas que ocorrem com regularidade nos espaços públicos da cidade do Rio de Janeiro, pretende-se não só repensar o peso dos megaeventos no tão propalado "ciclo virtuoso urbano" atual, mas também problematizar a importância de algumas expressões culturais de rua (especialmente as que gravitam em torno da música) para a construção de um imaginário, sociabilidades e um dia a dia mais intercultural nessa metrópole. O pressuposto central é o de que as expressões artísticas (organizada por grupos e "coletivos"[29]) realizadas nas ruas do Rio – e não os chamados "megaeventos" (que necessitam de grandes recursos e da construção de equipamentos urbanos) – representam uma relevante riqueza cultural (e econômica), isto é, essas práticas que ocupam os espaços públicos na forma de "microeventos" (de pouca visibilidade[30] na mídia tradicional) vêm promovendo, há vários anos, uma dinâmica que contribui para a ampliação da democracia nessa localidade e, portanto, deveriam receber mais apoio do Estado na forma de renovadas políticas públicas. Em outras palavras, a hipótese central aqui é a de que a arte realizada

---

[29] Compreendem-se os coletivos culturais como associações entre pessoas que desempenham funções diferentes, com o objetivo comum de desenvolver projetos culturais e/ou uma cena de determinada localidade (Olivieri e Natale, 2010).

[30] Parte-se do pressuposto de que a sociedade contemporânea, de modo geral, está caracterizada pela onipresença da lógica do "espetáculo" e pela "alta visibilidade" e vêm sendo empregados não só pelo capital, mas também para realizar micropolítica e dissidências (mais detalhes, cf. Herschmann, 2005).

nas ruas (que envolve não só música, mas poesia, dança, teatro etc.) se constitui em um conjunto de atividades que produz benefícios socioeconômicos para a cidade (que geram empregos e colaboram na "recuperação" de espaços degradados), mas também que este tipo de iniciativa contribui para a construção de um contexto urbano mais democrático na capital carioca.

É possível considerarmos o trabalho colaborativo dos atores como fundamental para a construção do cotidiano e da vida rica sociocultural da cidade (da qual participam diferentes segmentos sociais e não apenas os turistas e a elite econômica). Ao gentrificar as localidades e impor uma série de dinâmicas de regulação e repressão (tais como o "choque de ordem", *slogan* largamente utilizado pela mídia para descrever esse tipo de intervenção do poder público) em diferentes espaços públicos da cidade, o Estado pode estar prejudicando de maneira contundente o funcionamento urbano mais fluido que permite a convivência potente e inclusiva se realizar mais plenamente na cidade do Rio de Janeiro. No entanto, é impossível avaliar o impacto que isso terá sobre o ambiente e a ecologia urbana, já que as intervenções são levadas a cabo e o cotidiano é reinventado através das "astúcias" (De Certeau, 1995) desses artistas. Ou seja, os artistas e suas redes não cessam de "polinizar" (Moulier-Boutang, 2010), estabelecendo novos modos de ocupar a cidade. Como sugere Richard Riguetti, liderança do grupo de teatro Off-Sina – que trabalha há mais de 25 anos nos espaços públicos do Rio –, os artistas de rua não se iludem com as conquistas alcançadas pelo movimento e fórum permanente de Arte Pública, e estão conscientes do risco de retrocessos:

> A arte de rua é como os alimentos orgânicos, os quais estão livres dos agrotóxicos. Não existem em larga escala, mas cumprem seu papel social. A produção orgânica pode não ser bonita ou espetacular, mas nós sabemos que fazem bem à sociedade. Já os megaeventos são aquele alimento cultural que estão cheios

de agrotóxicos e que até matam um pouco a fome, mas com o tempo fazem mal à sociedade e geram doenças. Os megaeventos são mais um dos resultados da apropriação privada daquilo que é do público [...]. Conseguimos avançar em algumas conquistas – como na Lei do Artista de Rua e na ampliação dos editais menos burocratizados – por conta da ação do movimento de Arte Pública, mas estamos conscientes que há riscos com a transformação do Rio de Janeiro como uma cidade globalizada, dos grandes eventos. Há o risco dos agrotóxicos contaminarem completamente o solo e as conquistas serem perdidas. [...] Não somos contra o que está acontecendo, queremos propor uma alternativa que contemple mais a população (especialmente aquela das áreas carentes) e não só os turistas e ricos da cidade. [...] De qualquer modo, independente do que venha a acontecer nos próximos anos, posso afirmar – sem medo – que nós artistas públicos, especialmente aqueles que estamos há muito tempo na estrada, já vimos muita coisa e sabemos até como sobreviver de forma submersa e invisível na cidade. Afinal, em grande medida, nosso trabalho se desenvolveu desta maneira: alcançava resultados significativos e construiu uma forte tradição cultural desta cidade [...].[31]

Poder-se-ia afirmar que a arte organizada nas ruas cria uma ambiência que permite aflorar uma "sensibilidade ecológica" (possibilita emergir uma "ecosofia sensível", uma postura e um conhecimento mais integrado e holístico, que articula razão e emoção/afeto, espécie humana e natureza)[32] que se capilariza na vida social e na trama urbana carioca.[33]

---

[31] Entrevista com Richard Riguetti, líder e palhaço do grupo Off-Sina, concedida aos autores no dia 6 de julho de 2015.
[32] Cf. Maffesoli, 2010 e 2014.
[33] Pode-se constatar que a presença da "cultura de rua carioca" – mencionada recorrentemente pelos atores nos seus depoimentos – segue transformando os espaços públicos em

Dos coletivos de música aos de arte que ocupam os espaços públicos do Rio

Ao longo das pesquisas anteriormente realizadas com música tocada nas ruas foi possível constatar também que essas "experiências estéticas e coletivas" (Rancière, 2004) organizadas nos espaços públicos do Rio vêm construindo territorialidades – mais ou menos temporárias –, pela sua regularidade, e promovem uma série de benefícios locais diretos e indiretos para o território (permitindo até o incremento das atividades socioeconômicas locais). Aliás, como sugerem alguns autores, esses agenciamentos são relevantes porque reconfiguram de alguma maneira os territórios, e geram novas cartografias "multiterritoriais" (Haesbert, 2010) da cidade.

Tendo em vista a relevância cultural e política das expressões artísticas que são apresentadas nas ruas desta metrópole (ainda que não tenha a mesma capacidade de mobilização social dos concertos musicais), decidiu-se pela ampliação do recorte do *corpus* investigado, executando não só um levantamento das iniciativas artísticas (especialmente de teatro, poesia, circense, música, artes visuais e dança) que são organizadas pelos coletivos, grupos e redes sociais atuantes na cidade do Rio de Janeiro, mas também algumas entrevistas semiestruturadas com destacadas lideranças deste universo cultural que participam, por exemplo: do movimento Arte Pública, outros que foram decisivos na aprovação da "Lei do Artista de Rua" ou mesmo atores que propõem um "dissenso" (Rancière, 1996) mais direto por parte dos artistas em relação à ordem institucionalizada. De modo geral, todos esses grupos tentam atuar criticamente contra as grandes intervenções que tendem

---

"lugares" (Santos, 2002). Para a compreensão dos sentidos e da relevância desses lugares, fez-se necessário na nossa agenda de pesquisa especialmente regressar a esses espaços, privilegiando as relações e práticas sensíveis e inteligíveis dos atores.

a "enobrecer os espaços" e preparar essa urbe para a "saída redentora" da aposta na realização dos megaeventos.

As polêmicas envolvendo os megaeventos, portanto, oferecem uma valiosa oportunidade de apreender as linhas de conflito que atravessam hoje o Rio. Em certo sentido, podemos afirmar que o destino do Rio de Janeiro para os próximos anos parece já estar traçado pelas autoridades: a cidade deve se transformar através dos megaeventos em uma cidade "criativa"[34]. Ao mesmo tempo, é possível afirmar que se assiste a um momento delicado da democracia brasileira, de explosão de polarizações, precarização e de muito debate em torno das mesmas (Fernandes *et. al*, 2022). O contexto atual do Rio Janeiro talvez seja ainda mais delicado dentro do cenário nacional.

Mesmo antes do aprofundamento da crise econômica, inúmeros atores no Rio já denunciavam a dimensão excludente do "projeto de cidade" em curso: segundo eles, a construção do Porto Maravilha e/ou da Cidade Olímpica foi imposta à população e não deixou legados para a metrópole.[35] Essas afirmações vão ao encontro da análise de Maricato ao considerar que:

> O processo de assalto às economias nacionais, com propostas de renovação urbanas que incluem grandes obras e flexibilizações da normativa urbanística, não acontece exclusivamente em função dos grandes eventos: pode-se dizer que é uma das estratégias regulares da globalização neoliberal. [...] As cidades

---

[34] O conceito de "indústria criativa" é bastante impreciso: inclui ao mesmo tempo produção e circulação de bens criativos e culturais abrangendo arquitetura, artes, artesanato, antiguidades, audiovisual, *design*, edição, videogames, *softwares*, moda, música, publicidade, televisão, teatro e rádio (mais detalhes, ver Hartley, 2005).
[35] Sobre as críticas ao projeto urbanístico que vem sendo implementado no Rio de Janeiro nos últimos anos, conferir Vainer, 2013 e 2014; Maricato, 2014; Ferreira, 2014. Ver também a seguinte matéria jornalística: Medina, Alessandra. Uma disputa nada olímpica. Revista *Veja Rio*. São Paulo, abr. 2012, pp. 16-20.

ocupam um papel importante no processo de acumulação no capitalismo globalizado, do qual, por ocasiões dos meganegócios, o espaço urbano, as obras de infraestrutura e as edificações constituem parte essencial. [...] Ao lado do recuo das políticas sociais e do aumento do desemprego, da pobreza e da violência, um novo ideário de planejamento urbano substitui o ideal de urbanismo modernista. Desregulamentação, flexibilização e privatização são práticas que acompanharam a restruturação das cidades no intuito de abrir espaços para os capitais imobiliários e de infraestrutura e serviços. [...] A desigualdade social e a segregação territorial são lembradas apenas retoricamente para justificar mais obras (Maricato, 2014, p. 18-20).

Desse modo, chama-se atenção para o fato de que os megaeventos, mesmo como um conjunto de estratégias que promoveriam em médio prazo o crescimento econômico e social – calcadas num arcabouço teórico que sustenta que a concentração de investimentos nas cidades produzirá efeitos de transbordamento para o restante do País – foram bastante questionados desde o início da década de 10 do século XXI.[36]

Nesse contexto em que o Estado claramente passa a adotar uma postura de orquestrador do desenvolvimento, Semensato (2013) se pergunta se o processo em curso – ao não reconhecer a vida cultural existente na cidade – não estaria promovendo um grande curto-circuito social. Ou seja, as propostas de revitalização do início da década passada já eram perigosas ao negar a já existente ocupação do espaço por determinados grupos sociais. A partir dessas constatações a autora sublinha duas críticas:

---

[36] Oliveira (2011) argumenta que a fundamentação teórica dessa estratégia apresenta fragilidades, pois resulta da apropriação de princípios e de conceitos que foram desenvolvidos em períodos históricos e escalas geográficas completamente estranhas à sua atual aplicação (no contexto do Rio de Janeiro).

> A primeira, refere-se à criação de uma cidade comparável a uma "cidade fantasia", onde o cenário é artificialmente preparado para receber turistas, que são parte essencial da economia local. Para isso, são feitas alianças entre os setores público e privado, em que dá espaço à lógica de mercado. Além disso, a demanda da população local não é considerada prioritária no que tange à elaboração de políticas públicas. A segunda crítica se refere a uma forma de equalização do espaço que cidades do tipo "fantasia" sofrem. A criação de um cenário urbano adaptado ao consumo cultural pode podar a criatividade existente e equalizar lugares (Semensato, 2013, p. 14).

Consequentemente, diante de tantas incertezas, as insurgências contra essas intervenções seguiram brotando por todos os lados, especialmente entre os jovens que vêm participando de coletivos e das redes artísticas que atuam nas ruas do Rio (Ferreira, 2014; Silva, 2014). Esses jovens, de alguma maneira, seguiram ressignificando o imaginário da cidade através do agenciamento da arte, por meio de iniciativas "artivistas" (Fernandes *et. al*, 2022). Como assinala Jacques, "os praticantes da cidade atualizam os projetos urbanos – e o próprio urbanismo – com suas rotinas cotidianas nos espaços urbanos" (Jacques, 2012, p. 272).

Portanto, desenvolveu-se essa análise com o intuito de avaliar criticamente – em alguma medida – os projetos de "revitalização da Zona Portuária", colocando outras variáveis de análise na mesa e privilegiando os aspectos culturais. Evidentemente, sem esgotar o debate, o objetivo aqui é o de provocar uma reflexão sobre a importância das dinâmicas que envolvem a "cultura de rua", isto é, repensar a relevância dessas nos processos de ressignificação da cidade do Rio de Janeiro. Assim, não só é preciso reconhecer que a economia da cultura vem promovendo patamares significativos de desenvolvimento Local na cidade do Rio[37] (Herschmann, 2007; Fernandes, 2011), mas também é necessário salientar que mesmo a arte de rua – que é marcada pela informalidade (e que, logo, é obviamente muito mais complicado fazer um balanço do quanto é gerado por este conjunto de iniciativas) – constitui-se em um ramo da atividade cultural que traz benefícios socioeconômicos relevantes a diferentes localidades. Vale lembrar ainda que, no caso das expressões artísticas que são desenvolvidas nos espaços públicos do Rio de Janeiro, segundo o censo produzido e divulgado em 2014 no relatório elaborado pelo Fórum de Arte Pública, existiriam nessa metrópole mais de 600 grupos e coletivos de rua (associados ao universo do teatro, dança, artes visuais, grafite, palhaçaria, música, circo, arte performática, poesia etc.), os quais atuam em diferentes bairros da cidade (inclusive na Zona Norte e na Zona Oeste) e que mobilizam, por ano, aproximadamente meio milhão de pessoas[38].

Poder-se-ia, ainda, sublinhar que muitos grupos não apostam na estratégia de negociação com o poder público, tal como vem sendo desenvolvido pelos integrantes do movimento de Arte Pública nos últimos anos. Como sugere o comentário a seguir, feito por Alex Topini (do coletivo de artes visuais Filé de Peixe), alguns artistas vêm desenvolvendo com regularidade um trabalho junto a moradores de

---

[37] É possível constatar que as atividades culturais vêm também desempenhando relevante e estratégica função na ressignificação da cidade do Rio de Janeiro, como pode ser verificado no crescente e estrondoso êxito de algumas áreas do Centro, tais como a Lapa e a Praça XV, as quais passaram nos últimos anos a gravitar em torno das atividades musicais. Essas áreas – que antes estavam degradadas e ofereciam riscos à segurança pública – hoje abrigam dois polos históricos, gastronômicos e culturais estratégicos do Rio: o da Lapa e o da Praça XV. Destacam-se como casos exemplares, de grande sucesso econômico, os quais atraem grande visitação e hoje reúnem grande número de atividades culturais e turísticas que são estratégicas para a cidade (Fernandes, 2011; Herschmann, 2007).

[38] Para ter uma ideia do perfil dos artistas, grupos e coletivos de rua que se cadastraram e que participaram do censo organizado pelo Fórum de Arte Pública, conferir *Relatório de Arte Pública* – uma política em construção, 2014, pp. 121-122.

diferentes localidades do Rio (especialmente de áreas carentes), mas dentro de uma perspectiva mais dissidente em relação ao mundo institucionalizado.

> Nós somos muito cautelosos com a história de que vai se revitalizar a cidade com os megaeventos, que vai se gerar um grande legado à população. [...] Ao mesmo tempo, ainda que seja com boas intenções, o fato de uma intervenção não ser engendrada por grandes empresários ou pelo poder público, mas, sim, desenvolvida por artistas de forma autônoma, leva-nos a concluir que esta é uma ação de risco marcada por fragilidades. Isso é inerente à atividade cultural de rua. Você pode até negociar sua presença na rua com a prefeitura ou o Estado... não importa! A qualquer momento, podem chegar ali e te mandar parar, dizer que é proibido [...]. Se você reparar bem onde tem as intervenções constantes da prefeitura você vai constatar que são localidades onde já existe um grande interesse econômico e político. Todo esse papo de revitalização não vem dissociado de um interesse de exploração econômica do território. Ah, revitalizou a Lapa e vai recuperar agora a área do porto? Mas o que que isso vem ou vai proporcionar aos cariocas? A maioria já sabe a resposta: empresários ganhando muito dinheiro. E só são bem-vindos aqueles que podem consumir muito. Essas intervenções podem até dinamizar a economia, mas não visando o bem-estar da população mais pobre da cidade [...]. Infelizmente, as políticas públicas não estão contemplando as pessoas mais simples. Estão visando atender os interesses dos empresários, dos turistas e da população mais rica da cidade. [...] A gente já adotou uma postura de mais negociação com o Estado e as instituições. Contudo, tem uma hora que é preciso botar tudo na balança, para você não se deixar usar pelo poder público, para não acabar sendo uma azeitona na empada do discurso do legado e da revitalização da cidade. E tudo isso a troco de banana, por muito pouco retorno. A gente se deu conta que não queremos perder a nossa potência crítica e trabalhamos

> hoje de forma independente. [...] É preciso ficar atento porque é fácil os coletivos serem manipulados. Porque, claro, o artista quer fazer coisas, mas não tem dinheiro. Então, às vezes, quando aparece alguém com meia dúzia de bandeirinhas, um discurso arrumadinho e um projeto com grana... sempre tem alguém que pode fraquejar. Não estou julgando ninguém, todos querem fazer acontecer, na melhor das intenções. Nossa postura hoje é mais crítica, queremos independência e provocar, fazendo o público refletir [...].[39]

O que se pode perceber nas práticas culturais pesquisadas é que há uma espécie de "ativismo" bastante inclusivo (aberto ao convívio de diferentes segmentos ou grupos sociais), ainda meio invisível e pouco compreendido tanto por pesquisadores do campo da comunicação como por produtores culturais, pelo poder público e pela crítica. Portanto, nesse conjunto de rotinas e práticas que gravitam em torno do espaço público, constata-se que os atores têm encontrado maneiras de financiar a oferta cultural grátis na rua de forma mais ou menos contínua. Há alguns grupos que buscam a sustentabilidade nas ruas (através do chapéu e outras estratégias) e outros que procuram se distanciar do que consideram uma perspectiva e dinâmica "mercadológica da cultura". Consideram-se "artistas públicos" (que prestam um serviço à população, oferecendo vida cultural aos mais pobres) e, em geral, financiam seu trabalho com editais lançados pelo Estado.

> Não se trata propriamente de julgar os artistas de rua que, como eles mesmos dizem, "atacam" os espaços públicos e tentam tirar seu sustento do dia através do ato de passar o chapéu, mas nossa filosofia é outra. Em geral não passamos o chapéu. Nós,

---

[39] Entrevista com Alex Topini, líder e artista visual do coletivo Filé de Peixe, concedida aos autores no dia 21 de julho de 2015.

artistas públicos, ocupamos as ruas de forma compactuada com a sociedade. É preciso que a comunidade local compreenda que está sendo oferecido a ela acesso a uma expressão cultural, que aquele produto que está sendo apresentado nas ruas é uma forma de serviço público. Estamos integrados e comprometidos com o local que ocupamos, somos muito respeitosos e buscamos a comunhão. Não privatizamos o público como alguns artistas de rua e empresas fazem. Buscamos interagir com os problemas da localidade [...] estamos identificados com a sede pública, portanto, estamos mais integrados com o espaço que ocupamos do que em geral os artistas de rua. [...] Acreditamos que esta deve ser a postura do artista público que é consciente do seu papel social.[40]

De outra perspectiva – que "patrulha" menos as práticas dos atores atuantes no espaço público – Miguel Maron (percussionista do grupo de fanfarra Os Siderais) faz algumas observações bastante interessantes não só sobre a experiência "libertadora" de atuar nas ruas, mas também a respeito da relevância da promulgação da Lei do Artista de Rua[41], aprovada em 2012, e sobre a importância do "chapéu" para a sustentabilidade dos artistas, apesar de certo constrangimento de alguns atores em utilizá-lo.

> É muito bacana ver como vários grupos se viram muito bem "passando o chapéu" nas ruas [...]. Mas não é todo mundo que passa. Muita gente se sente constrangida e preferiria estar oferecendo apenas o acesso à cultura. Alguns conseguem fazer isso participando de editais e de outras maneiras. [...] De qualquer modo, para o músico independente é uma alternativa

---

[40] Entrevista com Richard Riguetti, líder e palhaço do grupo Off-Sina, concedida aos autores no dia 6 de julho de 2015.
[41] A lei municipal nº 5429 (de 5 de junho de 2012) regulamenta apresentação de artistas de rua nos logradouros públicos do município do Rio de Janeiro.

de autonomia muito importante. Os artistas decidem armar o *set* naquele local e mandam ver! Claro que esses músicos que "atacam os lugares", que decidem tocar ali ou acolá e se organizam de forma espontânea, estão bem mais suscetíveis a terem que enfrentar a guarda municipal, moradores do lugar e o poder público na ocupação das ruas. Mas eles encaram tudo, mostrando a nova Lei do Artista de Rua e defendendo seus direitos. Aliás, a Lei do Artista de Rua foi uma conquista muito importante, apesar de não ser frequentemente respeitada.[42]

Como se pode constatar, a Lei do Artista de Rua é frequentemente mencionada de maneira ampla no trabalho de campo pelos atores, como um marco importante na história cultural da cidade do Rio. Segundo Amir Haddad, importante liderança da cena teatral e cultural carioca que atuou de forma destacada na negociação e aprovação desta lei:

> Foi difícil conseguir aprovar esta lei, mas contamos com o apoio de inúmeros grupos e movimentos culturais de rua importantes, ligados especialmente a teatro, música, artes visuais e dança. A aprovação desta lei abre caminho para a construção de uma cidade mais democrática, com possibilidades de conceber mais inclusão social, na qual pode haver mais acesso à cultura para todos. [...] Entretanto, muitos artistas de rua vêm cometendo excessos e invadem os lugares sem negociar. Por exemplo, apresentam-se com som ou música alta, incomodando as comunidades. Não compreendem que na rua o direito é de todos, que todos devem ser respeitados, que é preciso negociar com a população do lugar. Como expliquei, não foi fácil negociar esta lei, inclusive a prefeitura voltou atrás e demonstrou sensibilidade, percebendo que a arte pública, que ocupa as praças

---

[42] Entrevista com Miguel Maron, percussionista do grupo Os Siderais, concedida à pesquisa no dia 11 de julho de 2014.

e ruas, é uma riqueza desta cidade, que faz do Rio uma cidade especial. Há uma vida cultural importante que acontece nos espaços públicos desta cidade. [...] Levamos argumentos fortes à prefeitura e conseguimos abrir novas perspectivas, mais democráticas para a cidade, num momento em que ela se globaliza e que há, infelizmente, um processo de encarecimento do custo de vida e de exclusão social significativo.[43]

É possível constatar, a partir do depoimento acima, que se, por um lado, o poder público adota muitas vezes uma postura repressiva, impondo normatizações muito empregadas nos últimos anos em várias localidades do Centro do Rio; por outro, há um entendimento (ou existe certa percepção por parte dos setores progressistas que atuam no Estado) de que a produção cultural que ocupa os espaços públicos pode ser capitalizada e incorporada como estratégia de desenvolvimento local. Entretanto, como salientaram vários grupos de música que ocupam os espaços públicos de forma menos negociada (sem o apoio dos comerciantes e lideranças locais) – visando quase sempre passar o chapéu – a Lei do Artista de Rua nem sempre é respeitada pelas forças de segurança (Fernandes, Trotta e Herschmann, 2015).

A Lei do Artista de Rua foi importante, e acho que os grupos musicais que tocam nas ruas do Rio aumentaram. Quando o nosso grupo começou a tocar na cidade (em 2012) quase não havia artistas de rua. Claro que a situação melhorou muito e o crescimento dos grupos é uma prova disso [...]. Mas os policiais nem sempre respeitam a lei e ficam exigindo papelada. A gente explica que com a nova lei caducou uma

---

[43] Entrevista com Amir Haddad, liderança do grupo Tá na Rua e do Movimento Arte Pública, concedida à pesquisa no dia 25 de junho de 2014.

série de exigências para tocar, mas os caras ficam insistindo e às vezes temos que desistir de tocar num determinado lugar.[44]

Após várias intervenções – grande parte delas de êxito questionável –, cresce o número de urbanistas e intelectuais que vêm se interrogando se as cidades podem continuar a ser encaradas de forma genérica, empregando métodos que produzem quase "tábulas rasas" (como várias grandes reformas urbanas fizeram ao longo da modernidade), ou seja, que as urbes podem ser tomadas como uma espécie de "laboratório" para projetos mirabolantes que muitas vezes não alcançam os objetivos esperados. Assim, ainda que exista uma concepção preponderante no mundo globalizado da relevância das reformas urbanas, vem crescendo paralelamente uma percepção crítica entre atores e especialistas de que é preciso respeitar e levar em conta a memória (o passado histórico-cultural), o cotidiano e as demandas da população local nos projetos de transformação urbana (Jacques, 2012; Jeudy, 2014) ou de desenvolvimento local. Enfim, é preciso levar em conta as especificidades dos lugares, as necessidades sociais e a ecologia das dinâmicas culturais existentes nas cidades para que se possa construir uma cidade viável de ser "compartilhada" (Durán, 2008), de forma mais ou menos equilibrada.

A partir dos estudos de caso analisados aqui, constatou-se que a arte de rua não é ainda levada muito a sério pelas políticas culturais aplicadas de modo geral no Rio de Janeiro. Como enfatiza Haddad, "[...] lançar editais públicos não resolve o desafio de construir leis e políticas públicas efetivamente mais democráticas e que tragam desenvolvimento para as metrópoles"[45]. Assim, pode-se atestar que a arte

---

[44] Entrevista com Cristian Kiffer, baixista do grupo de *rock* Dominga Petrona, concedida aos autores no dia 2 de julho de 2014.
[45] Entrevista com Amir Haddad, liderança do grupo Tá na Rua e do Movimento Arte

de rua é espontânea e transformadora: para ser concretizada não exige grandes obras, grandes intervenções nos traçados das "artérias" da cidade ou a construção de novos equipamentos culturais. Entretanto, as iniciativas culturais de rua têm pouca sustentabilidade – depende da vontade dos atores e muitas vezes do seu "ativismo cultural" – e poderiam ser apoiadas por renovadas políticas públicas. Ainda que a princípio não pareça, incentivar as iniciativas criativas e inovadoras desses grupos de rua é importante economicamente para o Rio de Janeiro: não só para que não se amplie a dependência desta macrorregião em relação aos *royalties* do petróleo, mas também porque essas ações incentivam práticas cidadãs recorrentes e mais democráticas. Em resumo, a cultura de rua é importante para a (re)construção e/ou manutenção das ecosofias na cidade Rio de Janeiro. Se, por um lado, é bem verdade que não se chega a construir uma metrópole equilibrada ou "maravilhosa"; por outro, essas práticas culturais seguem contribuindo de forma expressiva para a não constituição de uma "cidade partida" (Ventura, 1994) nesse território.

2.2 Entre as "conchas vazias" e a potencialidade das dinâmicas criativas urbanas cotidianas na área do porto do Rio de Janeiro.[46]

Um dos objetivos deste subcapítulo foi o de fazer certo balanço de como se encontra a Zona Portuária após os eventos da Copa do Mundo, das Olimpíadas e da pandemia de Covid-19. Evidentemente, as oscilações no preço do barril de petróleo (e como isso afetou os *royalties* locais, além do preço da gasolina e do diesel aos consumidores)

Pública, concedida à pesquisa no dia 25 de junho de 2014.
[46] Informa-se aos leitores que uma versão preliminar dessa parte do capítulo foi publicada em Fernandes e Herschmann, 2018.

vêm contribuindo para agravar significativamente a situação nesse território, mas não são o único aspecto condicionante explicativo para o quadro atual de perda de dinamismo da região: é importante sublinhar que as políticas públicas tiveram a sua parcela de responsabilidade nesse processo. A proposta, aqui, é fazer uma breve avaliação, identificando potencialidades (e obstáculos) na localidade – especialmente na articulação com os microeventos locais – apesar do contexto de uma ampla crise vivida no País nos últimos anos.

Outro pressuposto que norteia a análise é o de que este estudo de caso é capaz de trazer indicativos importantes sobre o processo de conversão ou não do Rio de Janeiro em uma "cidade criativa". Alguns dos questionamentos que se traz à tona são: será que o que temos nesse território são grandes equipamentos urbanos quase desnecessários – espécie de "elefantes brancos" – que foram construídos como parte de um projeto de "higienização urbana" e espetacularização da cidade, mas que precisam daqui para frente ser artificialmente sustentados[47]? Será que o processo de gentrificação desta localidade atendeu não propriamente um projeto de construção de uma cidade criativa[48], mas, sim, uma grande estratégia de marketing territorial, que, por sua vez, atuou como uma espécie de "cortina de fumaça", facilitando que políticos, empreiteiras e empresários roubassem enorme volume de recursos

---

[47] É importante salientar que o Rio de Janeiro tem mais de 60 centros culturais, fundações e museus que não sabem como dar continuidade a suas atividades, pois contam com escassos recursos públicos. Muitas lideranças da cidade questionam a construção de novos museus e equipamentos culturais, pois o poder público vem se mostrando incapaz de manter ao longo do tempo as instituições relevantes já existentes nesta metrópole.

[48] O Plano Estratégico 2009-1012 da cidade do Rio deixa clara a importância da cultura na reestruturação da cidade e no preparo do ambiente para megaeventos, como Olimpíadas e Copa do Mundo. O documento estabelece como principal diretriz para orientação das políticas culturais o fortalecimento da metrópole do Rio de Janeiro "como referência cultural do País através da revitalização patrimonial, requalificação urbana e promoção da diversidade". O Rio de Janeiro, inclusive, é a primeira cidade do Brasil a ingressar no Fórum de Distritos Criativos do Mundo (*Creativity World Forum*).

públicos? Ainda que os objetivos ali não fossem apenas os interesses coletivos (mas, sim, o de grupos políticos e empresariais), é possível se apropriar deste projeto através de planos endógenos e inclusivos e converter essa área emblemática em uma espécie de "laboratório" de uma nova cidade mais democrática, que seja capaz de gerar benefícios socioeconômicos para setores mais amplos da população?

Breve histórico dos investimentos e reformas na Zona Portuária

> Esse planejamento de mercantilização da cidade é um projeto que converte certas áreas da cidade em negócios, portanto, visa à subordinação da urbe ao capital, e não ao interesse das pessoas. Isso tem um impacto direto no aumento das desigualdades socioespaciais que já caracterizam a cidade do Rio de Janeiro.[49]

Diferentemente da lógica que orientou o projeto urbanístico do "Corredor Cultural" executada na última década do século XX – naquele momento estava muito presente no discurso tecnocrático uma retórica da "perda patrimonial da cidade" (Pio, 2014) –, que permitiu a preservação do conjunto arquitetônico histórico do bairro da Lapa e sua reorganização posteriormente como importante polo da cidade (Herschmann, 2007); as diretrizes das reformas da região portuária que foram executadas nas primeiras décadas do século XXI retomaram em certo sentido (mas assentado evidentemente em outras bases[50])

---

[49] Simões, Mariana. O lado B das Olimpíadas para o Rio de Janeiro. *Exame*, 29 maio 2017. (Disponível em: <http://exame.abril.com.br/brasil/os-jogos-da-exclusao>. Acesso em: 1 dez. 2022).

[50] No lugar de "civilização" e "progresso", emergem por exemplo palavras de ordem como "globalização", "inovação", "atração de investimentos" e "*branding* territorial".

os imperativos dos processos de gentrificação que caracterizaram a história urbana moderna do País (Moreira, 2004; Semensato, 2012).

Mais do que a ideia de "má conservação", a noção de "vazio" desempenha um papel na construção da imagem da área, do imaginário urbanístico e na formação de um sistema classificatório da memória local. Analisando as matérias que circularam na mídia tradicional, é possível atestar a recorrência do uso de termos estigmatizantes por parte dos técnicos que atuaram na área, frequentemente vista como "degradada", "em ruínas", "caindo aos pedaços" ou "decadente". Como lembra Guimarães (2011), estabeleceu-se, uma "retórica do vazio", que interpreta as formas de sociabilidade local a partir de uma linguagem específica, em espaços discursivamente construídos como vazios e abandonados. Segundo tais narrativas, o "problema" da Zona Portuária não estaria na condição física dos prédios, como ocorria na Lapa, mas, sim, na "ociosidade" da região, nos espaços "em ruínas" e nos "vazios" existentes (Pio, 2014)[51].

Não é sem motivo, portanto, que o prefeito Eduardo Paes – que durante os dois períodos de mandato (de 2008 a 2016) realiza as atuais reformas na área portuária – acaba por se identificar tanto com Pereira Passos (Correia, 2013), prefeito do início do século XX que se notabilizou por intervenções que foram conduzidas (inspiradas nas reformas de Paris do século XIX) e que ficaram conhecidas como "bota abaixo" (pela destruição do casario colonial e pela abertura de importantes avenidas no Centro do Rio de Janeiro).[52] Inclusive na inauguração

---

[51] A vinculação dos compromissos olímpicos ao Plano Diretor de Desenvolvimento Sustentável da Cidade, aprovado pelo prefeito e pelos vereadores em 2009, ao Plano Estratégico do Rio, e o alinhamento com outros níveis de governo, foram elementos fundamentais deste processo, pois garantiram a esses compromissos o lastro político-institucional para a sua execução.

[52] O próprio Pereira Passos realizou intervenções na Zona Portuária, antes do Prefeito Eduardo Paes. Durante a gestão do prefeito Pereira Passos, no início do século XX, deu-se

da primeira fase das obras do Porto Maravilha, no reformado jardim do Cais do Valongo, em 1 de julho de 2012, Paes é acompanhado na cerimônia por um ator caracterizado como Pereira Passos.[53]

Conforme a Companhia de Desenvolvimento Urbano da Região do Porto do Rio de Janeiro (CDURP), responsável direta pela gestão dessa área estratégica da cidade, o projeto das reformas da Zona Portuária, que abarca os bairros da Gamboa, Saúde e Santo Cristo, essa grande intervenção foi feita visando à recuperação da infraestrutura urbana, dos transportes, do meio ambiente e dos patrimônios histórico e cultural da região portuária. Essas reformas – que deveriam ter sido finalizadas em 2015 – realizaram, entre as intervenções mais visíveis, a derrubada do elevado da perimetral e a transformação do espaço em uma área para pedestres, a abertura de novas avenidas na área, a construção de túneis subterrâneos de acesso, a desapropriação e derrubada de várias casas históricas na região; além de criarem orlas e bulevares (nomeados de Conde e Olímpico) e ampliarem praças (como a Mauá e da Harmonia), realizarem melhorias e obras de urbanização das favelas da microrregião, construírem novos equipamentos culturais e de entretenimento importantes como o Museu de Arte

---

o primeiro aterro marítimo de grandes dimensões com o objetivo de criar uma área central portuária: a demolição do Morro do Senado para aterrar 170 hectares sobre o mar, diante dos morros do Livramento, Conceição, Providência e Saúde. A nova linha de costa possibilitou a construção do berço da Gamboa, primeiro cais do porto moderno. No extremo oeste do cais, o Canal do Mangue foi estendido, e criou-se a Avenida Francisco Bicalho como elemento de sutura com a cidade antiga. A partir da Praça Mauá, no outro extremo do berço, iniciaram-se as obras da Avenida Central, atual Rio Branco, de 1.750 metros de comprimento e 22 metros de largura, projetada ao estilo dos bulevares de Haussmann, e que suportaria os primeiros edifícios modernos do Rio atual (Andreatta *et al.*, 2009).

[53] O então prefeito chegou a afirmar à imprensa naquele momento que gostaria de ser lembrado como um "visionário" como foi o prefeito Pereira Passos. Conferir: Em campanha Paes tenta vincular a sua imagem às transformações feitas por Pereira Passos. *O Globo*. Caderno Rio, 9 de jul. 2012. (Disponível em: <https://oglobo.globo.com/rio/em-campanha-paes-tenta-vincular-sua-imagem-as-transformacoes-feitas-por-pereira-passos-5433676>. Acesso em: 22 jun. 2017).

do Rio, Museu do Amanhã e o Aquário (o AquaRio) na localidade (e um shopping que está planificado para ser construído em breve na edificação que era sede do Moinho Fluminense); e viabilizarem a instalação de ciclovias e de trens VLT conectando a localidade à bairros adjacentes do Centro[54].

Evidentemente, a maneira como foi conduzido esse projeto urbanístico (na opinião da maioria, a gestão dos processos foi conduzida de forma pouco democrática) e a ideia de um "legado social" têm sido bastante questionadas por especialistas e por lideranças da cidade. As críticas se direcionam principalmente à perspectiva "concentracionista" do projeto: seja a centralização dos benefícios em uma parcela privilegiada da sociedade (especialmente grupos empresariais), seja no que se refere ao agrupamento espacial do legado. Desde que se iniciaram essas reformas, inúmeros movimentos sociais vêm denunciando, entre outras coisas, casos de violação dos direitos à moradia, irregularidades trabalhistas, impedimento à participação social e cidadã, falta de transparência nas prestações de contas e ampliação da ineficiência do transporte público na localidade[55].

---

[54] A Companhia de Desenvolvimento Urbano da Região do Porto do Rio de Janeiro (CDURP) foi instituída pela Lei complementar nº 102/2011 e é gestora da prefeitura na Operação Urbana Consorciada Porto Maravilha. Cabe à CDURP não só a articulação com os demais órgãos públicos (inclusive a concessionária Porto Novo), mas também a execução de obras e serviços nos 5 milhões de metros quadrados dessa área que é considerada de Especial Interesse Urbanístico. Enquanto gestora da operação, a CDURP presta contas à Comissão de Valores Mobiliários (CVM) e participa da aprovação de empreendimentos imobiliários em grupo técnico da Secretaria Municipal de Urbanismo (SMU). Também é o órgão que tem a responsabilidade de disponibilizar parte dos terrenos em sua área para o mercado. Entre as atribuições da companhia, está, ainda, a atuação como fomentadora do dinamismo econômico e social da região portuária delimitada pela Lei Complementar nº 101 (que criou a Operação Urbana Porto Maravilha). No que se refere a Porto Novo, é uma concessionária contratada via licitação para executar as obras e prestar serviços públicos municipais até 2026 nesta área da cidade. Mais detalhes ver: <http://www.portomaravilha.com.br/artigosdetalhes/cod/19>. Acesso em: 1 dez. 2022.
[55] Cf. Comitê Popular Rio – Copa e Olimpíadas. Dossiê Megaeventos e Violações dos

Ainda que reconhecendo que uma parcela significativa da população apreciou as medidas de "embelezamento da área" e que há um contexto de recessão econômica no País desde 2014, especialmente no estado do Rio de Janeiro, o que se nota atualmente nesse território é uma diminuição significativa de investimentos na área (que já foi considerada estratégica e emblemática na cidade) na gestão do prefeito Marcelo Crivella que ameaçou vários aspectos do projeto urbano, entre eles o projeto de segurança da região histórica do Centro da cidade, mais conhecido como "Centro Presente".

> A operação "Segurança Presente" [da qual faz parte o Centro Presente] é uma parceria entre a Federação do Comércio do Estado do Rio de Janeiro (Fecomércio), a prefeitura e o governo do Estado que estão em risco. A Fecomércio diz que ainda não começaram as conversas para que o programa continue, mas que está aberta a negociação. Até agora [...] a continuidade do contrato do Centro Presente, assinado com a prefeitura, não está garantida[56].

A Direção da Companhia de Desenvolvimento Urbano da Região do Porto do Rio de Janeiro (CDURP) dizia não temer pela perda de dinamismo dessa área após os megaeventos esportivos (que afetaram o cotidiano da cidade entre 2014 e 2016):

> A Zona Portuária não vai se esvaziar depois da Copa e Olímpiada. As pessoas vêm para o MAR, vão para o Museu do Amanhã, passeiam no Bulevar, vão no Aquário – então isso aqui

---

Direitos Humanos no Brasil, 2013, pp. 7-8 (Disponível em: <http://rio.portalpopulardacopa.org.br/?p=2952>. Último acesso: 15.07.2015).
[56] Programa Segurança Presente está ameaçado no Rio. *G1*, 25 abr. 2017. (Disponível em: <http://g1.globo.com/rio-de-janeiro/noticia/programa-seguranca-presente-esta-ameacado-no-rio.ghtml>. Acesso em: 1 dez. 2022).

você não pode comparar ao Porto Madeira (de Buenos Aires) e outras localidades que não obtiveram tanto êxito e ficaram meio esvaziadas depois de construídas. O Porto Maravilha não vai ficar assim. Aqui temos uma vida pulsante com casas de espetáculos, os galpões e principalmente os armazéns do Píer Mauá, que são maravilhosos. Nesses lugares vêm se realizando eventos incríveis ao longo do ano, que atraem bom público.[57]

É preciso reconhecer que a aposta da CDURP na continuidade desta área como uma espécie de "*cluster* criativo da cidade do Rio de Janeiro" não estava fundamentada apenas nos equipamentos culturais existentes (nas atividades que são realizadas nos espaços privados). Afinal, este órgão gestor foi criado para fazer a administração e fomentar o desenvolvimento da localidade, inclusive nos espaços públicos.

A gente montou um fórum na CDURP e recebe regularmente vários artistas e grupos. Qualificamos vários profissionais como, por exemplo, o pessoal da Sabores do Porto. Nós fomos até os morros, às comunidades, e tiramos muita gente da informalidade. Aquele sujeito que fazia coxinha e colocava o filho para vender na porta da escola, principalmente os profissionais que não seguiam regras de higiene e não sabiam manipular alimentos... nós ajudamos a qualificar. Realizamos um convênio com o Sebrae e treinamos muita gente da região. Hoje, são pessoas que têm as suas barracas ali na Praça Mauá e no Largo da Prainha. Algumas fizeram curso de gastronomia e hoje são verdadeiros *chefs*. Portanto, aqui na CDURP fizemos um trabalho importante, de base, ao longo desses seis anos. Constantemente, recebo lideranças, profissionais e artistas para ouvir suas opiniões e demandas, que a gente procura atender dentro do possível.

---

[57] Entrevista com Néia Favero, assessora de projetos especiais da CDURP, concedida à pesquisa no dia 7 de fevereiro de 2017.

Dessas reuniões e fóruns que organizamos com alguma frequência, participam inclusive representantes da Polícia Militar para discutir a segurança. Apoiamos sistematicamente uns 20 blocos de carnaval da região. Antes da nossa chegada e das obras de recuperação do Porto, essa era uma área inviável, em ruínas. À medida que a área foi sendo revitalizada, as pessoas foram acreditando e se engajando. Há uns três anos, a CDURP organizou o primeiro prêmio Porto Maravilha Cultural. Era um edital que ajudou muita gente a levar à frente seus projetos. Formamos pessoas para trabalhar em hotelaria e em centros culturais. Não só os hotéis daqui têm obrigação de contratar um funcionário que fez curso aqui, mas os museus locais. A mão de obra do Museu do Amanhã, por exemplo, é composta por 80% de trabalhadores da região da Zona Portuária. Temos apoiado projetos variados, inclusive da área da música, dentro do nosso orçamento, que é pequeninho: são esses 3% do que a CDURP arrecada, os quais são regularmente reinvestidos na cultura local. Inclusive, sou eu que coordeno esses repasses às iniciativas culturais e de entretenimento. Portanto, a CDURP tem apoiado os eventos de música – temos consciência de que são importantes para o desenvolvimento da região. A CDURP oferece o som – claro que não aquele som perfeito, mas esta ajuda é importante. Apoiamos também com banheiro químico e geradores para eletrificar os eventos. O AcaraJazz realizou no último ano concertos de *jazz* que foram apoiados pela CDURP. Desde que você proteja o espaço que foi revitalizado, a função da CDURP é auxiliar os grupos que querem tocar na rua desta região. Tem um projeto aqui que se chama Velhos Malandros, organizado pelo Alexandre Nadai, que é realizado na Praça da Harmonia uma vez por mês. É um evento maravilhoso. Eles tocam samba de raiz – eu dou mesa – cadeira e é onde o pessoal da Gamboa se encontra para socializar.[58]

---

[58] *Ibdem*.

Vários artistas e lideranças locais reconhecem que a CDURP – até a diminuição drástica das suas atividades – teve um importante papel, fomentando a formação de mão de obra local (através de oficinas e cursos) e as atividades culturais, gastronômicas e de entretenimento realizadas nos espaços públicos da Zona Portuária. Sempre lembrando que, pelo seu estatuto, a CDURP se comprometia em apoiar essas atividades com 3% da sua arrecadação[59]. Apesar de reconhecer o valor da CDURP, os atores entrevistados ressaltam que os recursos, especialmente depois das Olímpiadas, passaram a ser cada vez mais escassos.

> É preciso dar crédito às instituições que vieram gerenciar aqui essa área – a Porto Novo e o CDURP – que sempre apoiaram as iniciativas culturais locais. Inclusive, o bloco Prata Preta, do qual sou um dos coordenadores, sempre conseguiu algum tipo de financiamento para os seus eventos. Por regimento, a CDURP tem um quantitativo previsto para isso. Contudo, muita gente tem reclamado que os recursos da CDURP têm diminuído, especialmente depois das Olimpíadas. Quando os técnicos são questionados sobre isso, a culpa tem sido colocada na conta da crise do Rio de Janeiro. A verdade é que, depois dos megaeventos, tem diminuído o fluxo das iniciativas na região.[60]

> Até 2016, a CDURP ajudava a área da Pedra do Sal com banheiro químico e com mais alguma coisa para o som, quando este era amplificado. Fizeram também o prêmio do Porto Maravilha que foi uma iniciativa bacana e ajudou muita gente. Contudo, depois de um certo tempo, pararam de ajudar, as verbas rarearam. Acho que por conta do custo e da crise do País,

---

[59] Alguns atores entrevistados se queixaram que parte significativa deste orçamento da CDURP é repassada prioritariamente aos grandes museus da região. Portanto, os artistas locais ficariam com uma fatia pequena dos recursos anuais disponíveis.
[60] Entrevista com Orlando Rey, morador do bairro da Saúde e fundador do bloco de carnaval Prata Preta, concedida à pesquisa no dia 27 de março de 2017.

a verba para a cultura deve ter acabado, o que é lamentável. A região tem uma vocação para a cultura, basta olhar para a força dos eventos que são realizados na Pedra do Sal e na Prainha. Hoje em dia, a gente não tem ajuda de nenhum órgão público, e isso dificulta ainda mais tocar a vida, promover a cultura aqui. Olhando retrospectivamente, não acho que as reformas da Zona Portuária e a CDURP ajudaram tanto assim a região: claro que embelezou muita coisa, mas é preciso reconhecer também que muita gente já vinha para cá gastar dinheiro e aproveitar a vida cultural da região [...]. Acho que a gestão do Crivella está sendo desastrosa para a localidade. Antigamente, a gente ainda tinha acesso a vários órgãos da prefeitura, com mais facilidade. Antes tínhamos laços com as instituições do governo, com a Porto Novo e com a CDURP, mas hoje em dia sentimos muita dificuldade em nos comunicar. Raramente somos atendidos nas nossas solicitações hoje em dia.[61]

Vozes com pouca visibilidade em um cenário de indefinições

Neste cenário de indefinições, reunimos, a seguir, alguns depoimentos dos atores, em que esses analisam inúmeras tensões na Zona Portuária a respeito de temas importantes, tais como transporte, custo de vida, segurança pública, empregos, sustentabilidade e oferta cultural.

Durante muito tempo, a CDURP afirmou que iria investir não só na parte comercial e empresarial, isto é, que estavam preocupados em investir também no repovoamento deste território (oferecê-lo como moradia para trabalhadores de baixa renda) e que inclusive teriam desenvolvido algumas iniciativas. Apesar de enaltecerem alguns pontos positivos nas intervenções urbanísticas realizadas e nos apoios

---

[61] Entrevista com André Peterson, dono da Bodega da Pedra do Sal, concedida à pesquisa no dia 17 de junho de 2017.

concedidos nos últimos anos, a sensação dos moradores expressa nos depoimentos a seguir contradiz essas projeções da CDURP. Vários moradores (e até alguns ex-moradores, que já abandonaram a área) afirmam não só que em vários aspectos a vida da população local não foi beneficiada com as mudanças ali implementadas, mas também que pressentem que, muito em breve, com a ampliação da gentrificação do território, eles tendem a ser expulsos da localidade.

> As obras do porto embelezaram e melhoraram muita coisa, tais como a derrubada do horrendo viaduto da perimetral, mas ao mesmo tempo encareceram brutalmente o custo de vida da região. Tem muita especulação imobiliária no entorno e o preço dos aluguéis disparou, de cinco anos para cá. O meu condomínio subiu 500%, é assustador constatar o que está acontecendo. E olha que tenho uma situação privilegiada, pois tenho o meu apartamento próprio. As pessoas não estão aguentando pagar os aluguéis dos apartamentos, casas e de muitas das lojas. Tem muita gente que morava aqui há décadas e que já foi embora. Acho que os moradores vêm aproveitando pouco as reformas para benefício próprio. Claro que é bom viver num lugar que está bem tratado e bonito, mas tem muitas partes dos bairros da Zona Portuária que não são turísticas, especialmente na Saúde e Santo Cristo, e que precisam de melhorias urgente, mas as obras prometidas de infraestrutura não têm sido concretizadas.[62]

> Muitos moradores sempre questionaram a ideia de os bairros da Gamboa, Santo Cristo e Saúde estarem sendo revitalizados. Havia uma vida local harmônica, um ambiente de cidade pequena que foi perdido. E, por conta disso, me mudei dessa região. O custo de vida daqui era muito barato e ficou de uma hora para outra absurdamente caro. Pode-se dizer que os serviços que são

---

[62] Entrevista com Silvania Silva, moradora da Gamboa e membro da Associação Sabores do Porto, concedida à pesquisa no dia 15 de abril de 2017.

oferecidos aqui, de certo modo, foram gourmetizados. Quando veio essa obra, vimos muito de perto o lugar se transformar, inevitavelmente. Claro que se você perguntar para o morador mais humilde da região se ele gosta da Praça Mauá do jeito que está agora, provavelmente ele vai dizer: "claro, está tudo mais bonito". A sensação que se tem é que estão se abrindo novas opções de lazer e de vida cultural na região. Mas o preço que se está pagando é muito alto. A maior parte dessas atrações não está ali para desfrute das comunidades desses bairros locais. Acho que, a médio prazo, a Zona Portuária tende a virar um Pelourinho de Salvador ou uma espécie de Centro Histórico de Paraty. São lugares que são mantidos para atender a indústria turística. Muita gente vai ser expulsa, e isso vai gerar um sentimento de revolta na população. A cidade fica bonitinha, mas isso não é para desfrute de todas as classes sociais. O Estado e os empresários visam apenas o dinheiro, o turismo e a especulação imobiliária. Nunca ninguém foi perguntado lá nas comunidades sobre quais benfeitorias eles queriam ou precisavam. O poder político e econômico chegou e foi fazendo o que já tinham planejado. Que revitalização é essa que o Estado concretizou? Ali já existiam comunidades com um cotidiano cheio de vida, cheio de atividades interessantes.[63]

Muitos moradores não só temem não poder acompanhar o aumento do custo de vida, mas se perguntam se haverá espaço para as tradições culturais locais no novo projeto que foi traçado para este território.

Sou um dos fundadores do Cordão do Prata Preta, que, hoje, já é um bloco reconhecido no Rio de Janeiro. É um bloco de médio porte e, obviamente, muitas vezes as pessoas procuram

---

[63] Entrevista com Adrianna Eu, artista plástica e ex-moradora do Morro da Conceição, concedida à pesquisa no dia 9 de março de 2017.

a gente para falar sobre cultura, sobre região, sobre carnaval aqui na Zona Portuária. Quando ocorreu o projeto de revitalização da Zona Portuária, os moradores acharam bom depois de décadas de profundo abandono. E, há uns meses, viemos falar com uma técnica que estava prestando serviço de impacto para a implementação do shopping que vai ter em frente à Praça da Harmonia. Ela perguntou se a gente tinha alguma dúvida em relação a isso, e eu deixei bem claro que a minha única dúvida era a seguinte: quando esse shopping estiver funcionando, com todo o aparato que vai ter – polo gastronômico, *apart* hotel (se eu não me engano), coisas desse gênero –, isso vai dificultar a permanência do bloco na Praça da Harmonia? Não quero saber de financiamento, não quero saber de apoio, não quero saber de nada; quero saber se vai ficar complicado para a gente conseguir as licenças, que cada vez se tornam mais burocráticas, para colocar o bloco no seu local de origem. A sede a céu aberto do Prata Preta é aqui na Praça da Harmonia. Ela, obviamente, não tinha condições de me responder essa pergunta, mas anotou e isso aí deve entrar na pauta para essas figuras que vão atuar na parte empresarial, em relação às demandas dos moradores. A gente não quer só dinheiro, a gente quer manter nosso espaço, que eu acho que é a questão mais ameaçada. E, infelizmente, a maior parte dos moradores ainda não percebeu isso aí; a ficha está caindo lentamente de que eles podem ser afetados de forma drástica e ruim por esse procedimento de revitalização. O antigo Moinho Fluminense vai ser transformado em um shopping. Aqui vai ser um complexo com shopping, com residência, com parte empresarial, com parte gastronômica. Então, por exemplo, o bloco aqui coloca em um evento cerca de três mil pessoas. Será que o shopping vai achar isso legal? Que tipo de pressão o shopping pode fazer ao poder público de forma que tente inviabilizar as nossas licenças? Nós percebemos isso na Prainha, está muito complicado fazer evento na Prainha. Um bloco tradicional como o Escravos da Mauá tem que se esforçar para conseguir fazer seus eventos lá. Com certeza,

> dificultou mais pela proximidade com a nova Praça Mauá e o Bulevar Olímpico. A população local tende a ser expulsa e as tradições culturais da região começam a ser afetadas. Isso ainda não ocorreu de forma drástica, mas certamente é uma questão de tempo. Naquela região mais gentrificada do Largo da Prainha, Pedra do Sal e Praça Mauá está complicado para os grupos culturais conseguirem licenças para fazer os eventos no espaço público. Então, a nossa preocupação em relação ao Prata Preta da Praça Harmonia é justamente esta: será que quando o shopping estiver pronto isso vai ter algum impacto sobre os eventos montados aqui? Porque é muito provável que os donos de lojas não achem interessante ter um volume de pessoas aqui transitando e se divertindo, com o shopping funcionando do lado.[64]

A questão do transporte público precário no território é sinalizada pelos moradores como um dos problemas significativos não só não sanados, mas também em certo sentido mais precarizados na região.

> Sobre o transporte, a dificuldade está na circulação pela parte mais de dentro da região. Ônibus que chegavam até ali não chegam mais. Resta o VLT e a ampliação da tarifação do transporte existente. O VLT deveria ser gratuito porque é um transporte de integração, pois ninguém cumpre um trajeto inteiro usando o VLT para resolver a maioria dos seus assuntos no dia a dia. Mas as autoridades preferem gastar com a repressão e segurança pública, com uma estrutura imensa de fiscalização.[65]

---

[64] Entrevista com Orlando Rey, morador do bairro da Saúde e fundador do bloco de carnaval Prata Preta, concedida à pesquisa no dia 27 de março de 2017.
[65] Entrevista com José Gustavo, morador da região, escritor, revisor e músico da Banda da Conceição, concedida à pesquisa no dia 21 de fevereiro de 2017.

Não só o transporte público continua precário, como também os moradores perderam, basicamente, todas as suas linhas de ônibus. O VLT passa no entorno, ainda não inaugurou a linha do VLT em muitos pontos da Zona Portuária. E tem um bairro que está padecendo mais do que a gente aqui na Saúde, que é o pessoal do Santo Cristo. Eles perderam as linhas de ônibus e eles perderam o supermercado local, que fechou as portas. Então, o bairro está no mais completo abandono numa área considerada pelo poder público como sendo tão importante. Na realidade, essas melhorias, talvez, possam vir a aparecer um pouco quando toda a linha do VLT estiver funcionando. A maior parte das inciativas tem como prioridade o Bulevar Olímpico e a Praça Mauá. O Santo Cristo permanece em obras, meio esquecido. As obras tiveram um efeito de fachada, para os turistas. Na parte mais central da Zona Portuária, de menos impacto na imprensa, as obras continuam sendo conduzidas bem lentamente.[66]

A questão da segurança sempre enaltecida como "solucionada" pelas autoridades é vista de outro ângulo pelos moradores locais.

O tráfico de drogas na região aumentou bastante, e isso está relacionado à presença de mais dinheiro circulando na Zona Portuária. Costuma ter tiroteio na Sacadura Cabral, mas na área dos museus não ocorre, porque é mais vigiada. Os visitantes nem ficam sabendo. Quando eu estou aqui na Praça Mauá ou passando pelo Bulevar, a gente não sabe. Mas eu moro lá na parte menos nobre da Zona Portuária, e às sete da manhã tem tiroteio. De noite tem tiroteio. O pessoal do tráfico está aqui para vender drogas nos eventos. E olha que são muitos shows e atividades na região. Acho que precisa ter uma coordenação

---

[66] Entrevista com Orlando Rey, morador do bairro da Saúde e fundador do bloco de carnaval Prata Preta, concedida à pesquisa no dia 27 de março de 2017.

para dar mais segurança para os moradores da região, porque a gente vive assustado.[67]

A região do porto, por um lado, passou a contar com uma presença mais ostensiva da segurança pública, através dos agentes do programa Centro Presente e da Polícia Militar, que se concentram e fazem rondas nas áreas dos Armazéns do Píer, na Praça Mauá, no Aquário, no Bulevar Olímpico e na Orla Conde. Eles realmente vêm resguardando prioritariamente os turistas e o público endinheirado que vem para cá. Já os ambulantes, por exemplo, eles fazem atualmente muita vista grossa, mas isso é outra história. Mas, ao mesmo tempo, várias ruas, becos e morros dos bairros da Gamboa, Saúde e Santo Cristo continuam como eram antes. Talvez a situação para esses moradores esteja um pouco pior hoje em dia porque, desde que a classe média passou a vir mais para cá, grupos ligados ao tráfico de drogas entraram mais pesado na região, disputando vários pontos estratégicos de venda.[68]

Outro ponto muito lembrado pelos comerciantes locais, muitos deles moradores da região, é ...a presença constante de camelôs e ambulantes, vindos de diferentes partes da cidade, os quais "invadem" esta localidade:

A gente tinha *jazz* com o Guga, Baile *Black*, fanfarras e tinha até uma ocupação com o coletivo Etnohaus. Este último, era um coletivo muito bacana que nos procurou há algum tempo. A gente fazia com eles o Cine Varal, com projeções aqui mesmo

---

[67] Entrevista com Silvania Silva, moradora da Gamboa e membro da Associação Sabores do Porto, concedida à pesquisa no dia 15 de abril de 2017.
[68] Entrevista com Gabriel Rodrigues Catarino, membro e um dos fundadores da Associação de Moradores e Amigos do Bairro da Saúde, concedida à pesquisa no dia 20 de maio de 2017.

na estrutura da Pedra do Sal, e o público adorava. O Bar Bodega da Pedra do Sal continua apoiando e realizando algumas rodas de samba, mas deixamos de fazer vários eventos porque estávamos tendo muito prejuízo com o número enorme de camelôs que atuam aqui. A concorrência é desleal e a verdade é que a Zona Portuária está com um número absurdo de ambulantes. A prefeitura e a segurança pública pouco fazem para coibir a presença desses comerciantes ilegais. Atualmente, a gente está promovendo só o samba de segunda e o de sexta-feira. É uma pena, porque a Pedra do Sal e a região já teve atividades mais diversificadas e que ocupavam quase a semana toda.[69]

A nossa preocupação, enquanto associados da Sabores do Porto, é em relação aos camelôs e ambulantes. Não que as pessoas não possam trabalhar, buscar alternativas neste momento de crise. Claro que não é isso. Elas têm família, mas a gente também tem. Mas os comerciantes daqui que estão legalizados têm o custo da barraca e das licenças para a ocupação dos espaços nas ruas. Para os camelôs, não há esses e outros custos. Então, ocorre uma concorrência desleal, porque o custo deles é só o custo da mercadoria que eles trazem. Nesse ponto, a atual gestão da prefeitura está deixando a desejar: o comércio ilegal está correndo solto por aqui. E, assim, os comerciantes sentem o impacto, tanto o pessoal da gastronomia *gourmetizada* dos *food trucks* quanto a gente que trabalha com produtos mais típicos e regionalizados. Em relação aos produtos de artesanato ou à gastronomia dos quitutes que vendemos é sempre a mesma coisa todos os dias: os ambulantes vendem bem mais barato e ainda desfilam na nossa frente, oferecendo de tudo para os

---

[69] É possível atestar a afirmação do entrevistado (sobre o dinamismo da Pedra do Sal até as Olímpiadas do Rio) acessando o trabalho de pesquisa dos autores anteriormente realizado (em 2014) no seguinte link: http://www.cartografiamusicalderuadocentrodorio.com. Entrevista com André Silveira, dono da Bodega da Pedra do Sal, concedida à pesquisa no dia 17 de junho de 2017.

nossos possíveis clientes. Não temos como competir com eles se a prefeitura não fizer algo a respeito.[70]

Potencial da região e capacidade em contribuir para a consolidação e potencialização de uma cidade criativa

À exceção de alguns esporádicos eventos musicais que ocuparam a Praça Mauá e o Bulevar Olímpico[71], atualmente as atividades culturais da Zona Portuária, em geral, são realizadas nos espaços privados das casas de espetáculos locais, dos museus, do Aquário ou nos armazéns do Píer Mauá[72]. Os ingressos para usufruir desses equipamentos culturais têm preços elevados, e isso tem dificultado, segundo os entrevistados ao longo da pesquisa, o acesso da população menos privilegiada da cidade a essas atrações culturais[73]. Além disso, houve um desvio de quase todas as linhas de ônibus e a mobilidade para a região ficou

---

[70] Entrevista com Silvania Silva, moradora da Gamboa e membro da Associação Sabores do Porto, concedida à pesquisa no dia 15 de abril de 2017.

[71] A maior parte deles só ocorreu durante a Copa e as Olimpíadas. Eventualmente, são realizadas atividades no período do Réveillon e do Carnaval.

[72] Segunda Winnie Andrade, "a primeira função do Píer é o Terminal Internacional de Cruzeiros. A parte de eventos foi uma segunda linha de atuação, pois identificamos aí uma oportunidade para a empresa. Além disso, constatamos que a cidade precisava de um espaço como esse. Passamos a estruturar nossos Armazéns números 2 e 3 para os eventos e preservamos os armazéns números 4 e o 5 para o terminal portuário. Portanto, o Píer Mauá trabalha também como locação de espaços para uma agenda de eventos variados. Passamos a abrigar desde eventos culturais importantes como o ArtRio até casamentos de filhos de figurões da cidade" (entrevista realizada com Winnie Andrade, coordenadora de eventos do Píer Mauá, concedida à pesquisa no dia 13 de dezembro de 2016).

[73] É muito comum ver a população pobre ocupar esta área para fazer o *footing* e/ou famílias que vêm para admirar a paisagem aprazível do porto, mas dificilmente ingressam nestes espaços culturais ou mesmo têm recursos para consumir os sanduíches e as bebidas *gourmetizadas* dos *food trucks* ali instalados (e autorizados pela prefeitura). Acabam consumindo alguma coisa nos ambulantes que vêm crescentemente ocupando de forma informal e/ou clandestina essas áreas (o que tem gerado tensões com os comerciantes e agentes de segurança locais).

praticamente reduzida ao VLT (que é mais caro do que o transporte público comum) ou a ciclovias.

Ainda assim, nota-se que parte do público tem indicado estar disposta a combinar a utilização do metrô ou as linhas de ônibus (que chegam até a avenida Presidente Vargas) com uma caminhada em média de oito quarteirões para acessar algumas atividades culturais da localidade, especialmente as rodas e concertos musicais que são gratuitos e realizados nos espaços públicos próximos ao Morro da Conceição. É especialmente na Pedra do Sal, no Largo do São Francisco da Prainha e na Praça Harmonia que está concentrada a maior parte dessas atividades criativas, as quais vem garantindo certa vitalidade à localidade, apesar de haver uma drástica redução dessas iniciativas desde as Olimpíadas do Rio (realizadas em meados de 2016).

No caso da Pedra do Sal, trata-se de uma área histórica, local de encontro de grandes sambistas[74], que há várias décadas foi convertida em um importante anfiteatro natural pelos coletivos de música (não exclusivamente de samba, mas também de fanfarras, *jazz* e música *Black*) e no qual vêm sendo realizadas nos últimos anos, com grande êxito, especialmente rodas de samba capitaneadas por grupos como Samba da Pedra do Sal, Mulheres da Pequena África e Moça Prosa. Particularmente, têm chamado a atenção dois aspectos dessas rodas (que emergem como uma tendência) durante a pesquisa realizada: por um lado, a frequente parceria entre os ambulantes e músicos que se apresentam na busca de sustentabilidade dessas atividades (na forma de um percentual ou cachê para o grupo musical) e o crescente interesse do público por rodas de samba protagonizadas por mulheres. Nesse sentido, o ritmista Wagner Santos comenta:

---

[74] A Pedra do Sal ocupa um lugar especial na história e imaginário do samba: seus bares eram locais de encontro de músicos importantes, tais como Donga, João da Bahiana, Pixinguinha, entre outros (mais detalhes ver Moura, 1983).

> Temos uma boa relação com os ambulantes daqui, que são parceiros e apoiam a nossa roda semanal. Claro que já, há alguns anos atraímos um bom público consumidor para a Pedra do Sal. Gente de todos os lugares da cidade vem aqui [...]. Ao mesmo tempo, procuramos estabelecer uma relação não só utilitária com a comunidade do Morro da Conceição. Oferecemos, inclusive, aulas de percussão para os garotos da comunidade [...]. Nos últimos anos, temos nos dado conta de que há um crescente interesse pelas rodas comandadas pelas mulheres. De certo modo, isso representa uma retomada do papel que as tias já tiveram na história do samba. Por outro lado, a formação dessas rodas está relacionada a uma agenda política feminista e a um conjunto de luta e reivindicações das mulheres.[75]

A respeito do crescente espaço que vem sendo ocupado pelas mulheres no local, Thais Vilela – cantora da roda de samba das Mulheres da Pequena África – comenta:

> Acredito que esse protagonismo feminino é de certa forma um reconhecimento, uma espécie de reparação do papel histórico que a mulher sempre desempenhou no mundo do samba [...]. Claro que por, outro lado, as mulheres hoje vêm ganhando um protagonismo sem precedentes e esperamos que essas rodas se consolidem e expandam cada vez mais. Tudo isso é resultado de muita luta de um movimento pelo reconhecimento dos nossos direitos, que conduziu, por exemplo, à oficialização do dia da mulher sambista [...]. Claro que há muito machismo e preconceito, mas muitas vezes nós, sambistas mulheres, temos podido contar com a parceria de algumas rodas de samba masculinas. Inclusive, o pessoal da Roda de Samba da Pedra do Sal, roda da qual sempre participamos [...] apadrinhou e

---

[75] Entrevista com Wagner Silveira Santos, percussionista do grupo Samba da Pedra do Sal, concedida à pesquisa no dia 10 de junho de 2022.

apoiou a criação em 2021 da Roda das Mulheres da Pequena África, ao nos convidar para ocupar a "Pedra" sempre aos sábados [...]. Atualmente, organizamos as nossas rodas femininas regularmente na Pedra do Sal e muitas vezes chamamos outros grupos de mulheres, tais como o Moça Prosa e o Samba que Elas Querem, para participar da nossa programação.[76]

Já no Largo do São Francisco Prainha (localizado bem próximo à Pedra do Sal), que também tem uma relevância histórica e cultural[77] na cidade, foram identificados dois períodos com ocupações e eventos de rua musicais um pouco distintos. Em um primeiro momento – anterior à gentrificação urbana promovida pelas reformas da área do Porto – a localidade era ocupada de maneira similar à Pedra do Sal, de maneira mais ou menos espontânea (ainda que com autorização da prefeitura): com a presença frequente de ambulantes e artesãos articulados às atividades musicais. Lá ocorriam eventos bastante populares, tais como os do Baile *Black* Bom, as rodas do Moça Prosa ou os concorridos ensaios de blocos de carnaval, como o Escravos da Mauá. E um segundo momento, em que na área gentrificada se passou a "inibir" a presença de ambulantes e artesãos de todo tipo: especialmente após a pandemia de Covid-19, foi possível constatar que esse espaço público passou a ser uma espécie de "feudo" dos dois principais bares do largo, isto é, o Bafo da Prainha e a Casa Porto. Apesar das controvérsias que

---

[76] Entrevista com Thais Vilela, cantora do grupo Mulheres da Pequena África, concedida à pesquisa no dia 25 de julho de 2022.
[77] Antes da construção do Porto do Rio de Janeiro, situava-se no local uma pequena praia, denominada Prainha, que se estendia até onde hoje é a Praça Mauá. O largo recebeu esse nome por estar situado próximo à Igreja de São Francisco da Prainha, erguida em 1696, segundo ordens do Padre Francisco da Motta. A localidade, ao longo da sua história, abrigou diversas atividades culturais e religiosas associadas à cultura afro-brasileira (Pechman, 1987).

foram geradas por conta dessas mudanças,[78] a localidade continua sendo muito atraente ao público (especialmente jovem), pois esses bares mencionados seguem promovendo uma programação musical regular (o *lineup* dos artistas convidados é planejado de modo que realizem concertos em um praticável localizado no meio do largo ou nos balcões desses bares, quase sempre agenciando gêneros musicais como samba, *jazz*, MPB e *hip hop*).

Vale ressaltar que, além desses dois *points* localizados na Gamboa, outra localidade da Zona Portuária que identificamos na pesquisa que tem potencial de crescimento de atividades criativas é o bairro da Saúde, especialmente nos arredores da Praça Harmonia.[79] No trabalho de campo realizado, observou-se uma vida cultural pulsante presente ali: a) não só em bares como o Dellas, Café e Bar Sulista e Harmonia, que têm atraído jovens boêmios e moderninhos da cidade (oferecendo concertos e festas); b) mas também as atividades musicais do Cordão do Prata Preta, da Escravos da Mauá e do Tremendo nos Nervos, bem como as iniciativas da cia. de teatro Mistérios e Novidades e da Orquestra de Pernas de Pau têm alcançado grande popularidade. Todas essas iniciativas têm convertido os arredores dessa praça num

---

[78] Alguns artistas e grupos/coletivos musicais denunciaram o controle indevido do espaço público do Largo da Prainha. É o caso das sambistas da Roda Moça Prosa: que ficaram impossibilitadas de realizar, ali, as suas rodas (as quais eram sempre acompanhadas por grupos de ambulantes e artesãos afro-empreendedores parceiros). Para mais detalhes, ver a seguinte matéria jornalística: Lima, Ludmila de. Ocupação do largo da Prainha provoca disputa entre donos de bares e grupos de mulheres sambistas. *O Globo*. Rio de Janeiro, 22 mar. 2022 (Disponível em: <https://oglobo.globo.com/rio/ocupacao-do-largo-da-prainha-provoca-disputa-entre-donos-de-bares-grupo-de-mulheres-sambistas--entenda-25442588>, acesso em: 1 ago. 22).

[79] A praça ganhou este nome por conta do Mercado da Harmonia, que funcionou ali no fim do século XIX. Atualmente, a praça e a região estão sendo reformadas. Como construções históricas a serem observadas na localidade, destacam-se as edificações do Moinho Fluminense (todo de tijolinhos, como as construções industriais inglesas do século XIX) e o edifício modernista do Albergue da Boa Vontade (Pechman, 1987).

lugar "alternativo e descolado" da cidade, atraindo especialmente um público identificado com o movimento negro e/ou com a agenda LGBTQIA+. A respeito disso, Cristiane de S. Rodrigues, proprietária do Bar Dellas comenta:

> Sou moradora da região, desde muito pequena [...]. Acho que o fato de ter menos violência urbana na Praça Harmonia e o embelezamento da área do porto ajudaram muito na popularização das atividades dos bares, trazendo consumidores de outros bairros. As atividades dos grupos artísticos que tradicionalmente ocupam a região também contribuíram para consolidar a presença de um público de classe média que especialmente desde o final da pandemia "descobriu" a Harmonia como uma opção [...], isto é, um lugar diferente fora dos manjados bairros da Zona Sul. A realização de concertos e festas descoladas ajudou também para atrair um público LGBTQIA+, que, em geral, se sente muito à vontade aqui.[80]

Segundo alguns dos atores locais entrevistados, o que vem dificultando o desenvolvimento endógeno equilibrado desta área são a lentidão no avanço de algumas obras de infraestrutura e os riscos de que grandes interesses empresariais que atuam ali (associados à construção de shoppings e outros grandes empreendimentos ainda em fase de estudos) venham a se sobrepor aos interesses das comunidades locais.

> A região da Saúde é uma região muito musical, mas pouca gente sabe disso. Muita coisa criativa acontece nesta região. Claro que de modo geral a Saúde, Santo Cristo e Gamboa são bairros muito musicais pela influência afro-brasileira. O pessoal olha

---

[80] Entrevista com Cristiane de S. Rodrigues, proprietária do Bar Dellas, concedida à pesquisa no dia 27 de julho de 2022.

muito para a Gamboa e a área dos museus e esquece que Dolores Duran, violonistas como Dino 7 Cordas e o Mão de Vaca são todos daqui, do bairro da Saúde. Ocupando criativamente a Praça Harmonia, temos a roda de samba mensal dos Velhos Malandros, organizada pelo Alexandre Nadai. Além disso, há muitos blocos de carnaval que foram pioneiros na retomada do carnaval de rua na região portuária e que têm sede aqui. Blocos antigos, que tinham parado suas atividades, retomaram suas programações faz uns anos. Poderíamos mencionar o Coração das Meninas, Fala Meu Louro e o Independente do Morro do Pinto. Temos todas as atividades que envolvem o Bloco da Prata Preta ao longo do ano. Além dos ensaios e do desfile, organiza-se uma roda bimestral, que a gente chama de Samba Honesto aqui no bairro da Saúde. Realizamos também alguns eventos pontuais aqui na Praça Harmonia: a Festa Junina e o aniversário do Prata, no mês de novembro.[81]

As dificuldades em promover os ecossistemas musicais gratuitos da localidade – que potencializam a Zona Portuária como um território criativo e democrático – não param por aí. Uma das lideranças do grupo Consciência Tranquila e organizadora do Baile *Black* Bom, Sami Brasil, lamentava as dificuldades para realizar os seus eventos ao longo do ano. Se antes eram amplamente apoiados, constata-se cada vez mais que, desde 2016, as adversidades vão desde conseguir as licenças para realização dos seus eventos (de médio e grande porte, em áreas consideradas estratégicas da área) até a falta de editais e verbas para financiar os custos significativos para a realização dessas atividades[82].

---

[81] Entrevista com Orlando Rey, morador do bairro da Saúde e fundador do bloco de carnaval Prata Preta, concedida à pesquisa no dia 27 de março de 2017.
[82] Segundo Julio Morais, técnico da Secretaria Municipal de Cultura, "estamos cientes de que está faltando mais apoio aos grupos de música e de outras expressões artísticas [...]. Temos ajudado dentro possível, com o orçamento disponível até o momento. Este ano, estamos tentando mapear as principais iniciativas culturais de rua da cidade com a

A ocupação cultural de rua no Rio de Janeiro, tradicionalmente, é uma coisa muito complicada. Lamentavelmente é tudo muito sofrido: os artistas têm que passar por diversos processos e muita burocracia. A sensação que dá é que a Pedra do Sal, o Largo da Prainha e Praça Harmonia não são consideradas áreas prioritárias para o poder público. Só que a gente sabe que o que torna o Rio especial não são estes grandes museus, aquários e outras obras faraônicas, que são geralmente construídas para enriquecer empresários e políticos corruptos. O que torna o Rio uma cidade diferenciada do País são a alegria das rodas e dos eventos de rua, os quais criam um ambiente que facilita os encontros, trocas e a camaradagem entre as pessoas.[83]

A situação na qual se encontram as iniciativas culturais na Zona Portuária é bastante ilustrativa do quadro que encontramos na região. Infelizmente, as atividades musicais (e culturais) de rua ainda não são consideradas prioritárias pelas políticas culturais aplicadas de modo geral no Rio de Janeiro, ainda que esse tipo de manifestação de rua seja espontânea e, em algum nível, transformadora da experiência urbana. O que se sublinha, aqui, é que esse tipo de iniciativa cultural (que para ser concretizada não exige grandes obras, grandes intervenções nos traçados das principais vias da cidade ou a construção de novos equipamentos culturais) tem pouca sustentabilidade – depende da vontade dos atores e, muitas vezes, do seu "ativismo cultural" (Herschmann e Fernandes, 2014) – e deveria ser apoiada por renovadas políticas públicas que, até bem pouco tempo atrás, afirmavam que

---

ajuda do Instituto Pereira Passos [...]. Há uma grande possibilidade de que os editais de fomento da prefeitura, tais como Ações Afirmativas Locais e outros, sejam retomados até o final de 2017 ou no início do ano que vem" (trecho de entrevista realizada com Julio Morais, coordenador do GT Cultura de Rua da Secretaria Municipal de Cultura, concedida à pesquisa no dia 27 de junho de 2017).

[83] Entrevista com Sami Brasil, cantora do grupo Consciência Tranquila e umas das fundadoras do Baile *Black* Bom, concedida à pesquisa no dia 19 de maio de 2017.

tinham como meta a conversão do Rio de Janeiro em uma "cidade criativa globalizada"[84].

Tendo em vista o que foi exposto anteriormente, evidencia-se que há uma perda de dinamismo no território desde meados de 2016 e que isso está relacionado não só a um aprofundamento da crise econômica do Rio de Janeiro e do País, mas também à pandemia de Covid-19 e a uma descontinuidade das políticas públicas implementadas em âmbito municipal.

Ao mesmo tempo, nas conversas formais e informais, vários artistas (de diferentes expressões artísticas) têm mantido uma postura proativa e quase sempre deixam transparecer uma grande desconfiança em relação aos recorrentes processos de institucionalização envolvendo os setores criativos. Muitos deles criticam a ideia de construção de uma "cidade criativa", ou ao menos a forma como vem sendo implementado em geral esse tipo de projeto no País (De Marchi, 2014). Chegam, em alguns momentos, a sugerir que isso é "coisa de políticos e empresários"[85], que muitos deles optam por atuar de forma mais autônoma (praticamente sem recursos públicos e/ou através de estratégias de sustentabilidade alternativas) e que não se incomodam com a invisibilidade dos seus respectivos nichos ou ecossistemas culturais.

---

[84] O Museu de Arte do Rio reuniu, no dia 27 de junho de 2017, representantes de várias cidades que integram a Rede Mundial de Distritos de Criatividade, da qual a cidade do Rio de Janeiro faz parte desde de 2010. É a segunda vez que essa metrópole abriga um evento desse tipo. Em 2012, o Fórum Mundial de Criatividade também teve a região portuária como sede. Cinco anos depois, com boa parte das grandes obras na região da Praça Mauá já finalizadas, participantes dos dois eventos compararam os contextos anterior e atual. Esses dois eventos dessa Rede foram organizados na Zona Portuária pelo Instituto Rio Patrimônio da Humanidade (em parceria com a Coordenadoria de Relações Internacionais da Prefeitura da Cidade do Rio de Janeiro e a CDURP). (Mais informações, cf.: <http://portomaravilha.com.br/noticiasdetalhe/Distritos-Criativos-mundo-%C3%-BAnem-MAR:4714>. Acesso em: 1 dez. 2022).

[85] Entrevista com Alex Topini, líder e artista visual do coletivo Filé de Peixe, concedida aos autores no dia 21 de julho de 2015.

No caso dos músicos, muitos deles argumentam que o Rio de Janeiro já é uma "cidade da música" – independentemente de ter ou não um selo da Unesco[86] nesta categoria –, oferecendo como principal evidência o peso da "cultura musical de rua" ao longo do ano ou mesmo o gigantismo do carnaval de rua do Rio[87].

Aliás, um aspecto que chama a atenção na trajetória do Rio nos últimos anos é que, diferente de várias cidades brasileiras e do globo, parece haver, até o momento, uma falta de empenho do poder municipal em se candidatar a algum selo da Unesco (vários especialistas reconhecem que esse território poderia ser bem-sucedido em alguma candidatura, pois conta com várias cadeias produtivas criativas muito potentes, tais como: audiovisual, música, moda *design* e gastronomia). O fato é que, apesar de a cidade ter sido reconhecida como "paisagem cultural urbana" por esse organismo internacional em 2012, as lideranças e políticos do Rio seguem assistindo várias urbes do País

---

[86] A cidade do Rio de Janeiro é reconhecidamente o principal centro da indústria musical do País (Herschmann, 2010). Apesar disso, a cidade de Salvador (que é outro centro importante) se candidatou oficialmente, e foi agraciada, em 2016, com o selo "cidade musical" pela Unesco. Mais detalhes, ver: Unesco reconhece oficialmente Salvador como 'Cidade da Música'. *G1*, 1 jun. 2016. (Disponível em: <http://g1.globo.com/bahia/noticia/2016/06/unesco-reconhece-oficialmente-salvador-como-cidade-da-musica.html>. Acesso em: 1 dez. 2022).

[87] O Carnaval do Rio de Janeiro vem movimentando uma economia (da cultura e do entretenimento) superior a R$ 800 milhões, gerando 500 mil empregos, diretos e indiretos (Prestes Filho, 2009). Na última década, a prática do carnaval de rua na cidade do Rio não para de crescer, mobilizando moradores e turistas. Segundo dados divulgados pelos órgãos oficiais de turismo e pela prefeitura do Rio, no início desta década o crescimento dos blocos na cidade foi de 10% ao ano. Ainda tendo em vista as projeções da entidade: nos últimos anos, cerca de 5,5 milhões de foliões desfilaram nos 500 blocos autorizados pela prefeitura. Várias autoridades do setor de turismo cada vez mais reconhecem que o carnaval de rua tem colaborado de forma significativa para o crescimento desta cadeia produtiva nos primeiros meses do ano. Um dos destinos mais procurados pelos turistas durante o Carnaval, a cidade do Rio tem recebido em média 1 milhão e 200 mil visitantes, sendo mais de 30% deles estrangeiros. Com tantos turistas, a taxa de ocupação dos hotéis espalhados pela cidade nos primeiros meses do ano gira em torno de 90%.

apresentarem as suas candidaturas aos selos da Unesco, muitas dessas bem-sucedidas. Talvez uma das pistas para compreender melhor a postura dos técnicos, políticos e lideranças locais sobre o desinteresse pelos selos esteja relacionada a uma postura da cidade que tenta quase sempre se posicionar como uma cidade brasileira diferenciada (e de muito destaque), uma espécie de "capital criativa do País". Os últimos planos estratégicos do município sugerem o intento de se afirmar diante do País nessa condição exclusiva (conferir os planos estratégicos da cidade de 2009-2012, 2013-16 e 2017-2020) que propõe projetos abrangentes como "Rio Capital da Indústria Criativa" (associado às cadeias produtivas de moda, *design* e audiovisual) e "Rio Capital do Turismo" (Grand Junior, 2016).

Evidentemente, alguns desses atores que tocam música nas ruas da Zona Portuária sugerem que os processos são muito mais complexos do que aparentam: não basta nomear uma localidade como distrito ou polo, institucionalizar-se os eventos e/ou apoiar com recursos (através de editais). Isso não necessariamente está garantindo a presença de público e de atores atuantes – de forma criativa – em uma localidade. Muitos deles parecem identificar na mobilização e ativismos de diversos grupos e segmentos sociais um ingrediente importante:

> Acredito que a cultura aqui do porto está fundamentada numa postura de luta, em práticas de "resistência" da população local – e não exatamente pelos apoios que são concedidos pelo poder público. Pouco importa se aqui é um distrito criativo ou se a cidade do Rio tem algum selo da Unesco [...]. A rica cultura local existe pela força de vontade de quem já estava na região, atuando de forma organizada. Claro que muita gente chegou depois e vem colaborando e somando. Esse pessoal ajuda muito, desde que tenha a mesma mentalidade: desde que estejam comprometidos com a valorização da história e da cultura da região. Ou seja, desde que estejam engajados na

história de lutas do povo carioca. O incentivo do poder público, em geral, vai para as grandes construções e para o patrimônio material. A ideia é quase sempre a seguinte: vamos construir grandes equipamentos nas cidades, como museus, aquários etc. Já o patrimônio imaterial, ou seja, o cultural, que se vire como puder. É quase como se dissessem: vocês que deem um jeito! Esse é um vício reinante nas políticas públicas no Brasil: constroem-se grandes bibliotecas e depois não há dinheiro para adquirir livros, constroem-se centros culturais e depois não há verbas para contratar artistas... é tudo muito repetitivo e triste. É verdade que os grupos e artistas locais têm recebido ao longo desses anos alguns apoios, mas esses nunca foram suficientes; isto é, nunca permitiram aos artistas estruturarem suas atividades na região. Esses repasses para os pequenos eventos e iniciativas culturais locais vieram através de alguns editais públicos do município, mas hoje, infelizmente, estão menos disponíveis. Nos grandes eventos, regiamente financiados com recursos públicos – como os que vêm sendo realizados na Praça Mauá e no Bulevar Olímpico – infelizmente, em geral, são priorizadas as contratações de artistas famosos, todos de fora da Zona Portuária. É a velha história: na hora que tem muita grana, convocam-se os profissionais da grande indústria cultural. Na hora que tem poucos recursos, chama o pessoal local, que se apresenta por qualquer migalha ou mesmo de forma gratuita. Felizmente, já estamos vacinados contra tudo isso que acontece recorrentemente no País [...]. Pode ficar mais difícil daqui para a frente, mas não vamos parar de atuar. Estamos determinados a mostrar nossa arte [...], o pessoal se ajuda muito na região e acreditamos que precisamos colaborar para fazer deste lugar um ambiente melhor para se viver. E a arte pode dar a sua colaboração para isso [...].[88]

---

[88] Entrevista com José Gustavo, morador da região, escritor e músico da Banda da Conceição, do bairro da Saúde, concedida à pesquisa no dia 22 de junho de 2017.

Portanto, com alguma frequência, os atores sugerem nos seus depoimentos que são os artistas no cotidiano que efetivamente seguem ressignificando a urbe – com ou sem apoio institucional –, independente dos projetos urbanos traçados por esta ou aquela gestão do poder público. Em suma, os atores, apesar das enormes dificuldades financeiras e de sustentabilidade das suas respectivas atividades, parecem não se deixar levar pelo imobilismo e sugerem que são eles, mesmo na sua condição de pouca visibilidade e apoio (Herschmann e Fernandes, 2015), que vêm contribuindo significativamente no dia a dia para a construção de uma "cidade musical", mais democrática e aberta ao convívio social.

2.3 Resiliências, Polinizações e (Re)existências articuladas às expressões da música negra urbana[89]

Apesar de certa hesitação nas políticas públicas implementadas, a cidade do Rio de Janeiro faz parte do circuito turístico transnacional há muitos anos, aspectos que evidentemente estão afetando a diversidade cultural e certas dinâmicas mais fluidas e informais presentes naquela localidade[90]. Além disso, o processo de construção de um regime menos democrático no Brasil (com a ascensão nos últimos anos de grupos de políticos associados a setores conservadores e religiosos do país) vem construindo um ambiente de mais vigilância social e

---

[89] Informa-se aos leitores que uma versão preliminar desta parte do capítulo foi publicada em Herschmann e Fernandes, 2021.

[90] Vale assinalar algumas considerações sobre os limites desse estudo: a) a primeira é que se reconhece o impacto das políticas neoliberais adotadas que, por um lado, vêm facilitando excessivamente a circulação de conteúdo produzido pelos grandes conglomerados de comunicação e entretenimento; e que, por outro lado, vêm resultando em cortes no orçamento para apoiar e financiar a produção local; b) e a segunda é de que também se reconhece que as novas tecnologias têm produzido efeitos significativos no acesso ao conteúdo e à diversidade cultural.

de menos liberdade de expressão para as minorias, agravando ainda mais esse quadro.

Se levarmos em conta, por exemplo, a trajetória dos atores associados direta e indiretamente ao *funk*, samba, *hip hop*, jongo e outros gêneros da chamada *música negra*[91] que historicamente têm estado presentes nos espaços públicos dessa metrópole, constata-se que a maioria dessas manifestações e encontros é em geral protagonizada por uma população pobre e parda local[92]. Ou melhor, é possível atestar: por um lado, que essas ocupações do espaço urbano são organizadas por iniciativa de artistas negros que tradicionalmente vêm sendo perseguidos; e, por outro lado, que esses encontros são considerados uma evidência relevante de que a cidade do Rio persiste como uma cidade razoavelmente acolhedora e agradável de circular[93].

Como interpretar essas dinâmicas culturais e a construção de imaginários tão dispares a respeito de uma mesma metrópole? Tal como é comumente rotulada na mídia: trata-se de uma "cidade maravilhosa" e/

---

[91] Apesar de compactuar com as críticas feitas a este tipo de noção, adota-se e considera-se aqui como "música negra" aqueles gêneros musicais não só reconhecidos pelos atores como tal (em geral utilizado em contraste com "a música dos brancos"), mas também aqueles ritmos identificados frequentemente com os processos históricos diaspóricos analisados por Gilroy (2001) em seu livro seminal intitulado *Atlântico negro*.

[92] Vale sublinhar que – ainda que orientados e produzindo sentimentos de pertencimento e de identificação associados a esses grupos étnico-raciais (afro-brasileiros) – esses eventos vêm acolhendo recorrentemente segmentos sociais variados.

[93] É uma metrópole que reúne historicamente muitos artistas de diferentes regiões do Brasil, mas também é uma cidade que possui certas características geográficas relevantes. Diferentes da maioria das cidades do País que são voltadas para a circulação rodoviária, essa metrópole possui um traçado em várias localidades e bairros que encoraja o tráfego de pedestres e uma dinâmica de trocas informais entre os habitantes da cidade, além de possuir um clima agradável e propício para a realização de atividades ao ar livre durante a maior parte do ano. Assim, é possível constatar que nessa urbe – que reúne uma quantidade expressiva de músicos – terminou por se desenvolver uma potente "cultura da música de rua", a qual se expressa especialmente por shows, festas e rodas musicais, que ocupam esta cidade, com mais ou menos liberdade, desde o início do século XX (Herschmann e Fernandes, 2014).

ou necessariamente "partida" (Ventura, 1994)? Seria possível repensar essas perspectivas dicotômicas sobre a cidade? Cartografando as "controvérsias" (Latour, 2012), teve-se como objetivo neste subcapítulo repensar o papel da música – no caso a "negra" que ocupa os espaços públicos – como vetor de transformações sociais significativas, seja no plano concreto ou mesmo do imaginário urbano.

Nesse sentido, parte-se, aqui, do pressuposto de que, ao problematizar a trajetória de algumas expressões da "música negra" (que ocupam as áreas da cidade do Rio de Janeiro), será possível compreender melhor de que maneiras essas iniciativas artísticas recorrentemente oscilaram entre a criminalização e a glamourização (artistas que, de modo geral, construíram uma trajetória errática e complexa, que articula e tensiona o êxito de mercado com uma condição muitas vezes "proscrita"), produzindo resiliências e "polinizando" o cotidiano dessa urbe.

É importante ressaltar que não se trata, aqui, de construir uma interpretação dicotômica da presença da cultura negra na vida social dessa cidade. Ao contrário, busca-se justamente enfatizar a complexidade que sobrepõe processos de marginalização e glamourização desses universos culturais (e, consequentemente, seus participantes diretos e indiretos). Por exemplo, Vianna (1999) e Herschmann (2000), ao analisarem a trajetória do samba e do *funk*, respectivamente, salientam que esses gêneros vêm se posicionando de forma ambígua nas bordas e fora do *mainstream* musical (o que não quer dizer que esporadicamente esse tipo de produção cultural não possa alcançar sucesso, isto é, produzir grande mobilização social e repercussão no mercado). Assim, ao mesmo tempo que o *establishment* oferece visibilidade e oportunidades no mercado, também persegue e critica os atores que integram essas cenas musicais. Nesse sentido é que o conceito de "resiliência" é apropriado do âmbito da psicologia (e das ciências da saúde) e empregado aqui (Taboada *et al.*, 2006): como uma forma de sublinhar a capacidade dos atores em se "adaptar" às adversidades da vida urbana contemporânea – através de "táticas" e "astúcias" –, conseguindo assim dar vazão e continuidade a interesses, hábitos e práticas no cotidiano.

Desse modo, difundindo "partilhas do sensível"[94] no dia a dia, esses pequenos e médios eventos (centrados especialmente nas rodas) contribuíram para que se conformassem conjuntos de narrativas da "realidade" sociocultural urbana muitas vezes bastante díspares, fazendo emergir discursos que ora sugerem articulações, ora tensões sociais: enunciados que vêm ganhando especialmente visibilidade nos meios de comunicação, os quais indicam ambiguidades no tratamento dessas práticas culturais.

Aliás, talvez por sua longevidade na história cultural brasileira, o gênero musical do samba e suas rodas – organizadas em espaços públicos e híbridos[95] da cidade – exemplifiquem essas ambiguidades.

---

[94] Para Rancière (2009), a estética revelaria a presença de mundos dissensuais dentro de mundos consensuais, evidenciando as tensões que constituem a política como forma de experiência. Assim, a estética como base da política só se dá a ver porque o político sempre está presente em questões ligadas a divisões e fronteiras, a uma partilha (que envolve, ao mesmo tempo, divisão e compartilhamento) da realidade social em formas discursivas de percepção que impõem limites à comunicabilidade da experiência daqueles que têm sua palavra excluída das formas autorizadas de discurso. Parte-se do pressuposto neste artigo de que as experiências coletivas produzidas nos eventos de música negra promoveriam valores, códigos sociais e visões de mundo (éticas), fundando "comunidades de partilha". Como salienta Marques, reavaliando alguns dos conceitos cunhados por Rancière: "a 'comunidade de partilha' seria para o autor uma comunidade de experimentação e de tentativas de fazer com que realidades antes não imaginadas ou não associadas ao que é tido como 'comum' passem a aparecer e a serem percebidas, mas sem serem incorporadas, subsumidas, transfiguradas ou normalizadas" (Marques, 2011, grifo nosso).

[95] Muitos especialistas em samba assinalam que as rodas locais seguem se instalando de modo geral em espaços públicos ou em outros nos quais é difícil precisar se são privados ou não. Quando analisamos as rodas seminais de grande popularidade que eram realizadas nas "casas das tias" ou mesmo aquelas que vêm ocupando hoje os bares e restaurantes dessa urbe, constatamos que em geral a maioria desses eventos – de ontem e hoje – invade as calçadas, praças e becos, dificultando que se possa afirmar claramente onde começam as fronteiras do privado e do público. O que parece caracterizar esses encontros musicais

Ao se analisar a trajetória do samba na época da Primeira República, é possível atestar que não só as populares rodas das "tias baianas" realizadas na região do Centro (da chamada "Pequena África"), como também a participação frequente dos sambistas celebrando a Festa da Penha, foram marcadas por momentos e contextos de forte ambiguidade, nos quais o aparato policial ora tolerava as festividades, ora aplicava sanções junto aos atores.

Ao mesmo tempo, como recorda Sodré (1998) – ainda que em uma época pré-radiofônica – o samba conseguiu ganhar espaços mesmo junto a segmentos sociais elitizados da época: não só tendo sido confundido com "danças e ritmos amaxixados"[96], mas também ao conseguir seduzir os foliões durante os cortejos de carnaval.

Pode-se, ainda, mencionar o lugar ambíguo ocupado por esse gênero musical após a Revolução de 1930. Por um lado, atesta-se facilmente que o samba durante algum tempo foi tratado como espécie de "inimigo" do Trabalhismo Varguista (por sua recorrente associação ao mundo proscrito da malandragem); mas, por outro, por conta da sua enorme popularidade, muitas iniciativas foram feitas no sentido de incorporá-lo à cultura bem-conceituada daquela época: com a legalização e oficialização das escolas e do desfile de carnaval na cidade realizado pelo governo de Pedro Ernesto no início dos anos 1930 do século XX; e, finalmente, o incentivo para que se elaborassem "letras patrióticas e educativas" de samba, veiculadas nas principais rádios do País (Matos, 1982).

é principalmente a ideia de fluxo e de uma circulação intensa dos atores nesses espaços (Moura, 2009; Sodré, 1998).

[96] Vários autores relatam que o prestígio alcançado pelo samba e maxixe naquela época (nos valorizados "salões" da então capital do País) estaria relacionado a algumas turnês musicais bem-sucedidas em Paris (e outras cidades da Europa), realizadas nas duas primeiras décadas do século XX, que envolveram sambistas como Pixinguinha e Donga (liderando os Oito Batutas), Aguinaldo Guinle e os conhecidos dançarinos Duque e Gaby. Mais detalhes a este respeito conferir: Sodré, 1998.

Mesmo em períodos mais recentes podem-se encontrar indícios de que alguns artistas conhecidos e prestigiados, tais como Bezerra da Silva, Candeia ou Marcelo D2, tiveram alguns dos seus sambas questionados e criticados por tratarem de temas "delicados e controversos"; e que grandes eventos e festivais de samba seguiram sendo incorporados como parte de um conjunto de estratégias municipais para incrementar o turismo, ao mesmo tempo em que várias pequenas rodas de samba foram com alguma frequência proibidas em nome da preservação da ordem pública (Fernandes *et al.*, 2015).

Nesse sentido, o pressuposto central, aqui, é o de que, devido à sua grande capacidade de capilaridade e mobilização social, as expressões musicais – como "manifestações estéticas e políticas" (Rancière, 1996) – muitas vezes vêm permitindo a construção de "territorialidades sônico-musicais" (Herschmann e Fernandes, 2014) que alteram continuamente o ritmo urbano, ressignificando o cotidiano, o imaginário e, em certa medida, as relações entre os atores no espaço urbano, principalmente quando esses estão presentes em áreas públicas das localidades. O que se busca destacar aqui é que, para além da "cidade dos megaeventos", espetacular, e do *branding* territorial, há outra metrópole bastante popular, submersa e quase *outsider*[97] que se faz também presente no cotidiano desse território (urbe que os atores seguem reconstruindo até de forma "heterotópica"[98]): uma cidade

---

[97] Busca-se, aqui, enfatizar as várias facetas da vida urbana presentes no espaço do Rio de Janeiro, especialmente aquelas minoritárias, mas relevantes socialmente. Muitas vezes, os grupos que promovem eventos de música negra que ocupam o espaço público são rotulados como tendo condutas "marginais, clandestinas ou desviantes" (Hobsbawn, 1975; Becker, 2008), pois, apesar das normas, regulamentações e políticas públicas estabelecidas (e repressivas), seguem realizando certas práticas culturais (mesmo sem os alvarás concedidos pela prefeitura).

[98] Emprega-se a noção de heterotopias não exatamente no sentido foucaultiano – como conjunto de práticas, na maioria das vezes, a serviço do biopoder (Foucault, 2013) – e mais no sentido utilizado por Lefebvre (2004) como iniciativas potentes, capazes de

que é incorporada apenas perifericamente no "cartão-postal" dessa localidade e que gravita em torno de microeventos de rua organizados, principalmente, por coletivos artísticos que atuam de forma recorrente e significativa na trama urbana.

Por conseguinte, ao atuarem nas "bordas" ou para além dos limites da metrópole "regulada" (Reia *et al.*, 2018), os indivíduos que imprimem ritmo às dinâmicas desses microeventos gratuitos (em geral, de características promotoras da inclusão social) vêm produzindo com frequência "dissensualidades" (Rancière, 1996). Pode-se dizer que, na qualidade de objetos/sujeitos que evidenciam "controvérsias", os atores e seus pequenos eventos musicais que ocupam os espaços públicos do Rio contribuem para que os pesquisadores da Teoria Ator-Rede[99] possam abrir algumas "caixas-pretas": quando esses seguem rastreando os atores nos seus itinerários e associações, "cartografando" determinada localidade (Latour, 2012; Lemos, 2013).

(Re)existências musicais no Rio de Janeiro hoje

Apresentam-se aqui, de maneira breve, alguns exemplos recorrentes de ações coibitivas e resiliências que vêm ocorrendo nas últimas décadas. É preciso salientar que essas expressões culturais sempre representaram uma riqueza desse território, que em geral não contou com políticas públicas de apoio ao seu desenvolvimento.

---

produzir "linhas de fuga) (Deleuze e Guattari, 1995).
[99] Quando o pesquisador-cartógrafo-formiga (que emprega a Teoria Ator-Rede) segue os atores, isto é, persegue aquilo que ainda não está estabilizado, ou seja, o que não é ainda propriamente consensual, eventualmente consegue abrir algumas "caixas-pretas" em diferentes contextos. Busca-se realizar aqui uma "cartografia das controvérsias" – na medida em que esses são fenômenos ricos a serem observados na vida coletiva – explorando temáticas não consensuais, já estabilizadas socialmente. Mais detalhes ver: Lemos, 2013.

O primeiro exemplo é o do universo do *funk* carioca. Essa manifestação cultural vem sendo "demonizada" na grande imprensa (e pelos segmentos conservadores da população) há aproximadamente três décadas: não apenas por sua suposta associação com o crime organizado da cidade, mas também pelo ambiente gerado nos eventos que, em geral, é considerado excessivamente erotizado (e, portanto, suas festas vêm sendo coibidas por seus supostos "efeitos nocivos" sobre os jovens pobres da urbe). Com base nesses argumentos e sem alternativas do poder público, a maioria dos bailes *funk* das periferias e favelas está inviabilizada há várias décadas na cidade do Rio (Herschmann, 2000).

Evidentemente, setores progressistas da sociedade seguem empenhados em tentar legitimar culturalmente o *funk*[100]. Inclusive, em certo momento da história da cidade, essas iniciativas ganharam mais visibilidade social: não só pelo momento mais democrático que se vivia no País (particularmente no âmbito federal), mas, especialmente, por conta da grande popularidade do *funk* nas cenas juvenis, nas redes sociais e, de modo geral, no mercado[101].

Entretanto, diferentemente dessa tendência, constatou-se certo retrocesso no processo de legitimação sociocultural do *funk* durante o ano de 2019. As situações mais emblemáticas que indicam isso são: a) a prisão arbitrária por quase seis meses, sem qualquer prova, do conhecido DJ Renan, que se apresentava no Baile da Gaiola, o mais popular na cidade do Rio (e que foi indicado para o *Grammy* Latino em

---

[100] No começo do século XXI, a Secretaria Municipal de Cultura do Rio chegou: a) a apoiar reuniões sistemáticas com lideranças do mundo *funk* carioca; b) a instituir editais públicos destinados a apoiar essas iniciativas culturais; c) e a dar início ao processo de valorização do *funk* carioca como patrimônio imaterial local (Laigner, 2013).

[101] Mesmo com a proibição dos bailes, o *funk* tem alcançado a condição de modismo entre os jovens no século XXI. O grande êxito – a) seja do *funk melody*, *funk* ostentação (mais *pop*) e/ou do funknejo; b) a grande circulação dos vídeos de danças do passinho; c) presença de artistas em eventos da grande mídia e em megafestivais; d) ou ainda de canais de YouTube (tais como Kondzilla) – são fortes indicativos disso (Sá e Cunha, 2014).

2019); b) e a ação repressiva do aparato policial em vários bailes *funks* de comunidades realizados nas periferias e favelas do Rio (tais como os que acontecem ainda hoje no Tabajara, Pavãozinho e Rocinha)[102]. Em um artigo publicado com grande destaque no *El País* (ainda sob a comoção do massacre policial em Paraisópolis, São Paulo), o jornalista Gil Alessi faz o seguinte balanço:

> [...] do samba ao *funk*, as manifestações culturais de origem negra e periférica no País vêm sendo reprimidas [...] (isto é,) ao longo da história [do País] essas expressões culturais de origem negra ou africana foram geralmente tratadas com violência pelas autoridades.[103]

Além desse exemplo, pode-se mencionar a falta de apoio do governo municipal para a realização de rodas tradicionais de samba nas ruas da cidade, as quais diminuíram consideravelmente nos últimos anos. Apesar de todo o prestígio alcançado pelo samba junto ao *establishment* (Vianna, 1999), esse universo cultural vem sofrendo sanções por parte do poder público, mesmo em suas práticas mais institucionalizadas e rentáveis para a cidade. Muitos dos coletivos artísticos – atuantes em rodas como do Samba do Ouvidor, da Escravos da Mauá, da Pedra do Sal, do Samba do Trabalhador, entre outras – que organizam essas iniciativas reclamam da dificuldade não apenas de obter autorizações para a realização das maiores rodas, mas também da concessão de pequenas estruturas para os eventos. Nesse sentido,

---

[102] O incidente mais notório e que criou recentemente grande comoção social, entretanto, ocorreu em São Paulo: foi o da ação da polícia no Baile de Paraisópolis, que deixou inúmeros feridos e matou nove jovens pobres e negros inocentes em nome da ordem pública.
[103] Alessi, Gil. Do samba ao *funk*, o Brasil que reprime manifestações culturais de origem negra e periférica. *El País Brasil*, 7 dez. 2019. (Disponível em: <https://brasil.elpais.com/sociedade/2019-12-07/do-samba-ao-*funk*-o-brasil-que-reprime-manifestacoes-culturais--de-origem-negra-e-periferica.html>. Acesso em: 4 fev. 2020).

Eliane Costa, uma das fundadoras do Bloco Escravos da Mauá, tece o seguinte comentário:

> É muito bacana para a gente constatar que contribuímos significativamente com a história da música de rua que tradicionalmente ocupa a Pequena África. O bloco Escravos da Mauá tem uma história muito linda na região da Gamboa e Santo Cristo, mas também uma história de enfrentamento de muitas dificuldades, lidando com muita burocracia. Muita gente não sabe, mas, quando se realiza eventos na rua, os organizadores se responsabilizam pelo público presente. O bloco organizou muitos eventos memoráveis, mas também atuamos de forma quase ativista, promovendo ações de cunho social na região [...]. Uma pena que, em geral, o poder público não atue de forma mais parceira, concedendo mais apoio e recursos aos coletivos [...].[104]

No mundo do samba, o que chamou particularmente a atenção foi a maneira como o município dificultou sistematicamente a organização do carnaval oficial da cidade durante a gestão do prefeito Crivella: não apenas a organização do carnaval de rua, mas até do desfile midiático das escolas de samba do Rio (ambos vendidos no mercado do entretenimento). Ainda que a cadeia de turismo dessa metrópole dependa muito do sucesso anual do carnaval, os recursos financeiros para ajudar as escolas e os blocos de rua vêm diminuindo significativamente nos últimos anos. Em 2018, o clima de tensão entre os sambistas e o poder público parece ter atingido o seu auge: vários grupos de rua tradicionais e até mesmo as escolas de samba (que têm seu desfile televisionado para vários países) só tiveram as suas auto-

---

[104] Entrevista com Eliane Costa, uma das fundadoras do Bloco Escravos da Mauá, concedida à pesquisa no dia 13 de março de 2019.

rizações e alvarás para se apresentarem em espaço público liberados minutos antes de desfilar. É importante lembrar que os blocos e escolas de samba enfrentam inúmeras dificuldades logísticas na urbe, pois os seus cortejos costumam envolver milhares de pessoas (há blocos de carnaval que podem até mobilizar mais de um milhão de foliões em apenas um cortejo urbano). Para muitos atores que atuam no carnaval, as motivações do prefeito do Rio em não apoiar o samba e carnaval da cidade seriam de caráter religioso[105].

De fato, os efeitos negativos da interseção da política com o mundo religioso (lembrando que a chamada "bancada evangélica" está no poder em diversas cidades do Brasil) também vem afetando sobremaneira o desempenho das rodas musicais de Jongo (que mencionamos brevemente como um terceiro exemplo). Esse gênero musical (considerado pelos historiadores da música como "precursor" do samba na cultura brasileira) e suas rodas, de grande tradição na cidade, suportam perseguições que vêm se intensificando nos últimos anos: em inúmeros relatos, os atores salientam que seus eventos estão sistematicamente sofrendo sanções por parte das forças de segurança pública e por segmentos da população de orientação religiosa mais radical ou ortodoxa. O argumento acionado por aqueles que reivindicam a sua interdição é o de que as práticas culturais dessas rodas seriam um pretexto para a realização de práticas de "magia negra". Ou seja, o jongo – para essas pessoas – não deveria ter qualquer prestígio

---

[105] Sobre as tensões constantes com a prefeitura, ver as seguintes matérias: Moura, Carolina. Blocos de carnaval não oficiais serão multados pela prefeitura do Rio: querem 'baderna', diz secretário. G1. Rio de Janeiro, 12 fev. 2020 (Disponível em: <https://oglobo.globo.com/rio/carnaval/blocos-de-carnaval-nao-oficiais-serao-multados-pela-prefeitura-do-rio-querem-baderna-diz-secretario-24244464>, acesso em: 11 fev. 2020); Rovenat, Fernanda. 'Choradeira pura', diz Crivella sobre críticas ao carnaval do Rio. G1. Rio de Janeiro, 2 mar. 2018 (Disponível em: <https://g1.globo.com/rj/rio-de-janeiro/noticia/choradeira-pura-diz-crivella-sobre-criticas-ao-carnaval-do-rio.ghtml>, acesso em: 21 mar. 2020).

e ser reconhecido como uma manifestação importante da tradição afro-brasileira pelas instituições públicas culturais (tal como ocorre em diversas delas), pois se trataria mais propriamente de um "culto proscrito" disfarçado, o qual deveria ser necessariamente "banido" em nome da saúde pública.[106]

E, finalmente, apresenta-se aqui uma última exemplificação (caracterizada também por perseguições e processos de glamourização): a do mundo do *hip hop* carioca. Apesar de algumas importantes "conquistas" alcançadas nos últimos anos[107], inúmeros integrantes dessa cena cultural não somente queixam-se – com frequência – de que sofrem preconceitos e violências policiais (aspecto que dificulta a organização das rodas, mesmo aquelas com alvarás)[108], como também

---

[106] Vieira, Isabela. Produtores culturais e alunos protestam no Rio em defesa da Casa de Jongo. *Agência Brasil*, 9 jan. 2018. (Disponível em: <https://agenciabrasil.ebc.com.br/cultura/noticia/2018-01/jongueiros-protestam-no-rio-em-defesa-de-salvaguarda-para-o-patrimonio>. Acesso em: 24 abr. 2020).

[107] No âmbito dessas conquistas e processo de legitimação, poder-se-ia mencionar: a) a institucionalização de uma semana comemorativa dedicada não de forma exclusiva ao *hip hop* (como manifestação cultural que integra o Circuito Carioca de Ritmo e Poesia) realizada anualmente entre os dias 25 e 31 de março; b) o reconhecimento das manifestações associadas a esse gênero musical como parte dos patrimônios imateriais do estado do Rio de Janeiro; c) e a inclusão de diversas rodas de *hip hop* (que celebram batalhas de *freestyle*) como parte integrante e relevante do CCRP. Ou seja, o *hip hop* alcançou algum reconhecimento institucional local por conta de uma aliança construída com o poder público municipal, através de um trabalho de mediação feito pelo CCRP (que acolheu as rodas *hip hop*). É importante salientar que o CCRP é um projeto cujo objetivo é "ocupar as ruas por meio da promoção do encontro de artistas sem reconhecimento da mídia e outras instâncias de legitimação", como é o caso do *hip hop*. O CCRP (que acolhe também iniciativas de *poetry slam*, rodas de rima, artes visuais, teatro etc.) vem adquirindo envergadura e está funcionando há alguns anos como uma instância de negociação dos artistas que atuam na rua com o poder público; isto é, a partir dessa iniciativa, se conseguiu algum reconhecimento por parte da Secretaria Municipal de Cultura (de que as rodas culturais que congregam esses artistas têm relevância e legitimidade para o setor cultural). Assim, inúmeras rodas (inclusive as de *hip hop*) – que se cadastraram no CCRP e na SMC – passaram a conseguir as autorizações para a sua realização (Cura, 2019).

[108] Algumas matérias jornalísticas que exemplificam essas adversidades frequentes

reclamam da falta de apoios mais significativos por parte da prefeitura para a concretização desses eventos (como a oferta de editais públicos direcionados a esse tipo de evento ou mesmo de praticáveis e banheiros químicos) (Silva, 2019).

Polinização musical da cidade do Rio de Janeiro

Evidentemente, reconhece-se o momento muito particular e delicado que se está vivendo atualmente na história política brasileira, inclusive, a obstacularização sistemática às manifestações culturais no Rio e, em geral, no Brasil, tem começado a atrair também a atenção da imprensa internacional[109].

Se, de modo geral, as manifestações culturais do País mais integradas ao *mainstream* têm sofrido perseguições, o que dirão aquelas que estão identificadas com os segmentos minoritários. Assim, nos

---

enfrentadas pelo *hip hop*: Lucas, Árion. Rodas culturais de *hip hop* se queixam de burocracia para realizar encontros. *O Globo*. Rio de Janeiro, 22 jun. 2017 (Disponível em: <https://oglobo.globo.com/rio/bairros/rodas-culturais-de-hip-hop-se-queixam-de-burocracia-para-realizar-encontros-21499684>, acesso em: 29 abr. 20); Salinas, Mujica *et al*. Roda Cultural da Glória acontece na porta da Delegacia após repressão da polícia. *Grito Filmes* (Mídia Coletiva), 19 set. 2016 (Disponível em: <https://www.youtube.com/watch?v=I0AyqD0L-nA&list=PLw8fmp6CkSJ6xs-Q17NJ0K7KPQjM98zNf>, acesso em: 30 abr. 20).

[109] Listam-se, abaixo, algumas das matérias de destaque na imprensa internacional que exemplificam as dificuldades pelas quais passa o setor cultural do País: Gatinois, Claire. Au Brésil, le gouvernement Bolsonaro malmène la culture. *Le Monde*, 16 maio 2019 (disponível em: <https://www.lemonde.fr/m-le-mag/article/2019/05/16/au-bresil-le-gouvernement-bolsonaro-malmene-la-culture_5462898_4500055.html>, acesso em: 3 fev. 2020); Philipps, Tom. Bolsonaro government attacks Oscar nominee Petra Costa as anti-Brazil activist. *The Guardian*, 4 fev. 2020 (Disponível em: <https://www.theguardian.com/world/2020/feb/04/bolsonaro-government-petra-costa-brazil-oscar-nominee>, acesso em: 26 abr. 2020); Londoño, Ernesto. Brasil's Top Culture Official Fired Over Speech Evoking Nazi Propaganda. *New York* Times, 17 jan. 2020 (disponível em: <https://www.nytimes.com/2020/01/17/world/americas/roberto-alvim-brazil.html>, acesso em: 28 abr. 2020).

últimos anos, a música executada nas ruas é cada vez menos valorizada como uma "riqueza cultural local" pelos órgãos de cultura dos governos municipais. Na mesma toada, os segmentos juvenis (que, em geral, promovem esses eventos musicais) passam crescentemente a ser vistos com mais desconfiança pelo poder público (no limite, esses atores são considerados transgressores e até criminosos): isso se reflete nas narrativas que circulam na mídia e nas medidas coibitivas adotadas (Dimenstein *et al.*, 2004). Portanto, com o endurecimento das políticas de segurança pública e a falta de apoio às iniciativas socioculturais da população (com grande dificuldade de obter autorizações para pequenos eventos de rua), a maioria dos microeventos musicais e artísticos tende, com o tempo, a se tornar clandestina ou mesmo ilegal.[110]

É importante notar, ainda, que vários bairros da cidade vêm experimentando um intenso processo de gentrificação de seus espaços nos últimos anos. Como já se mencionou anteriormente, o município

---

[110] Seguem alguns exemplos de matérias jornalísticas que indicam práticas coibitivas ou a construção de imaginário tendencialmente criminalizado: Lang, Marina. Ocupar ou não ocupar: rodas de samba e eventos de rua enfrentam restrições no Rio. *UOL Notícias*, Rio de Janeiro, 3 nov. 2017 (Disponível em: <https://noticias.uol.com.br/cotidiano/ultimas-noticias/2017/11/03/ocupar-ou-nao-ocupar-rodas-de-samba-e-eventos-de-rua-enfrentam-proibicoes-no-rio.htm>, acesso em: 5 dez. 2022); Antunes, Thiago. Polícia Militar impede realização da roda de samba Pede Teresa. *O Dia*, Rio de Janeiro, 29 jul. 2017 (Disponível em: <https://odia.ig.com.br/rio-de-janeiro/2017-07-29/policia-militar-impede-realizacao-da-roda-de-samba-pede-teresa.html>, acesso em: 5 dez. 2022); Sanchez, Mônica. Pedra do Sal é interditada e comemoração do Dia da Consciência Negra na região é prejudicada. *G1*, Rio de Janeiro, 19 nov. 2019 (Disponível em: <https://g1.globo.com/rj/rio-de-janeiro/noticia/2019/11/19/pedra-do-sal-e-interditada-e-comemoracao-do-dia-da-consciencia-negra-na-regiao-e-prejudicada.ghtml>, acesso em: 5 dez. 2022); PM tenta impedir baile *funk* na Cidade de Deus e uma pessoa fica ferida. *O Dia*, Rio de Janeiro, 18 nov. 2019 (Disponível em: <https://odia.ig.com.br/rio-de-janeiro/2019/11/5827869-pm-tenta-impedir-baile-funk-na-cidade-de-deus-e-uma-pessoa-fica-ferida.html>, acesso em: 5 dez. 2022); PM reprime bailes *funk* sem autorização. *A Tribuna*, Rio de Janeiro, 19 ago. 2019 (Disponível em: <https://www.atribunarj.com.br/pm-reprime-bailes-funk-sem-autorizacao-em-sao-goncalo>, acesso em: 5 dez. 2022).

está tentando reverter aspectos negativos da imagem do Rio e atrair investimentos, apostando em estratégias de marketing territorial que visam transformar essa urbe em uma localidade mais globalizada, mais intensamente direcionada ao entretenimento e ao turismo. Ao mesmo tempo, nesta última década, tivemos a oportunidade de observar as crescentes tensões e conflitos nos quais inúmeros atores saíram às ruas para denunciar a dimensão exclusiva das grandes reformas urbanas implementadas (Jennings *et al.*, 2014).

Um dos pressupostos dessa investigação é o de que o "direito à cidade" e ao lazer vêm sendo negados à maioria da população do Rio, a qual é também a mais pobre, negra e mestiça. O objetivo nesta parte da publicação é avaliar de que maneira esses grupos musicais e suas redes desenvolvem "astúcias e táticas" (De Certeau, 1994) para enfrentar as proibições e perseguições do poder público. Ou seja, apesar de tudo, pode-se dizer que os atores, de forma resiliente, continuam promovendo a música de rua e seguem de forma criativa "polinizando" o cotidiano e construindo importantes dinâmicas de encontros na urbe (em suma, seguem promovendo significativas experiências político-estéticas inclusivas e democráticas).

Na realidade, para além das perseguições sistemáticas sofridas pela cultura negra na cidade do Rio (que é um pouco lugar-comum na análise de especialistas), os conceitos de "resiliência" e "polinização" são cruciais para compreender o papel fundamental dessas expressões culturais que tiveram uma trajetória marcada por um movimento ambíguo e complexo, que simultaneamente criminaliza e glamouriza essas expressões musicais na cena midiática (Herschmann, 2000).

Ao mesmo tempo, há que se reconhecer que gêneros musicais como o samba e o *funk* estão entre os mais perseguidos pela crítica especializada e pelo aparato de segurança pública ao longo da história do País, expressando interesses e preconceitos de setores elitizados e/ou conservadores da população local. As proibições de festas, bailes e rodas ao longo de várias décadas, baseadas em inúmeras justificativas (que curiosamente nunca são aplicadas com rigor a atores considerados "problemáticos", oriundos da classe média), são evidências significativas.

Entretanto, considerar apenas esse aspecto é não levar em conta outras dimensões dessas imbricadas trajetórias: as manifestações da cultura negra e seus protagonistas mencionados neste subcapítulo também foram valorizados como produção cultural pelo mercado[111] e pelas instituições (pelo menos aquelas dirigidas por atores com orientação política mais progressista), ocupando espaços nos cadernos culturais na mídia mais tradicional e alternativa (alcançando em alguns momentos a condição de modismos, os quais difundiram ritmos, roupas e acessórios, danças, linguagens e, de modo geral, códigos e valores sociais). Ainda que isso possa gerar alguma surpresa, quando se considera as trajetórias bem-sucedidas de artistas como Pixinguinha, Mestre Darcy Monteiro, Bezerra da Silva, MV Bill, Anitta, Karol Conká ou DJ Renan, constata-se que todos eles tiveram carreiras marcadas, em alguns momentos, por situações de reconhecimento[112] e, em outros, por questionamentos e perseguições a seus trabalhos.

Portanto, vale salientar a capacidade de resiliência da cultura negra carioca[113], mesmo em ambientes menos democráticos (seja no período do Estado Novo, da Ditadura Militar e mesmo hoje em dia): a

---

[111] Ainda que os preconceitos continuem socialmente presentes, é inegável que existe mais mercado – inclusive em âmbito global – para os chamados *gêneros musicais populares periféricos* (Trotta, 2013), protagonizada por esses atores.

[112] Evidentemente, o interesse e a grande adesão de fãs e consumidores têm sido relevantes nos processos de legitimação: não só dessas manifestações como *patrimônios culturais* locais, mas também da carreira desses artistas. De certa forma, eles alcançaram a condição de porta-vozes e/ou de referências para segmentos da população negra e pobre carioca (Herschmann, 2009).

[113] Poder-se-ia mencionar alguns exemplos de rodas e bailes de razoável longevidade na história dessa urbe. Talvez os eventos mais emblemáticos dessa resiliência sejam o Samba do Trabalhador, as Rodas de Samba da Pedra do Sal e o Baile *Funk* da Rocinha.

capacidade desses atores em continuar a realizar eventos (em espaços híbridos e públicos), isto é, a disposição em persistir de forma "tática" e "submersa", a habilidade de se adaptar à condição de clandestinidade, tornando-se praticamente "invisíveis" ao "radar" das políticas públicas.

É possível afirmar, também, que o trabalho colaborativo dos atores (aquilo que Moulier-Boutang chama de "apieconomia"), vem "polinizando" (Moulier-Boutang, 2010) e atualizando as "práticas e tradições de rua carioca", as quais são fundamentais para a construção da rica vida sociocultural da cidade[114]. Aliás, nos últimos anos, ao dar as costas à *sociedade pólen do Rio de Janeiro*, ou melhor, ao gentrificar localidades e impor uma série de dinâmicas de regulação e repressão em diferentes espaços públicos da cidade, o Estado vem prejudicando direta e indiretamente o funcionamento de circuitos urbanos mais fluidos, democráticos e criativos de forma significativa.

Curiosamente, em outros momentos o poder público se apoia na sinergia do trabalho colaborativo do ativismo musical. Podemos tomar o exemplo do carnaval de rua do Rio, a maior festa popular do País e que é construída a partir do ativismo dos atores que sedimentam a cultura de rua carioca (Herschmann e Fernandes, 2014). O Estado – de forma similar a grandes empresas transnacionais – apropria-se das "externalidades"[115] produzidas pelas redes sociais nos territórios (no caso de companhias como Google ou Facebook, a empresa se apropria da circulação e de realizações dos usuários da internet). No caso do carnaval, o Estado (com o apoio de algumas grandes empresas) oferece o

---

[114] Para ter uma ideia do volume e da relevância dos pequenos eventos musicais que ocupavam a cidade do Rio antes de 2016, conferir a plataforma digital (cartografia musical) elaborada pelos autores (Disponível em <http://www.cartografiamusicalderuadocentrodorio.com>, acesso em: 5 dez. 2022).

[115] As externalidades são os efeitos secundários gerados por uma atividade qualquer e podem ser positivos, quando desejados, ou negativos, quando indesejados (Cocco, 2003; Mioulier-Boutang, 2007).

básico (agentes de segurança pública e banheiros químicos no percurso dos cortejos) e regula os acessos e horários de circulação dos blocos na cidade. O resultado, a maioria já conhece: políticos e empresas agregam valor a sua trajetória (ou marca) e, de modo geral, cria-se um ciclo virtuoso que beneficia inúmeros atores e, em especial, aqueles que atuam nos circuitos culturais do turismo, gastronomia e do entretenimento.

No entanto, diferentemente das abelhas (Moulier-Boutang, 2010), os artistas e suas redes não cessam de "polinizar" de forma "resiliente", estabelecendo alternativas de ocupação da cidade. Nesse sentido, pode-se sublinhar aquilo que foi identificado nas fontes históricas, conversas informais com os atores e observações de campo realizadas[116]: que essas redes musicais (que envolveram artistas, produtores culturais e frequentadores) – mesmo aquelas organizadas com atores mais pobres – seguem encontrando maneiras de resistir (ou re-existir), apesar da violência do Estado: ou seja, continuam se organizando em encontros culturais clandestinos com grande capacidade de mobilização da população da cidade. Ou melhor, como já foi mencionado anteriormente, o que se nota analisando a história urbana é que esses microeventos estão frequentemente estruturados na forma e dinâmica de "rodas de rua".

Aliás, uma das hipóteses que orientou a nossa pesquisa foi a de que as "rodas) são fundamentais para que se possa compreender o

---

[116] Desde 2012, vêm se pesquisando de forma sistemática (com apoio de CNPq, FAPERJ e CAPES) não só as rodas de rua de samba e jongo, mas também alguns bailes de charme, *funk* e *soul* da cidade (expressa-se aqui o agradecimento a estas agências de fomento à pesquisa por esse precioso apoio). Poder-se-ia mencionar como exemplos de eventos que estão sendo não só pesquisados (e alicerçam as reflexões desenvolvidas neste artigo), mas que também ocupam (e polinizam) os espaços públicos e, de modo geral, os espaços "híbridos" do Rio: Samba da Ouvidor, Jongo da Lapa, Baile do Viaduto de Madureira, Baile *Black* Bom, Roda de Samba da Pedra do Sal, Baile da Gaiola, Baile da Rocinha, entre outros. Aliás, salienta-se que os autores (ao longo desses anos) têm realizado com regularidade observações de campo e conversas informais com os atores que frequentam esses eventos.

engajamento dos atores e a capacidade de resiliência e de polinização da cultura negra que ocupa a trama urbana carioca. A despeito dos regimes mais ou menos democráticos a que a população da metrópole do Rio de Janeiro (de ontem e hoje) é submetida, poder-se-ia afirmar que esse território não vem se organizando nem é imaginado de forma ainda mais segregada em razão da presença dessa potente cultura de rua, acessível aos diferentes segmentos sociais, e a qual tem como epicentro em geral a prática das rodas[117].

Não se trata aqui de (re)construir uma perspectiva quase romantizada ou heroica dos protagonistas das rodas musicais (Moura, 2004; Trotta, 2019). Monetizada ou não, busca-se aqui valorizar a sua potência e aspectos ritualísticos (Carvalho e Gonçalves, 2014). Quando se pensa em manifestações da cultura negra frequentemente as associamos às práticas religiosas afro-brasileiras, nas quais a roda é acionada como estrutura e dinâmica. No entanto, o ponto que gostaríamos de sublinhar é que o ritual da "roda" é valorizado pelos membros de redes e coletivos musicais – que gravitam em torno de sonoridades e ritmos – porque se constitui em uma possibilidade de "performatização" (Taylor, 2013) da vida cotidiana e de construção de dinâmicas de "reterritorialização e "agenciamento dos espaços" (Deleuze e Guattari, 1995). Nesses rituais culturais, ainda que haja uma dimensão religiosa presente de forma difusa (Turner, 1974), a criatividade se faz no jogo e na tensão com as regras, as quais regem as relações cotidianas e é, justamente, nessa inversão que o ritual-performance apresenta sua face transformadora. Se, por um lado, o espaço da roda é estruturalmente idêntico quando é empregado; por outro, cada roda é singular, constrói uma experiência não reproduzível. Isso se dá, principalmente, por conta da forma em que a roda se estrutura,

---

[117] Evidências disso estão indicadas e são devidamente analisadas de forma mais detalhada em Herschmann e Fernandes, 2014.

estabelecendo circularidades de fluxos e ajustamentos. O sentido do corpo na roda se molda a partir da sua compreensão como lugar físico e da construção simbólica da identidade pessoal, marcando a fronteira entre o eu e o "outro".

As fronteiras, simbólicas e físicas da roda são, portanto, delimitadas pelos corpos que dela participam: atores e histórias que constroem e atualizam um lugar na trama urbana. Na roda, há narrativas que se atravessam na construção de um território simbólico que representa um mergulho, ao mesmo tempo, em si mesmo e no outro (Carvalho e Gonçalves, 2014). Para além dos limites da roda, a ação do corpo em performance se dá, também, na ressignificação do espaço físico e real onde este território é construído. Os atores se compõem e se transformam nas rodas, e, pode-se dizer também, que as rodas se compõem e se transformam na imprevisibilidade e complexidade da rua. Os atores inscrevem a cultura nas ruas através dos corpos e suas extensões: palavras, ritmos lentos e vozes são desdobramentos da corporeidade que completam a sua dimensão simbólica e reforçam a performance enquanto ação sociocultural de afirmação e transformação das ruas. Assim, os desdobramentos do corpo na performance da roda colocam em evidência a tomada temporária do espaço da rua em um sentido físico e simbólico.

Pode-se afirmar que as performances em roda ritualizam a ocupação desses "espaços opacos". Para Santos (2002), os "espaços opacos" seriam aqueles que se opõem aos "espaços luminosos". No entanto, para tratar dessa oposição é necessário compreender que os "espaços luminosos" indicam:

> [...] a força da racionalização emanada do pensamento instrumental, que, ao selecionar o que tem ou não valor, é capaz de seduzir e convencer [...]. [Já os "espaços opacos"] são representados como feios, sem interesse ou perigosos pelo pensamento dominante, pois oferecem materializações de ra-

cionalidades alternativas e saberes relacionados à apropriação socialmente necessária dos recursos disponíveis, possibilitando a sua multiplicação. São espaços com menos técnica e mais inventividade, com menos dominação e mais domínio [...], os quais instauram o enigma da invisibilidade [...]. Seriam espaços abandonados por sucessivas modernizações [...] trata-se de espaços de vida [...] e de sobrevivência de muitos outros (Ribeiro, 2012, p. 67-68).

Essas artes e práticas do "fazer-com" desses atores nos eventos musicais, em suas corporeidades desaceleradas (em relação ao ritmo das cidades) – baseadas nas trocas sensíveis e emocionais –, provocam transmutações no ritmo urbano ao se inscreverem nas brechas do tempo fundando "lugares"[118]. Assim, "entre resistências e existências [...] os homens lentos seguem transformando suas fragilidades em força" (Vidal, 2020, p. 197).

Além disso, a participação habitual nas rodas musicais é frequentemente associada a um indício do "compromisso" dos atores com certa cena cultural (não necessariamente envolve artistas profissionais do mundo da música ou é um evento que integra a agenda profissional de alguém). De modo geral, os participantes amadores e profissionais das rodas podem se mesclar em um ambiente valorizado pela "autenticidade" (Pereira, 2003). Tendo em vista o engajamento recorrente dos atores nessas redes musicais (e seus microeventos) – compromissadas especialmente com a valorização da cultura negra e a democratização do acesso aos espaços e à vida cultural da urbe –, em trabalhos ante-

---

[118] Com a intensificação dos processos de globalização (e todas as consequências advindas), pesquisadores das áreas da Sociologia e Geografia Cultural têm se debruçado sobre o estudo dos espaços-tempos e suas especificidades sociocomunicacionais. Trabalha-se, aqui, a noção apresentada por Santos (2002) para quem os "lugares" seriam os espaços afetivos que tomam forma à medida que são experienciados, sensivelmente e inteligivelmente.

riores, chegamos a denominar esse tipo de atuação como uma forma de "ativismo musical" (Herschmann e Fernandes, 2014).

Aliás, qual seria o lugar das rodas e da cultura musical de rua cariocas no projeto de metrópole atual? De certa forma, podemos dizer que as metas para o Rio para os próximos anos parecem estar traçadas pelas autoridades e colocam os megaeventos em uma condição de centralidade no processo de construção de uma "cidade criativa"[119]. Entretanto, os megaeventos como um conjunto de estratégias exclusivas e redentoras – que promovem o crescimento econômico e social a médio prazo – têm sido questionados por especialistas e expressivas parcelas da população, justamente por não terem trazido ainda os resultados esperados para a cidade do Rio[120].

Ao mesmo tempo, no contexto atual, pode-se atestar que o poder público municipal vem promovendo um grande "curto-circuito" ao desprezar com regularidade o minoritário, o múltiplo, o polifônico e as diferenças sublinhadas pelas expressões culturais. De forma similar a outros momentos do passado dessa urbe, as rodas e as manifestações da cultura negra de rua são colocadas à margem ou excluídas dos projetos urbanos em curso. Assim, esses microeventos públicos e gratuitos, na qualidade de "ecossistemas culturais subterrâneos", seguem a sua trajetória de maneira quase clandestina na trama urbana, gravitando

---

[119] O Plano Estratégico 2009-2012 da cidade do Rio deixa clara a importância da cultura na reestruturação urbana e no preparo do ambiente para os megaeventos internacionais. O documento estabelece como principal diretriz para orientação das políticas culturais: "o fortalecimento da metrópole do Rio de Janeiro como referência cultural do País através da revitalização patrimonial, requalificação urbana e promoção da diversidade". (Disponível em: <http://www.rio.rj.gov.br/dlstatic/10112/6616925/4178940/planejamento_estrategico_site_01.pdf>. Acesso em: 6 dez. 2022).

[120] Cresce o número de críticos que indagam se não deveria haver uma maior coordenação por parte do Estado da agenda cultural da cidade (em diversos âmbitos): de modo que se apoiasse e promovesse uma maior integração e sinergia entre os micro e megaeventos realizados na cidade do Rio de Janeiro, levando-se em consideração a vida cultural já existente no cotidiano (Jennings et al., 2014).

em torno de eventos de jongo, samba, *funk*, *hip hop* e outros gêneros musicais da música negra.

Nesse contexto de incertezas, articulações e controvérsias vêm se intensificando nos últimos anos na urbe, colocando em evidência uma multiplicidade de práticas culturais, narrativas e imaginários que contribuem para que se compreenda as dinâmicas socioculturais urbanas a partir de sua polifonia. Ao abrir a "caixa preta" (Lemos, 2013) e cartografar essas práticas e imaginários, observa-se repertórios discursivos que constroem interpretações ambíguas dessa urbe.

Como se pode constatar ao longo da pesquisa, em alguns discursos sugere-se uma cidade caracterizada não só pelas intervenções urbanas (que excluem e/ou criminalizam os segmentos mais pobres da população), mas também pela velocidade, impessoalidade e saturação. Seria o Rio globalizado, dos grandes concertos e megaeventos espetaculares. Em certo sentido, reitera-se nessas narrativas um imaginário da metrópole mais visível: a "cidade do medo, segregada, e do privilégio", do planejamento tecnocrático, a urbe onde impera a lógica funcionalista e econômica.

No entanto, há um conjunto de práticas e narrativas que se ancora em outros imaginários, os quais fazem referência a uma (ou várias) cidade(s) que persiste(m), apesar de tudo, que se faz(em) presente(s) nos "espaços opacos", nos interstícios do espaço-tempo velozes das urbes contemporâneas e de maneira quase invisível: fazem alusão a uma urbe onde os atores promoveriam cotidianamente uma dinâmica mais espontânea e fluida, na qual emergem – por meio das trocas entre diferentes estratos sociais – experiências agradáveis, desaceleradas e de grande capacidade de mobilização social. Esses discursos fazem referência mais diretamente à relevância dos microeventos musicais presentes no dia a dia – os quais fundam "partilhas do sensível"

(Rancière, 2009)[121] – que possibilitam aos habitantes compartilharem valores sociais e ressignificarem os espaços da urbe.[122]

2.4 Protagonismos de grupos minoritários que vêm ressignificando áreas dessa urbe

Um dos aspectos que nos chamaram a atenção nos últimos anos na atuação resiliente das minorias nessa metrópole foi a articulação potente e interseccional de diversos "corpos em aliança" (Butler, 2018) na cidade, especialmente entre os artivistas do movimento negro, feministas e militantes oriundos de modo geral do universo LGBTQIA+. Nos dois estudos de caso que analisaremos a seguir foi possível perceber que as lideranças das rodas e eventos de música negra, que tradicionalmente vêm ocupando a área da Pequena África, em certo sentido avalizam a ocupação desse local por outros coletivos minoritários. É como se o ativismo musical negro tivesse colaborado de forma significativa para abrir caminho para os eventos musicais

---

[121] Para Rancière (2009), a estética revelaria a presença de mundos dissensuais dentro de mundos consensuais, evidenciando as tensões que constituem a política como forma de experiência. Assim, a estética como base da política só se dá a ver porque o político sempre está presente em questões ligadas a divisões e fronteiras, a uma partilha (que envolve, ao mesmo tempo, divisão e compartilhamento) da realidade social em formas discursivas de percepção que impõem limites à comunicabilidade da experiência daqueles que têm sua palavra excluída das formas autorizadas de discurso. Parte-se do pressuposto, neste artigo, de que as experiências coletivas produzidas nos eventos de música negra promoveriam valores, códigos sociais e visões de mundo (éticas), fundando "comunidades de partilha". Como salienta Marques, reavaliando alguns dos conceitos cunhados por Rancière: "a comunidade de partilha seria, para o autor, uma comunidade de experimentação e de tentativas de fazer com que realidades antes não imaginadas ou não associadas ao que é tido como 'comum' passem a aparecer e a serem percebidas, mas sem serem incorporadas, subsumidas, transfiguradas ou normalizadas" (Marques, 2011).

[122] Sublinha-se que é muito comum as narrativas de mais visibilidade na cena mediática desconsiderarem a "potência do existir" dos habitantes locais, os quais seguem através dos pequenos eventos transformando, ao longo da história, resistência em "re-existência".

de rua cariocas que crescentemente são protagonizados por artistas mulheres e músicos não binários.

De certa maneira, pode-se dizer que esses grupos minoritários parecem estar conscientes da grande violência e precariedade presentes no contexto atual – cientes dos enormes riscos de viver em "Tempos de Urgências" (Fernandes *et al.*, 2022) – e vêm buscando de maneira sinérgica não só ressignificar o seu "corpo coletivo", de forma mais ampla e coesa, mas também reivindicar o seu "direito à cidade".

Black Bom: do baile ao instituto

Tomando como base a pesquisa empírica realizada desde 2013 (construída não só a partir da coleta, seleção e análise de matérias veiculadas na mídia impressa tradicional e de material postado nas redes sociais, mas também de observações de campo e entrevistas semiestruturadas realizadas com os atores), buscou-se – com base no estudo de caso do Baile *Black* Bom realizado inicialmente na Pedra do Sal e no Largo da Prainha (no centro do Rio de Janeiro) e, posteriormente, em outros espaços da chamada Zona Portuária – analisar o papel resiliente de uma "cena" (Straw, 2006) *black* carioca.

A pesquisa mencionada privilegiou na sua análise a vivência e experiência corporal em torno da música nas cidades, especialmente aquelas nômades, as quais colocam em cena a experiência da alteridade, que em geral produzem situações de mobilização social. Aliás, não há como seguir os atores e acompanhar suas experiências sonoras coletivas e não ser mobilizado ou, ao menos, afetado de alguma forma "corporalmente" (Merleau-Ponty, 2004) pela sonoridade das territorialidades pesquisadas. Concordamos com DeNora quando sublinha que a música tem capacidade em condicionar o corpo, acionando lembranças (faculdades da nossa memória) e afetando ideias, humores e emoções (Denora, 2000). Para além da música, também compreendemos que não é apenas a sonoridade dos concertos ao vivo executados, mas as vozes e os ruídos que ecoam das ruas, do tráfico e das pessoas que envolvem e conformam o ambiente desses encontros corporais pesquisados. Nesse sentido, refletir a partir das experiências corporais conduz a repensar as cidades com base em sua potência sensorial. Portanto, entendemos que o espaço e o corpo comunicantes em interação demandam a experimentação mútua para que o corpo apreenda o lugar pela ação *in loco*. Essa foi a postura investigativa adotada: a de colocar-se à deriva, ou seja, assumir percursos com a intencionalidade que busca o que está na experiência da cidade, tendo como objetivo compreender sensivelmente os sentidos imanentes dos lugares.[123]

No estudo de caso analisado aqui, a experiência sensória urbana conduziu os pesquisadores à zona da chamada Pequena África, localizada no Centro da cidade do Rio de Janeiro. A Pequena África (e especialmente a Pedra do Sal) é reconhecida como localidade histórica de encontro de grandes sambistas do passado[124], e nos últimos anos foi convertida em um importante anfiteatro natural, no qual são realizados,

---

[123] A proposta de se colocar "à deriva" não é aleatória, mas corresponde a uma posição de estratégia metodológica conscientemente adotada pelos pesquisadores, no intuito de entender a cidade como um espaço dinâmico que se atualiza cotidianamente a partir das interações inteligíveis e sensíveis. Desse modo, à "deriva" apresenta-se como uma abordagem não linear (Jacques, 2012), que permite compreender, na configuração comunicativa da cidade, múltiplos fenômenos de identificação sociocultural. Assim, propõe-se aqui observar as interações da cidade, não somente como um aparato programado e planejado pelos urbanistas, mas como um espaço de comunicabilidades dinâmicas que se dobram e desdobram infinitamente, construindo múltiplos espaços comunicantes onde se produzem articulações e tensões sociais.

[124] Essa região ocupa um lugar especial na mitologia do samba: seus bares eram pontos de encontro de músicos importantes, tais como Donga, João da Bahiana e Pixinguinha, entre outros (mais detalhes ver: Moura, 2004).

com grande êxito, concertos de rua – não só de samba, mas também de *rock*, *Black music*[125], *jazz* e fanfarras.

Nessa localidade há uma relação razoavelmente harmoniosa entre os músicos de rua, a comunidade do Morro da Conceição e os comerciantes locais. Nesse ambiente, com o soar dos primeiros acordes, há uma transformação profunda do espaço: foi possível atestar no trabalho de campo realizado que a experiência corporal tensa das grandes cidades ali vai, invariavelmente, cedendo, de forma gradativa, espaço para outras sensações estésicas sedutoras e poderosas. À medida que os grupos musicais vão empolgando o público ali presente, a "paisagem sonora" (Schafer, 1969) vai se transformando e criando outra ambiência, outro clima (Fernandes *et al.*, 2019a e 2019b), o ambiente vai ganhando contornos dionisíacos e as sensações de fruição e prazer vão se intensificando.

No caso do Baile *Black* Bom, o grupo musical que o organiza chama a atenção pelo cuidado que os integrantes têm com a performance (Taylor, 2013) dos concertos. Na realidade, ao longo das apresentações, os componentes do grupo interagem de forma intensa com os frequentadores: em muitos concertos eles chegam a romper com a lógica de "palco", apresentando o show no mesmo nível do público. O ambiente de proxemia criado em torno é de extrema afecção. Mesmo pesquisadores experientes são envolvidos (contagiados corporalmente) de alguma forma pelo ambiente de irreverência, de sensação de liberdade e de êxtase. Essas práticas nos ajudaram a compreender que os músicos, frequentadores e fãs do Baile *Black* Bom, a partir de suas experiências "performativas" (Taylor, 2013) nas ruas, reconfiguram

---

[125] Cabe ressaltar que o mundo da *Black music* das últimas quatro décadas, seja no Brasil, seja em boa parte dos países do mundo globalizado, é compreendido como abrangendo o universo do soul, *blues*, discoteca, *funk*, reggae e *hip hop*. Para mais detalhes sobre a diversidade musical e cultural contida no rótulo "guarda-chuva" da música *Black* conferir Dapieve, 2008.

criativamente os espaços e os redesenham de alguma maneira – ainda que de forma temporária e pontual, mas com reflexos significativos sobre o imaginário urbano – o cotidiano da cidade do Rio de Janeiro.

Ao mesmo tempo, na última década, nota-se que vêm se destacando algumas práticas espontâneas "engajadas" ou formas de "ativismo musical" que estruturam (ainda que provisoriamente) "territorialidades sônico-musicais" – não necessariamente organizadas por profissionais do *mainstream* ou do chamado setor independente da música – que vêm repotencializando a sociabilidade de territórios estratégicos do Centro do Rio de Janeiro, os quais correm o risco, ciclicamente, de se "desvitalizar", como sugere a história dos últimos 100 anos dessa cidade[126].

O Baile *Black* Bom é mais um exemplo que indica a força transformadora da festa e da música ao vivo experienciada presencialmente: que promoveriam condições para a potencialização de encontros, estesias e afetos – quando articuladas com certos perfis arquitetônicos e geográficos dos lugares construiriam condições favoráveis não só para o desenrolar de atividades de entretenimento (Herschmann, 2005), mas também para a ressignificação das territorialidades e do cotidiano urbano e de ampliação de um "ativismo musical de rua".

É importante ressaltar novamente que consideramos "ativismo musical" o engajamento de atores de diversas redes musicais (e seus microeventos) compromissados especialmente com a valorização de suas demandas e identificações raciais, sexuais, de gênero, pós-gênero e transgênero, que na contemporaneidade atualizam a luta pela inclusão social e democratização do acesso aos espaços e à vida cultural da

---

[126] Neste artigo, não haverá condições de apresentar detalhadamente os resultados socioeconômicos (e culturais) que vêm sendo alcançados pela música de rua na cidade do Rio de Janeiro. Para mais informações a esse respeito, ver a produção científica dos autores, em especial: Fernandes, 2011; Herschmann, 2007 e 2012.

cidade. Desse modo, vale salientar que há algumas diferenças entre as formas de ativismo mais tradicionais (que marcaram de forma emblemática, por exemplo, as últimas décadas do século XX) e as que vêm emergindo neste início de milênio (Herschmann e Fernandes2014).

Em geral, na atualidade, o ativismo não emerge com uma agenda claramente predefinida (estruturada e organizada), não há claras hierarquias (com porta-vozes de movimentos) e os atores parecem se pautar sobre demandas objetivas e concretas relacionadas ao "comum" (Hardt e Negri, 2009). Nesse sentido, Malini e Antoun (2013) salientam também que, em geral, o ativismo atual está caracterizado pelas dinâmicas e estratégias desenvolvidas em rede. Além disso, é preciso ressaltar que há no ativismo de hoje, em geral, uma dimensão estética e lúdica muito presente. De certo modo, há muito presente entre os atores a aposta de que expressões artísticas são relevantes para alcançar o engajamento político (no caso, a música se apresenta como uma força movente relevante e capaz de colaborar para a renovação do movimento negro). A esse respeito, Szaniecki argumenta que nas intervenções do ativismo contemporâneo emprega-se a estética (e, inclusive, expressões artísticas) para mobilizar o público, para criar dispositivos expressivos mais dialógicos, discursos mais polifônicos e, assim, deslocamentos de sentido (que promovem *détournements*) importantes para a construção de estratégias de luta "biopolítica" (Szaniecki, 2007).

Considerando essas proposições, destacamos a polifonia dos eventos do *Black* Bom: os bailes são realizados como acontecimentos que congregam outras atividades (além dos concertos), tais como feiras de artesanato, pistas com DJ e oficinas de afroempreendedorismo.[127]

---

[127] Seja como baile ou instituto, o *Black* Bom, ao longo de sua trajetória, vem oferecendo, com certa regularidade, atividades de capacitação para DJ, artesanato, cabeleireiro, moda, entre outras atividades.

O Baile *Black* Bom foi criado em 2013 e vem atraindo um público crescente a cada edição. A proposta é relembrar os antigos bailes de charme e de *Black* dos anos 1970, mesclando antigos sucessos com novos *hits* e remixes criados pelos DJs integrantes da banda. Outro viés do evento é articular *Black music* e atividades culturais em um evento com ações para a valorização da cultura e identidade negra. Há também camelôs vendendo bebidas e alimentos a preços baixos. Tudo isso contribui para uma frequência mais variada na localidade (atraindo diferentes segmentos sociais), e nota-se tanto a presença muito maior de frequentadores de idades variadas, incluindo desde um público ocasional (de neófitos ou mesmo turistas) a integrantes tanto do movimento *hip hop* carioca quanto de antigos frequentadores dos bailes de charme e *Black*. O baile também é realizado em um horário mais acessível, em uma região central da cidade, o que favorece o deslocamento para trabalhadores e estudantes, a grande maioria usuária de transporte público.

No caso do Baile *Black* Bom, esse ativismo é enunciado não somente pela música, mas também pelo corpo vestido traduzido por uma "moda *Black*" (Herschmann, *et al.*, 2016) que ocupa as ruas imprimindo uma atividade composta de elementos como música, iconografia visual, performances, roupas, estéticas e sistema de valores, transformando o espaço em lugar, em espaço de partilhas e intercâmbios de experiências sensíveis musicais. O sucesso desse baile tem sido tão grande nos últimos anos que o evento passou a ganhar mais espaço na mídia tradicional.

> Gente bonita, animação e muita música boa. Essa é a receita do *Baile Black Bom*, evento criado pela banda Consciência Tranquila [...] que faz muito sucesso na Pedra do Sal e no Largo da Prainha, no Centro do Rio [...]. A banda Consciência Tranquila promove uma viagem por vários gêneros musicais, com releitura de grandes sucessos da década de 1970 até os

dias de hoje. Além do som, também acontece no mesmo local uma exposição de produtos da rede afroempreendedores, com venda de camisetas e outros itens. O Centro de Articulação de Populações Marginalizadas distribui ainda *kits* de literatura sobre a temática negra[128].

Segundo os fundadores desse baile, a escolha do local está relacionada à relevância histórica do Centro da cidade para a história da cultura afro-brasileira.

> Inicialmente, o nosso grupo não imaginava atuar na rua, mas percebemos que isso poderia ser um caminho bacana. Assim, tivemos a ideia de retomar os bailes *black* históricos de rua. Acho que o fato de termos feito isso na Pedra do Sal, no Largo da Prainha e em outras localidades da Pequena África foi muito importante, pois ali foram vividos momentos muito marcantes da cultura afro-brasileira [...]. Com este baile, buscamos fazer um evento cultural e político amplo, o mais completo possível, capaz de mobilizar e conscientizar socialmente as pessoas.[129]

A proposta dessa rede é não só promover uma ocupação do espaço público – a conscientização étnica –, mas também celebrar um estilo "afro-*Black*" a partir do consumo musical de sucessos da *Black music* brasileira e internacional. Aliás, essa ressignificação do espaço em um "lugar" – em "espaços afetivos", "espaços do acontecer solidário" (Santos, 2002) – redefine usos e gera valores de múltiplas naturezas, como culturais, antropológicos e socioeconômicos, a partir dos quais

---

[128] Cf. Depois do sucesso no centro do Rio, Baile *Black* Bom chega ao SESC Nova Iguaçu. *O Globo*, Caderno de Cultura, 5 fev. 2014. (Disponível em: <http://oglobo.globo.com/cultura/revista-da-tv/depois-do-sucesso-no-centro-do-rio-baile-*Black*-bom-chega-ao-sesc-nova-iguacu-12297911>. Acesso em: 25 jan. 2022).
[129] Depoimento de Antônio Consciência, vocalista desse grupo e um dos fundadores do *Black* Bom, concedida à pesquisa no dia 10 de maio de 2013.

pressupõem-se múltiplas existências culturais. Os atores interagem entre si potencializando a criação de "outro lugar", de outro *ethos*, que engloba as diversidades vividas em seus cotidianos socioespaciais.

Os bailes *Black* podem ser compreendidos como resultado de estratégias de "reconversão cultural" (Yúdice, 1997). Adotada mediante um sistema marcado pela globalização econômica e mundialização cultural, a reconversão cultural possibilita que os sujeitos passem a desenvolver novas práticas, habilidades e linguagens para sua reinserção em novas condições de produção, de consumo e de sociabilidade. Nesse sentido, as ações que caracterizaram o fenômeno não podem ser interpretadas apenas como atos de "resistência". As nuances criativas e reconfigurações identitárias marcadas pelo consumo embasavam uma série de ações que apontavam para um potencial provocador, subversivo e contraditório das políticas culturais pautadas pelo seu "estilo de vida"[130], que atravessavam e recortavam fronteiras de classe e raça.

No caso do Baile *Black* Bom, há mescla dessa moda celebrizada nas décadas anteriores, considerada por eles *vintage*, com elementos de vestuário que chegam relacionados a outras referências culturais: assim recorrentemente é possível ver os frequentadores com roupas e acessórios dos negros do Caribe (relacionados ao universo cultural do *reggae*, tais como: gorros, cabelos rastafári, batas etc.), com roupas que remetem ao mundo do samba (tais como o chapéu de palha e outras peças do vestuário da malandragem), bem como com grandes marcas esportivas e/ou camisas que rendem homenagem a grandes astros do basquete brasileiro e norte-americano, tradicionalmente usada

---

[130] Para Herschmann, viveríamos hoje sob a égide de uma "política do estilo", isto é, que a partir do estilo construiríamos marcas de distinção, identidades, um "lugar" no mundo. O autor identifica na adoção recorrente de estilos na sociedade contemporânea uma forma de expressão política. Para ele, em certo sentido, o estilo seria o idioma do mundo das aparências densas (de gestão da visibilidade) em que vivemos (Herschmann, 2000; Herschmann, 2005).

pelos fãs do *hip hop*. Frequentemente, o público utiliza acessórios que remetem a símbolos diaspóricos emblemáticos do "Atlântico negro" (Gilroy, 2001): assim é possível encontrar jovens com anéis, colares e brincos que fazem referência à cultura africana ou afro-brasileira. Uma das vendedoras ambulantes de artesanato entrevistadas chegou a nos relatar, por exemplo, que estava "[...] muito satisfeita porque o brinco com a forma do continente africano estava sendo muito vendido nas últimas semanas [...] a gente percebe que o afrofuturismo está realmente em alta junto ao público".[131]

Os frequentadores e produtores dos bailes *Black* produziam respostas mediadas que combinavam criatividade e consumo para configurar seu estilo, dramatizando, performatizando e construindo uma linguagem própria que marcava seus cotidianos com um explícito gesto político e significativo. Os estilos, como práticas significantes e codificadas, são compostos de elementos como música, iconografia visual, performances, roupas, estéticas e sistema de valores. E se tornavam indícios de um significado e de uma identidade em disputa, simbolizando, ao mesmo tempo, uma recusa a estereótipos e a visões homogeneizantes, e um desafio oblíquo a expressões culturais mais estabelecidas (Herschmann, 2000).

Vem se produzindo no âmbito do vestuário, danças, cortes de cabelo, na música e nos eventos de lazer todo um conjunto de retóricas do estilo *black* que estabelecem um diálogo, despido de padrões rígidos e perceptíveis, entre os processos alternativos de subjetivação e as condições de existência material. A cultura *black*, pautada pelo consumo de gêneros musicais, símbolos e objetos significativos, nunca foi um conjunto uniforme. Ela sempre foi recortada por diferenças étnicas, que não coincidem integralmente nem formam um todo ho-

---

[131] Depoimento concedido pela artesã ambulante Katucha Costa à pesquisa, no dia 17 de maio de 2013.

mogêneo. Entretanto, vem dividindo um mesmo tipo de linguagem e de práticas significativas, manifestas no estilo, resposta mediada e codificada por transformações que estavam afetando essa "cena cultural" (Straw, 2006).[132]

As redes de fãs que frequentam esse tipo de baile gravitam em torno do consumo de gêneros musicais, símbolos e acessórios, mas nunca foram um conjunto uniforme. Elas sempre foram recortadas por diferenças étnico-raciais e sociais, que não coincidiam integralmente nem formavam um todo homogêneo. Mas dividiam um mesmo tipo de linguagem e de práticas significativas, manifestas no "estilo de vida" (Herschmann, 2000), uma espécie de resposta mediada e codificada por transformações que estavam afetando a cena *black* carioca.

Observou-se, ao longo desses anos de pesquisa, que o consumo musical e cultural assume nessa cena a função de uma experiência social e apropriação coletiva de objetos mundanos que ganham novo valor, estruturando relações de solidariedade e distinção alternativas. Todas essas estratégias que entrelaçavam estética, performance, linguagem, sonoridades e discursos eram formas de negociação de posições, acionando novas representações e utilizando práticas alternativas de consumo cultural que possibilitaram a construção de uma ação política

---

[132] Foi frequentando esses espaços dos bailes que o público carioca ajudou a consolidar e a atualizar um estilo de se vestir e um código comportamental que mesclavam as várias informações visuais que recebiam de revistas, filmes, programas de TV e capas de discos. Essa busca por uma diferenciação a partir da escolha de determinados itens do vestuário (como sapatos de plataforma ou bicolores, calças boca de sino) e a utilização do cabelo natural, inspirado no visual dos integrantes do movimento negro norte-americano, demarcavam uma tentativa de incorporação de uma estética internacional por parte dos jovens frequentadores dos bailes, em sua maioria oriundos dos segmentos sociais menos privilegiados da população, mas conectados a uma cultura cada vez mais globalizada (à medida que se aproximou a virada para o século XXI). Evidentemente, hoje as informações chegam através das novas tecnologias (dispositivos móveis, MP3, MP4, sites de redes sociais na internet) e os bailes passam a se constituir num momento importante para a realização de uma experiência coletiva e catártica de atualização da cultura *black* local.

da diferença, guiada por um viés estético na tentativa de transgredir fronteiras sociais.

Na construção de um estilo *black*, muitas vezes os "estereótipos" (Goffman, 2009) são acionados como estratégias de representação e formas de identificação que revelam tensões entre práticas constituídas e os novos anseios sociais. Novos estilos passaram a ser elaborados a partir de estereótipos, removendo sua fixidez e representando alteridades dinâmicas, que transformam sujeitos em objetos imaginários a partir da produção de imagens distintas que lhes permitem postular equivalências, semelhanças e identificações diferentes do que está posto. Os estilos facilitam a transmissão de informações e mensagens, elaborando dramatizações de linguagens em imagens complexas, favorecendo a expressão de novas realidades. O estilo, aqui, por meio do consumo, possibilita a exposição de agentes em transformação e indivíduos que atuam como "acumuladores de 'sensações'" (Bauman, 1999, p. 91), o que revela uma estratégia de identificação a grupos sociais específicos. Em relação aos organizadores e públicos desse baile, nota-se um impulso distintivo, presente na construção de um "estilo afro", adotado em níveis diferentes e não sem tensões, por brancos e negros, que inclui roupas, acessórios, modos de dançar, gírias presentes na própria "performance do gosto musical" (Henion, 2010). O conjunto de performances (Taylor, 2013) materializa-se em uma espécie de consumo nostálgico, que pode ser compreendido como "um ato de subversão crítica a um presente tido como estagnado, sucateado e sem novidades".[133]

Uma das formas de dramatização do estilo *black* reside na apresentação dos cabelos. O penteado, chamado corriqueiramente de "afro" ou "*black*", é um instrumento estético apropriado para a afirmação

---

[133] Depoimento concedido à pesquisa por João B. Silva, de 22 anos, frequentador desse baile, no dia 12 de abril de 2015.

positiva de imagens simbólicas na afirmação do "ser negro", a partir de processos de autovalorização, representação e reconhecimento. O estilo de penteado *Black power*, nesse contexto, seria aquele utilizado por ativistas negros sul-africanos, americanos e brasileiros nos anos 1960 e 1970 (Gomes, 2006), acionado pelo movimento *Black Power* a partir de uma redefinição dos signos de beleza na qual os penteados "afro" ("naturais") se tornariam uma forma de construção de autoestima e autoconhecimento.[134]

Em geral, no que se refere à música, no Baile *Black* Bom, de modo geral, toca-se música negra propícia para dançar. Assim, é possível atestar tanto durante os dois *sets* do show ao vivo do grupo quanto na música executada pelos DJs convidados (alguns, como DJ Flash, DJ Tammy e DJ Julio Rodrigues, estão frequentemente participando do baile) que o repertório é bastante variado e tocam músicas de artistas e bandas brasileiras (Jorge Ben Jor, Tim Maia, Sandra de Sá, Gerson King Combo, Simoninha, Os Racionais, entre outros sempre lembrados)

---

[134] Como referências culturais, o corpo e o cabelo podem ser tomados como expressões visíveis da alocação dos sujeitos nos diferentes estratos sociais (Gomes, 2006). O cabelo, então, passa a ser compreendido como um indício marcante de procedência étnica e um dos principais elementos biotipológicos na constituição individual no interior das culturas, carregando consigo um "banco de símbolos" (Sansone, 2004), que diz respeito a um complexo sistema de linguagem. No caso, o cabelo "afro", e outros tipos de penteado – como rastafári e *dread* –, assumem para o africano e os afrodescendentes a importância de "resgatar" (pela estética) memórias ancestrais, memórias próximas, familiares e cotidianas, como sinais diacríticos corporificados que remetem à ascendência africana, numa identificação visual e comportamental associada a atitudes de ações de reação, resistência e denúncia contra o preconceito (Gomes, 2006, p. 128). Ao mesmo tempo, a despeito de toda a carga simbólica e ideológica depositada sobre o cabelo "negro", entendemos que o cabelo em si assume um papel decisivo sobre configurações identitárias variadas, para além da aparência. Considera-se aqui o cabelo em sintonia ao que propõe Mercer: "como parte das diferentes formas de aparência cotidiana; isto é, as formas como moldamos e estilizamos o cabelo podem ser vistas tanto como expressões individuais do *self* quanto como corporificações das normas, das convenções e das expectativas da sociedade" (Mercer, 1987, p. 34).

e estrangeiras (Areta Franklin, Jackson Five, Marvin Gaye e James Brown são geralmente referenciados) associadas a gêneros musicais diversos, tais como *funk*, *hip hop*, discoteca, *soul*, *blues* e reggae. Esse repertório é dançado no baile quase sempre de forma coletiva, quase todos que dançam realizam uma coreografia harmoniosa que envolve aqueles que "estão na pista".

Em função das parcerias com o poder público e a iniciativa privada, e do enfrentamento da crise na área cultural do País, passaram a ser realizadas com mais frequência edições itinerantes desse baile em outros pontos da cidade, em bairros da zona metropolitana do Rio. Aliás, a partir de 2016, com o aprofundamento da crise na área cultural e em razão especialmente da falta de apoio do poder público para a realização de eventos em espaços públicos da cidade, essa rede de coletivos que organiza o Baile *Black* Bom foi obrigada a repensar e a colocar em prática novas estratégias, visando à sobrevivência e à continuidade das suas atividades. Assim, esses atores dão uma guinada e resolvem criar o IBB (Instituto *Black* Bom), que, segundo eles, tem o seguinte objetivo:

> O IBB nasce como desdobramento do movimento iniciado pelo Baile *Black* Bom em 2013, para atuar no desenvolvimento socioeconômico das comunidades negras e periféricas, através da Produção Cultural com foco no Mercado da Economia Criativa. [...] O IBB enxergou a oportunidade de reduzir o impacto das disparidades sociais, transformando o seu capital intelectual, valores simbólicos e a prática do fazer cultural, em novas formas de desenvolvimento social, através da Economia Criativa, com foco na ascensão social da população negra envolvida em sua cadeia produtiva. Em 2017, sua sede se torna o primeiro *coworking* para empreendedores negros e periféricos do estado do Rio de Janeiro. Esse movimento surge pela necessidade de identificação do reconhecimento estético,

e do empoderamento intelectual e econômico que proporciona a visibilidade do mercado criativo negro[135].

Realizando conversas informais e entrevistas com os atores (além do trabalho de campo) pôde-se perceber uma alteração significativa nas "táticas e astúcias" (De Certeau, 1998) aplicadas, visando viabilizar e oferecer mais sustentabilidade a essas "práticas artivistas". É possível constatar que praticam um artivismo predominantemente étnico-racial, que articula arte, políticas afirmativas e economia solidária e criativa. Nesse sentido, o IBB sugere um novo perfil de artivismo que busca valorizar também sua faceta empreendedora (tão relevante para a população negra desassistida do País).[136] Inclusive, sobre esse deslocamento de um ativismo centrado no Baile para outro organizado em torno do Instituto, Sami Brasil faz alguns comentários muito relevantes:

> O Baile *Black* Bom cresceu rapidamente, de uma maneira que a gente não conseguia mais fazer como a gente começou [...]. Pode-se dizer que o período entre 2014 e 2015 foi o auge do nosso movimento nas ruas [...] era um período que havia muito fomento público, tinha muito investimento na cultura, especialmente na nossa área de atuação, na Região Portuária. Na mesma época, a gente foi parar na TV aberta e ficou muito famoso e, finalmente, percebemos que não conseguíamos mais concretizar os eventos de forma espontânea e independente, sem nenhum tipo de apoio. Infelizmente, de 2017 para cá, a

---

[135] Para mais informações, conferir a página do IBB (Disponível no link: <https://www.facebook.com/Instituto*Black*Bom>, acesso em: 25 jan. 2022).

[136] Desde que foi criado em 2017, o IBB buscou ser um espaço de dinamização desta rede de artistas e empreendedores. Durante o período em que teve sede física – entre 2017 e 2019 – o Instituto *Black* Bom funcionou inclusive como um espaço colaborativo e de apoio a diversas iniciativas.

gente se viu sem nenhum tipo de apoio do poder público. E foi justamente quando a gente teve a ideia de criar o Instituto *Black* Bom. Assim, com os recursos que a gente tinha guardado dos anos de bonança, alugamos um espaço quase na Lapa. Já que a gente não estava conseguindo concretizar os bailes de rua, tentamos de alguma forma juntar a nossa rede de pessoas muito engajadas, tentamos nos articular com a nossa rede de coletivos. O Instituto veio a se constituir em um espaço de convivência e de criação para além do Baile. Foi um período de supercrescimento, ao mesmo tempo muito difícil, de grana muito curta. Acho também que é na crise que a gente enxerga o nosso potencial de empreender, de superar qualquer adversidade [...]. Enquanto Instituto *Black* Bom, buscamos, a partir daquele momento, criar um modelo de negócio alternativo, articulando música e a realização de feiras criativas. Ou seja, temos procurado associar a cultura popular com a economia criativa solidária [...] tentando ser mais empreendedores e com atividades de maior sustentabilidade. A gente – enquanto artistas – contribui trazendo o nosso público e, por sua vez, os expositores pagam ao Instituto *Black* Bom uma pequena taxa. Assim, temos conseguido manter, razoavelmente, essa estrutura.[137]

Ainda sobre as dificuldades em se manter no espaço público e próximos à região da Pequena África ela ainda faz outras considerações significativas:

(Temos tentado não nos afastar da região da Pequena África, seguimos com um compromisso com aquela região, com toda a memória daquela localidade. Claro que estivemos buscando também alternativas, tentando garantir a sustentabilidade.

---

[137] Depoimento concedido à pesquisa por Sami Brasil, uma das fundadoras do Instituto *Black* Bom, em 29 de abril de 2020.

> Chegamos a ocupar durante alguns meses o Terreirão, realizando alguns eventos maravilhosos. Para que vocês tenham uma ideia: em dezembro, trouxemos a Feira Preta de São Paulo, que foi um grande sucesso. Infelizmente, o Terreirão da Praça XI é um espaço enorme e muito caro. [...] A partir de 2019, demos outra guinada [...], assim foi um ano importante, pois foi quando conseguimos retornar à área da Pequena África, desenvolvendo parcerias com a iniciativa privada, que já está atuando lá. Participamos do Festival de Ativação Urbana, que vinha acontecendo na Região Portuária, engrenando em seguida o projeto A Rua é Nossa, direcionado à nossa rede como um todo. Portanto, a gente – cada vez mais – não fica preso só ao papel do artista ou só privilegiando apenas os interesses do nosso grupo. O Baile *Black* Bom é um dos grupos artísticos que participam dessa iniciativa mais ampla, focada não só em promover outros grupos musicais, mas também no afroempreendedorismo dos artesãos. Por conta da atuação do Instituto *Black* Bom, alguns ambulantes têm tido grande êxito, têm conseguido aumentar significativamente a sua clientela com esses eventos. Até a deflagração da pandemia do vírus da Covid, os eventos vinham acontecendo regularmente no Passeio Ernesto Nazareth, em um jardim maravilhoso. Foi uma pena o processo ser interrompido, pois estávamos conseguindo levar um público bem expressivo para lá, sempre abrindo espaço para outros grupos, tais como o Moça Prosa, Folia Carioca, *Slam* das Minas e até grupos musicais do exterior.[138]

Nesse sentido, o *Black* Bom – seja como baile ou instituto – insere-se em uma larga tradição de ocupação cultural, que tem sido promovida por meio do agenciamento da música negra. Tal como ocorreu com as rodas de samba, bailes *funk* e batalhas de *hip hop*, o *Black* Bom vem enfrentando uma dinâmica ambígua (especialmente

---

[138] *Idem.*

na cena midiática) que, por um lado, glamouriza e valoriza em alguns momentos a atuação desses atores; e, por outro, produz narrativas e práticas que dificultam a realização de suas atividades. Assim, o *Black Bom* é mais um estudo de caso que sugere a atuação resiliente e polinizadora da música negra na cidade do Rio. Ao mesmo tempo, essas práticas artivistas étnico-raciais – que articulam música e economia solidária e criativa – diferem-se das práticas engajadas que marcaram o século XX, colocando em cena uma agenda política mais ampla e difusa que envolve uma interseccionalidade dos tópicos raciais com as questões de (pós)gênero e a cultura *queer* (Fernandes e Herschmann, 2020). Portanto, pode-se afirmar que esse artivismo do *Black* Bom está inserido em uma tendência das lutas multitudinárias e identitárias das minorias, cada vez mais presentes no mundo atual, caracterizadas por: polarizações entre inúmeros segmentos sociais, desequilíbrios socioeconômicos e ambientais e, finalmente, precarização excessiva da vida social.

Questões de gênero e protagonismo feminino no mundo do samba carioca[139]

Tendo como pano de fundo esse conjunto de tópicos já assinalados sobre a cidade do Rio, uma das questões que mais têm atraído a nossa atenção na atuação dos setores criativos é a do crescente protagonismo feminino, que analisaremos na última parte deste capítulo sobre a capital do estado especialmente no campo da música.

Assim, o que se gostaria de sublinhar aqui é que entre as presenças mais marcantes nos últimos anos na cidade do Rio de Janeiro estão

---

[139] Informa-se que uma versão mais reduzida desta parte do capítulo foi publicada em Fernandes *et al.*, 2022. Agradecemos a Andrea Estevão, pelas contribuições para o desenvolvimento das reflexões sobre os blocos de carnaval de perfil feministas.

as rodas e festas de rua realizadas por grupos de mulheres que através de músicas, sons e gestos atualizam as "demandas feministas"[140] e pós-feministas que emergem com muita força desde o início da década de 2010, e que nortearam manifestações públicas locais e globais, como a Marcha das Vadias no Brasil, Marcha das Mulheres contra Trump, Marcha das Mulheres Negras no Brasil, Greve Internacional das Mulheres ou Marcha das Mulheres em Washington. Nesse sentido, demandas como direito ao corpo, direito a estar e usufruir as

---

[140] Há uma compreensão histórica, no campo dos estudos dos movimentos sociais, que sugere o entendimento das lutas femininas a partir de "ondas". Conforme Gohn (2014), a primeira onda corresponderia às lutas por igualdade de direitos, nos séculos XVIII e XIX e início do século XX; lutas feministas da segunda onda (período de 1960 a 1980) emergiram no seio do debate sobre "o pessoal é político", expressão atribuída à jornalista e feminista radical Carol Hanisch, que viraria mote da segunda onda, em 1969; e a terceira onda, termo atribuído a Rebecca Walker, em virtude de seu artigo *Becoming the Third Wave*" (publicado em 1993, na revista Ms.), iniciada nos anos 1990, teria como objeto de luta e ação a crítica à representação feminina pelos meios de comunicação de massa. Sobre as demandas femininas atuais, compreendemo-nas não como uma "quarta onda", já que não seria uma continuidade histórica das ondas anteriores por se apresentar como um movimento que tensiona esse entendimento ao se enraizar nos movimentos de lutas decoloniais do "sul global", os quais enfatizam a "interseccionalidade" (Davis, 2016) entre raça, classe, gênero e sexualidade, dando destaque à colonialidade do poder. Alicerçada no feminismo negro norte-americano, a proposta decolonial gerou, e permanece desencadeando, transformações profundas nos valores eurocêntricos, provocando mudanças epistemológicas, subjetivas e intersubjetivas ao tecer outros modos de apreender e analisar as relações sociopolíticas-culturais globais. Conforme assinala Mignolo (2013), essa proposta inicia no momento em que se assume "abandonar a ideia universal de humanidade que nos foi imposta pelo Ocidente, modelada sobre o ideal imperial de 'homem branco, heterossexual e cristão', e desfazê-la, para reconstruí-la na beleza e na incontrolável diversidade da vida, do mundo e dos conhecimentos. Estamos hoje todos e todas nesse caminho, o caminho de reduzir a universalidade do relato da modernidade à sua justa medida, reconhecer seus méritos e repudiar suas aberrações" (p. 23). Ao tensionar, revisar e, por vezes, romper com o universalismo do sujeito político das mulheres brancas – cujas teorias não contemplam as realidades das mulheres racializadas de origem provenientes de territórios colonizados –, o feminismo decolonial propõe um outro lugar de enunciação e luta dos grupos invisibilizados de mulheres periféricas (tais como indígenas, negras, latinas, mestiças, imigrantes e lésbicas).

cidades, direito ao aborto, ao prazer e outras transitividades possíveis estão presentes nas "performatizações" (Taylor, 2013) dessas artistas e ativistas que utilizam a rua como palco, performando uma "política musical encorpada". Nesse cenário de crescimento e intensa cena de produção cultural coletiva e engajada nos espaços urbanos, em particular de articulação de "coletivos culturais feministas" (Hollanda, 2018), buscou-se trabalhar com alguns estudos de caso relevantes do mundo do samba carioca: a roda Samba que Elas Querem e o bloco de carnaval Mulheres Rodadas, iniciativas que vêm sendo realizadas no Rio regularmente, desde a década de 2010. Gostaríamos de salientar que são expressões de um "ativismo musical" (ou artivismo), de estreitamento dos "laços da arte com a política" (Aznar e Clavo, 2007; Raposo, 2015) em tempos de urgência.

Corpos femininos *na* e *pela* cidade

Vale sublinhar que a intenção na pesquisa realizada foi a de continuar pesquisando as "astúcias e táticas" (De Certeau, 1994) que os atores – sejam músicos e artistas, produtores culturais, lideranças locais e redes de fãs – vêm desenvolvendo para continuar "resistindo" e atuando nas ruas, mesmo em um contexto claramente menos democrático. Assim, por meio de entrevistas semiestruturadas e observações de campo (das vivências sensíveis) construídas nas rodas e festas de rua, buscou-se avaliar a capacidade das músicas performadas, capazes de criar "lugares" que ressignificam e potencializam a experiência urbana, mesmo nesse cenário mais sombrio. Tivemos a oportunidade de notar que as iniciativas femininas vêm promovendo "dissensualidades" (Rancière, 1996 e 2009), colocando em cena "controvérsias" (Latour, 2012) relevantes. Nos últimos anos, têm emergido tensões que envolvem: por um lado, a cidade das intervenções urbanas, da velocidade, da saturação e impessoalidade, dos grandes espetáculos e megaeventos; isto é, a cidade do planejamento tecnocrático, do medo e do privilégio da lógica funcionalista e financeira; e, por outro, a cidade que persevera e persiste apesar de tudo, ou seja, a urbe das dinâmicas implementadas pelos atores no cotidiano que constroem e atualizam uma "metrópole dos encontros, afetos e compartilhamentos", que fazem emergir experiências prazerosas e desaceleradas, as quais permitem aos habitantes da urbe frequentemente ressignificarem os espaços.

Poder-se-ia afirmar que esse objeto de estudo envolvendo a cultura sonora de rua feminina carioca nos interessa especialmente porque gravita em torno dele hoje uma espécie de "campo de luta", capaz de fazer emergir tensões e conflitos no tratamento de temas muito atuais que não só "polinizam" (Moulier-Boutang, 2010) a cultura de rua carioca, mas também inserem na pauta do dia temáticas relevantes, tais como: tolerância, gentrificação, cidadania, gênero, pós-gênero, racismo, machismo, decolonialidade, heteronormatividade e violência (Fernandes e Herschmann, 2020).

É sempre importante salientar que o samba e outros "gêneros musicais populares e periféricos" (Trotta, 2013) tardaram muito em ser reconhecidos pela crítica e pelo poder público no Brasil. Revendo informações históricas, constata-se que mesmo depois de reconhecidos foram em diversos momentos da sua trajetória questionados, indicando a persistência de preconceitos sociais e étnico-raciais. Ao mesmo tempo, o feminismo emergiu no samba como um movimento minoritário no interior desse universo musical, denunciando especialmente a reprodução do machismo, da exclusão e da violência contra a mulher no interior dessa expressão cultural. Apesar dos desafios a serem vencidos em um ambiente violento, machista e heteronormativo, essas "artivistas" (Fernandes et al., 2022; Aznar e Clavo, 2007; Semova, 2019) e o seu público (predominantemente feminino) consideram importante ocupar todos os espaços, mesmo que seja em confrontação e tensionamento com os homens, participando das rodas e dos cortejos.

É importante salientar que se compreende essas interações entre corpo, cidade e experiência estética como performances coletivas, ou como "formas corporificadas de ação" que acionam – conforme Butler (2018, p. 14) – solidariedades provisórias, nas quais diferentes e precarizados corpos se reúnem tendo como desejo e potência de ação o redesenho da experiência sociopolítica urbana. Oferecem, desse modo, outras percepções sobre as condições sociais e políticas de suas existências corporais: não só ao performarem *na* e *pela* cidade, mas também ao construírem alianças potentes que lhes permitem (sobre) viver em condições adversas.

Nesse sentido, a partir dessa pesquisa em curso – que envolveu observações de campo, entrevistas semiestruturadas, levantamento de matérias que circulam em diversos meios de comunicação e narrativas relevantes que vêm sendo encontradas nas redes sociais (que têm oferecido oportunidades para desenvolver reflexões muito ricas sobre esse território) – buscou-se seguir os rastros dessas jovens nas suas "associações e movimentos", visando construir uma cartografia que fosse capaz de abrir as "caixas-pretas" (Lemos, 2013) desse contexto[141]. Portanto, pode-se dizer que o samba protagonizado pelas mulheres no Rio coloca em cena "alianças corporais" (Butler, 2018) e importantes polêmicas e tensionamentos.

Seguindo o campo das cotidianidades como perspectiva fundamental da cidade, as cenas festivas musicais urbanas apresentam e deslocam as corporeidades femininas do lugar de passividade e submissão para o de atuação e presença nos ambientes de festa, possibilitando o deslocamento dos discursos essencialistas sobre sexo, raça e gênero, constituidores das relações sociais da sociedade brasileira. O que se

---

[141] Agradecemos à bolsista de iniciação científica Luiza Kosovski, que nos auxiliou com o levantamento do material de pesquisa apresentado aqui. Agradecimento especial também à CAPES, CNPq e FAPERJ pelo apoio concedido a esta pesquisa.

revelou ao longo dos últimos anos de pesquisa nas ruas do Rio de Janeiro é que corpos femininos, não binários, transgênero, negros e precarizados seguem em aliança provocando deslocamentos políticos a partir de suas performances em festas e rodas urbanas. Essa perspectiva não essencialista desses corpos foge da lógica binária forjada pelos discursos e narrativas modernas, possibilitando a aproximação da perspectiva de Duvignaud (1983), para quem as festas podem ser espaços de violação e transgressão, não apenas de perpetuação e legitimação de regras, valores e normas sociais de uma época, mas também vivida como a busca do "contentamento pleno" fruto da concretização dos desejos e fruições, do viver momentos de ruptura e de subversão em relação aos padrões culturais estabelecidos. Desse modo, compreendemos o ambiente festivo nas ruas cariocas – expresso pelo corpo, pela dança e pela música – como um momento temporário de "apagamento" das estruturas de violência e opressão, em que os grupos historicamente precarizados rompem provisoriamente com as posições de subordinação que lhes foram/são impostas. Nesses tempos-espaços de celebração, ou "altos lugares"[142], os grupos de mulheres, negros/as, travestis, lésbicas, *gays*, transexuais e *queers* assumem o protagonismo por meio de performances e "performatividades dissensuais" enunciadoras de outras formas de habitar e existir, outras éticas e estéticas. O

---

[142] Lugares de representação da comunhão, de re-ligação, que engendra o sentido próprio de cada grupo. Lugares em que se vivem os sentimentos de comunhão, no sentido mais religioso do termo. Esses lugares podem ser concretos ou simbólicos. Podem se configurar tanto num tempo e espaço definidos como num espaço virtual ou imaginativo. O que todos têm em comum é que representam espaços de celebração. Celebração que, conforme o autor, "dá ao religioso sua dimensão original de religação; esta pode ser uma celebração técnica (museu da la Villette, Videoteca), cultural (Beaubourg), lúdico-erótica (Le Palace), de consumismo (Les Halles), esportiva (o parque Princes, Roland-Garros), musical (Bercy), religiosa (Notre-Dame), intelectual (o grande anfiteatro da Sorbonne), política (Versailles), comemorativa (l'Arche de la Défense) etc... estes são os espaços em que se celebram os mistérios. Onde nos parecemos, onde reconhecemos o outro, e, assim, nos reconhecemos" (Maffesoli, 2003, pp. 71-72).

protagonismo desses corpos insubordinados que ocupam os espaços urbanos sinaliza aquilo a que estamos chamando de "performances dos dissensos", em que o registro da insubordinação se dá a ver pelo aparelho sensório-motor. É através do corpo, pelo modo de estar, nos gestos, ou seja, na performance, que fica visível que as práticas desses grupos operam no dissenso. É preciso esclarecer que a noção trabalhada aqui, e em outros artigos, sobre "performance dissensual" ou "performance do dissenso" parte da reformulação filosófica proposta por Rancière sobre o conceito de política. Remetemos aos argumentos do autor a fim de elucidar que o conceito de política apresentado por ele – convocando a lógica não do consenso, mas do dissenso –, parece traduzir as experiências cotidianas praticadas por diversas comunidades e grupos sociais na contemporaneidade. Rancière afirma que sua hipótese:

> [...] supõe, portanto, uma reformulação do conceito de política em relação às noções habitualmente aceitas. Estas designam à palavra política o conjunto dos processos pelos quais se operam a agregação e o consentimento das coletividades, a organização dos pobres e a gestão das populações, a distribuição dos lugares e das funções dos sistemas de legitimação dessa distribuição. Proponho dar a esse conjunto de processos outro nome. Proponho chamá-lo de polícia, ampliando, portanto, o sentido habitual dessa noção, dando-lhe também um sentido neutro, não pejorativo, ao considerar as funções de vigilância e de repressão habitualmente associadas a essa palavra como formas particulares de uma ordem muito mais geral que é a da distribuição sensível dos corpos em comunidade. Nem por isso, o que chamo polícia é simplesmente um conjunto de formas de gestão e de comando. É, mais fundamentalmente, o recorte do mundo sensível que define, no mais das vezes, implicitamente, as formas do espaço em que o comando se exerce. É a ordem do visível e do dizível que determina a distribuição das partes e dos

papéis, ao determinar primeiramente a visibilidade mesma das "capacidades" e das "incapacidades" associadas a tal lugar ou a tal função. Ao ampliar assim o conceito de polícia, proponho restringir o de política. Proponho reservar a palavra política ao conjunto das atividades que vêm perturbar a ordem da polícia pela inscrição de uma pressuposição que lhe é inteiramente heterogênea. Essa pressuposição é a igualdade de qualquer ser falante com qualquer outro ser falante. Essa igualdade, [...] não se inscreve diretamente na ordem social. Manifesta-se apenas pelo dissenso, no sentido mais originário do termo: uma perturbação no sensível, uma modificação singular do que é visível, dizível, contável. Essa "perturbação no sensível" pode ser ilustrada a partir da própria acepção ordinária das palavras política e polícia. O que se passa, com efeito, quando as forças da ordem são enviadas para reprimir uma manifestação política? O que se passa é uma contestação das propriedades e do uso de um lugar: uma contestação daquilo que é uma rua. Do ponto de vista da polícia, uma rua é um espaço de circulação. A manifestação, por sua vez, a transforma em espaço público, em espaço onde se tratam os assuntos da comunidade. Do ponto de vista dos que enviam as forças da ordem, o espaço onde se tratam os assuntos da comunidade situa-se alhures: nos prédios públicos previstos para esse uso, com as pessoas destinadas a essa função. Assim o dissenso, antes de ser a oposição à oposição entre um governo e pessoas que o contestam, é um conflito sobre a própria configuração do sensível. Os manifestantes põem na rua um espetáculo e um assunto que não tem aí seu lugar. E, aos curiosos que veem esse espetáculo, a polícia diz: "Vamos circular, não há nada para ver". O dissenso tem, assim, por objetivo o que chamo o recorte do sensível, a distribuição dos espaços privados e públicos, dos assuntos de que neles se trata ou não, e dos atores que têm ou não motivos de estar aí para deles se ocupar [...] Antes de ser um conflito de classes ou de partidos, a política é um conflito sobre a configuração do mundo sensível na qual podem aparecer atores e objetos desses conflitos [...] Argumentar em favor do dissenso não é, portanto, argumentar em favor das formas heroicas de combate político e social de ontem. O problema se coloca diferentemente. Há coisas que um modo de razão pode fazer e que um outro não pode fazer em seu lugar. As formas políticas do dissenso foram formadas de lutas contra essas perturbações que agitam indivíduos e grupos a partir do sentimento da identidade ameaçada e da alteridade ameaçadora. À sua maneira, elas pacificaram um certo número de pulsões de angústia, de ódio e de morte. Hoje, as formas policiais do consenso prometem uma paz que não podem manter, pois jamais avaliaram a dimensão de seus problemas profundos. [...] Não se pode renunciar a uma razão senão em favor de uma outra, capaz de fazer melhor o que a anterior fazia. Esse não é o caso da proposição consensual. Eis por que, fora de toda nostalgia, penso que não devemos nos decidir pelo desaparecimento dessa razão política que resumi na palavra dissenso. (Rancière, 1996, pp. 372-373).

Essa noção ajuda a refletir sobre "o que podem os corpos femininos em festa" (Fernandes *et al*., 2018), ao expandirem e criarem um "lugar das figurações femininas", ressaltando suas demandas do passado e do presente, inscrevendo-se mundanamente. Esse ato de inscrição mundana em diversos espaços da cidade territorializa os sonhos e as práticas cotidianas que se enraízam num húmus germinador de diferentes identificações e partilhas. Essa partilha e reconhecimento são importantes para assegurar a proteção dos corpos que performam nos espaços urbanos. Ou seja, o arranjo coletivo feminino, ao mesmo tempo que confere condições para as "performances do dissenso", depende delas para ocorrer, no sentido de que articular espaços de proteção para acontecer depende da interação positiva entre todas as envolvidas para que a experiência festiva seja viável e segura. E, assim, percebe-se que não somente a dimensão política da reinvindicação de ocupação dos espaços atravessa os corpos femininos, mas também as políticas afetivas relativas à noção de alteridade de quem "celebra-com". A cidade, ao ser praticada a partir da festa, cria outro corpo, chamemos de "corpo-festivo" associado aos escapes à ordem, à visceralidade e à sensibilidade. Nesse sentido, a experiência da festa de rua faz relacionar o "corpo-festivo" com o "corpo-cidade", de modo que podemos entender que esses corpos estão a todo momento negociando, entrando em conflito, concedendo e impondo limites. Dessa maneira, propomos compreender como o "corpo-festivo" vive a cidade com base em suas condições interativas, sociais e políticas, e, a partir daí, se expressa nos modos como se movimentam e se inscrevem na cidade tensionando a programação dos projetos e regulações urbanas[143] (Fernandes, 2021).

Cena musical feminina de samba de rua carioca: Bloco Mulheres Rodadas e Roda Samba que Elas Querem[144]

As organizadoras do Bloco Mulheres Rodadas apresentam-no como o primeiro cortejo de carnaval feminista da história do Rio de Janeiro. Criado em 2015, abriu caminho para uma série de outros blocos que empunham, hoje, a mesma bandeira. Como a reportagem a seguir sugere:

> [...] o Carnaval feminista cresceu e apareceu. Mas não é um fenômeno isolado. O Carnaval, esse universo paralelo, encontra

---

[143] Essa discussão acompanha as discussões realizadas pelas pesquisadoras do Grupo de Pesquisa Comunicação, Arte e Cidade (CAC), vinculado ao PPGCOM-UERJ, ao longo de alguns anos, e parte dela pode ser acessada na coletânea *Arte, Comunicação e (Trans)política*, organizada por Cíntia Sanmartin Fernandes, Jess Reia e Patricia Gomes, (Disponível em <https://seloppgcom.fafich.ufmg.br/novo/publicacao/arte-comunicacao--e-transpolitica/>, acesso em: 24 jan. 2022).

[144] Agradecemos a Andrea Estevão, pela colaboração e no compartilhamento de informações e reflexões de sua pesquisa sobre o Bloco Mulheres Rodadas.

é na realidade mesmo sua força motriz. É resultado de muito trabalho purpurinado e articulado ao longo do ano. Se há blocos de Carnaval que se formam sem ensaio e acabam em duas horas, empolgam e não deixam rastro, não são esses os do movimento que vem redefinindo o lugar da mulher na festa [...]. As feministas, organizadas em blocos que elas mesmas fundam ou integrando blocos que não necessariamente trazem o selo de feministas, já mudaram bastante coisa nos últimos carnavais. Desnaturalizaram o assédio sexual, sem dúvida.[145]

O protagonismo das mulheres no Carnaval parece ter crescido tanto, que é possível já se falar de um Carnaval que privilegia a agenda de gênero. Esse crescimento não se deu apenas no número de blocos, mas também na forma como as suas pautas e ações tomaram conta do carnaval de rua como um todo. No Carnaval carioca de 2020, dezenas de blocos leram um manifesto rechaçando o assédio e a violência contra a mulher, elaborado por um movimento denominado Atenta e Forte[146], que busca criar uma infraestrutura de apoio às mulheres vítimas de algum tipo de abuso durante as folias momescas. Essa iniciativa tem contado com o apoio do poder público e tem buscado, inclusive, arrecadar fundos para montar barracas de atendimento em lugares estratégicos da cidade do Rio de Janeiro. Outras iniciativas,

---

[145] Bianconi, Giulliana. Consolidado, o Carnaval Feminista ainda pode incluir mais. *Época*, 26 jan. 2020. (Disponível em: <https://oglobo.globo.com/epoca/colunistas/coluna-consolidado-carnaval-feminista-ainda-pode-incluir-mais-24209866 >. Acesso em: 23 jul. 2020).
[146] Atenta e Forte é o codinome da Comissão de Mulheres contra a Violência no Carnaval, formado por lideranças como o Bloco Mulheres Rodadas, o coletivo Todas por Todas e duas dezenas de grupos ligados ao Carnaval. Esse grupo foi bem-sucedido nas demandas de ações junto à Defensoria Pública do Rio de Janeiro. Essa comissão elaborou um manifesto contra o assédio e a violência contra a mulher, que ganhou a adesão de dezenas de coletivos carnavalescos, que reconheceram a importância de se engajar nessa luta, lendo o manifesto antes dos cortejos.

como a de elaborar tatuagens temporárias com frases feministas, atesta que as mulheres vêm assumindo cada vez mais o próprio corpo como bandeira, incorporando palavras de ordem que evocam especialmente a exigência de respeito.

Evidentemente, o protagonismo das mulheres no Carnaval também diz respeito à organização dos blocos e desfiles, à condução de oficinas de instrumentos musicais e, também, à atuação como instrumentistas, além da construção de estratégias de defesa e apoio às mulheres durante o folguedo. Em vários depoimentos para a impressa a respeito das agendas de blocos feministas, organizadoras comentam sobre as principais motivações de criar os blocos: garantir um território de liberdade e segurança, onde as mulheres tenham a oportunidade de brincar sem preocupações, além da chance de tocar durante o Carnaval já que, com o crescimento do carnaval de rua, esse mercado se tornou uma importante oportunidade de trabalho[147]. Vale sublinhar que várias mulheres vêm protagonizando a organização do carnaval de rua, mesmo antes de a explosão da festa ganhar tonalidades de ativismo feminista: com certa facilidade, pode-se constatar o protagonismo das mulheres na organização de algumas agremiações, tais como Bloco de Segunda, Imprensa que Eu Gamo, Escravos da Mauá e Gigantes da Lira. Além desses blocos, vale lembrar os irreverentes Vem ni Mim que Sou Facinha e Bloco das Trepadeiras, também organizados por mulheres e que sempre trouxeram uma crítica ao mesmo tempo bem-humorada e combativa aos estereótipos (nesses blocos, as mulheres afirmam a sua condição de desejantes e defendem liberdades diante do conservadorismo persistente, típico da cultura falocêntrica e patriarcal).

---

[147] Para ter uma ideia da desproporção das oportunidades de trabalho para musicistas mulheres, Luciana Requião fez uma consulta ao cadastro do Sindicato dos Músicos do Estado do Rio de Janeiro, no início de 2020, e verificou que 8.146 dos registrados são do sexo masculino (82%), enquanto apenas 1.805 ou 12% são mulheres (mais detalhes, conferir: Requião, 2020).

Desde sua fundação, os atores do Bloco Mulheres Rodadas vêm praticando um artivismo de enfrentamento aguerrido e bem-humorado, um deboche lúdico ao machismo. Tudo começou com uma postagem na página Jovens de Direita, no Facebook, que viralizou nas redes, gerando contestações de várias naturezas, inclusive irônicas, em relação a uma foto em que um rapaz segurava um cartaz com os dizeres: "Não mereço mulher rodada". O mote do primeiro desfile, em 2015, foi de justamente reinterpretar crítica e livremente a expressão preconceituosa "mulheres rodadas". Nos dois últimos anos, nota-se que o público cresceu e se diversificou bastante, com presença marcante de atores – na sua maioria mulheres – que vêm colocando em cena também uma agenda *queer* e contra o racismo. O que se constata é que, após o Carnaval de 2015, o bloco passou a se articular e montar oficinas de instrumentos musicais – percussão e sopro – e de pernaltas para mulheres, no sentido de criar outros espaços de socialização, habilitá-las a participar do Carnaval de forma ainda mais orgânica e com mais protagonismo nessa festa. Esse investimento na estrutura musical do bloco também se traduz na pesquisa de repertório que, ano após ano, vem dando destaque a mulheres compositoras e às músicas que tratam de questões e problemas que afetam o cotidiano doméstico, a vida amorosa e a inserção social das mulheres. Dona Ivone Lara, Clementina de Jesus e Chiquinha Gonzaga são algumas dessas compositoras homenageadas. Em 2020, o bloco entoou a música *Seu grito*, da pernambucana Aurinha do Coco, que faz referência a um feminicídio: "Seu grito silenciou lá no alto em Olinda/ Era uma mulher tão linda que a natureza criou/ Ela foi morta no meio da madrugada/ com um tiro de espingarda/ pela mão do seu amor".

Além de atividades voltadas para o Carnaval, são promovidas "rodadas" de conversa sobre temas como violência doméstica, alienação parental, assédio sexual e moral. São reuniões que funcionam, também, como uma forma de acolhimento. Portanto, o bloco – desde –

o seu início atua como um coletivo ativista-cultural e participa de muitas ações coletivas. A respeito disso, Renata Rodrigues, uma das organizadoras da iniciativa, faz o seguinte comentário:

> Estamos muito presentes nas redes e na imprensa também e isso às vezes dá um certo medo, já que pessoalmente ficamos todas um pouco expostas. Vejo muitos desses movimentos que apareceram de maneira despretensiosa nas redes e depois se converteram em importantes lugares de luta, com muita potência nos últimos anos. Uma coisa sobre a qual ainda está se falando muito pouco é a interseção que está acontecendo entre alguns desses movimentos minoritários no Rio de Janeiro, envolvendo uma agenda difusa de oposição ao patriarcado. Vejo essas mulheres se juntando na festa, em protestos e manifestações, integrando outros coletivos, e isso nos dá muito orgulho [...].[148]

A multiplicação desses grupos minoritários que articulam samba e feminismo, dentro e fora do carnaval de rua, tem ampliado de tal forma a presença dessas pautas de direitos e desse protagonismo, que podemos dizer que o carnaval feminista viralizou. Viralizou a ponto de sensibilizar outros grupos, atores e personagens da cena carnavalesca carioca. A parceria de Preta Gil e da marca de cosméticos Quem Disse, Berenice? trouxe o tema "mulheres que inspiram" para o desfile do Bloco da Preta, em 2020, e convidou representantes de alguns blocos femininos representativos para uma cerimônia de abertura e cortejo do Bloco da Preta (Fernandes *et al.*, 2022). O primeiro bloco carioca formado só por mulheres, o Mulheres de Chico; o primeiro bloco feminista, o Mulheres Rodadas, o jovem Bloconcé, que homenageia

---

[148] Mattos, Gabriela. O feminismo das redes não inventou o feminismo. *Pitaya Cultural*, 28 ago. 2018. (Disponível em: <http://pitayacultural.com.br/artes/entrevista-o-feminismo--das-redes-nao-inventou-o-feminismo-diz-coordenadora-do-bloco-mulheres-rodadas . Acesso em: 26 ago. 2021).

Beyoncé, com o mote *"who run the world? Girls!"*; e as musicistas do Samba que Elas Querem, que participaram do desfile e gravaram, junto com Preta Gil, o *single* da releitura da machinha *Ô abre alas*, de Chiquinha Gonzaga, a primeira marchinha de Carnaval composta por uma mulher. Segundo Preta Gil, cujo bloco reúne, anualmente, mais de 300 mil pessoas no centro do Rio de Janeiro:

> Sinto que nos últimos anos há uma crescente no número de blocos femininos, nas discussões sobre assédio, sobre "corpo livre", por exemplo. [...] Vejo que as mulheres estão mais unidas na forma como colocam a questão. A mulher não é mais aquele símbolo sexual [...] A mulher assume cada vez mais sua voz, suas mensagens e seu direito de viver o Carnaval como bem entender [...] o fato é que ninguém pode conter uma evolução necessária das questões femininas. [...] Achei que estava na hora de levar essa questão para a massa. [...] Fizemos uma homenagem a todas as mulheres, mas em especial a Chiquinha Gonzaga, uma mulher à frente de seu tempo, que lutava por direitos e ideais não somente seus, mas dos negros, dos músicos e das mulheres. No Rio, cantamos uma versão empoderada do *Ô Abre Alas* com mulheres de vários blocos femininos do Carnaval carioca.[149]

Já no caso da iniciativa do Samba que Elas Querem, as atividades gravitam em torno de uma roda que começou a ser organizada em 2017 por mulheres musicistas e que, segundo elas, surgiu de um desejo de protagonizar o sexo feminino no cenário do samba carioca. Elas consideram as suas rodas um espaço de representação feminina onde todos

---

[149] Entrevista de Preta Gil para o Caderno Mais do *Estado de São Paulo*, publicada em 20 fev. 2020. (Disponível em: <https://emais.estadao.com.br/noticias/gente,ninguem-pode--conter-uma-evolucao-necessaria-das-questoes-femininas-diz-preta-gil,70003204282>. Acesso em: 10 mar. 2020).

podem se sentir incluídos, especialmente aquelas pessoas oriundas das minorias. Esse coletivo cultural é composto de oito profissionais com formação na área musical (Angélica Marin, Bárbara Fernandes, Cecília Cruz, Giselle Sorriso, Júlia Ribeiro, Karina Neves, Mariana Solis e Silvia Duffrayer) e que ganharam notoriedade inicialmente fazendo paródias de músicas de samba de tom sexista: a paródia mais popular é a da canção "Mulheres" (composta por Martinho da Vila e Toninho Geraes). A partir de 2020, começaram a desenvolver um trabalho de cunho mais autoral com o lançamento de três *singles*: *Levanta povo*, *Menino Miguel* e *Partido inconsciente*. O grupo vem se apresentando em rodas e concertos realizados na rua, em várias casas de shows, museus ou fundações. Muitas vezes optam por espaços híbridos (que são públicos e privados): aliás, essa estratégia está relacionada à construção de um "espaço seguro" e mais protegido para as mulheres e para as minorias de modo geral. Nesse sentido, Silvia Duffrayer (que faz vocal, toca pandeiro e percussão nas apresentações) tece o seguinte comentário:

> Ficamos muito alertas sobre qualquer coisa que acontece nos nossos eventos. Não pode acontecer de alguém ser agredido ou assediado [...] precisamos estar muito atentos a qualquer tipo de violência [...]. E isso é uma super responsabilidade para quem organiza um evento público, nos sentimos responsáveis por cuidar de todo mundo, sabe? Uma vez, numa roda nossa, entrou uma turma fazendo trenzinho de alguma torcida organizada, e claro que houve tretas e confusão. Nós temos alguns seguranças também que nos ajudam na rua. A gente precisa ter isso [...]. Até o momento, nunca tivemos problema com a polícia. Qualquer evento nosso, que é realizado na rua, principalmente no Centro do Rio de Janeiro, tem todo um acordo para que esteja devidamente autorizado. Muito raramente realizamos eventos menores, de mais mobilidade, no qual é possível atacar, ocupar pontualmente a rua. Já nos articulamos

em um pequeno evento com o *Slam* das Minas. Elas possuem uma Kombi bacana, a qual oferece mais mobilidade para esse tipo de ocupação cultural [...]. É preciso levar em conta que no nosso público tem mães com crianças de colo ou, às vezes, muito pequenas. Essas pessoas participam das rodas porque seguem se sentindo seguras com a gente.[150]

Sobre a relevância do trabalho desse grupo musical para o movimento artivista feminista carioca, Duffrayer assinala:

Como grupo, completamos quatro anos em 2021. Só que, antes disso, já havia mulheres se encontrando, trocando e querendo ocupar aqueles espaços na rua e no mundo do samba [...]. As mulheres já estavam se mobilizando, mesmo que não aparecendo para o público no formato de rodas protagonizadas por mulheres. Já existia o Moça Prosa, Só Damas e as Bambas de Saia, que são grupos que atuavam nos anos 1990, mas não tiveram muita visibilidade antes desta última década. Era outra história, eram outros discursos, onde se discutia principalmente o racismo. Infelizmente, o machismo ficava em segundo plano na época. Hoje, depois de muita luta, algumas coisas melhoraram e fomos conquistando espaço [...]. Tentamos nas nossas rodas criar um ambiente em que todo mundo se respeite [...] criar um contexto de mais liberdade em relação ao outro. As nossas rodas tentam se constituir em um lugar de respeito à diversidade, independentemente da cor ou gênero [...]. Eu mesma tenho afirmado publicamente que o Samba que Elas Querem é muito potente por sermos mulheres completamente diferentes, vindas de diferentes lugares e com variadas histórias de vida [...]. É preciso destacar que existe um movimento das mulheres sambistas bem ativo. Aliás, o "movimento das mu-

---

[150] Entrevista com a musicista Silvia Duffrayer, do grupo Samba que Elas Querem, concedida à pesquisa em 2 de agosto de 2021.

lheres sambistas" conseguiu aprovar em 2021 o Dia da Mulher Sambista, que foi inclusive celebrado no mês passado [...]. O fato é que o Samba que Elas Querem tem essa visão ativista em razão de sermos mulheres, mas não ficamos só aprisionadas a isso. Claro que estamos muito comprometidas com a causa das mulheres pretas e pobres, que resistem à opressão do mundo machista. Entretanto, não perdemos de vista o nosso foco também no trabalho poético e artístico. Muitas sambistas do passado e da atualidade não são muito feministas e, mesmo assim, fizeram um trabalho muito bacana, criativo e inovador. É muito emocionante você poder discutir e se dirigir a diferentes públicos. Reconheço que há muita política no que fazemos. Entretanto, somos mulheres artistas, antes de sermos ativistas. Como já mencionei anteriormente, há vários grupos que se formaram e que vêm se espelhando na gente. Isso é muito lindo e retroalimenta o nosso trabalho.[151]

Vale destacar que, além das rodas, o grupo atua como um coletivo artivista que vem promovendo *lives* e rodas de conversa na internet sobre diversas temáticas, especialmente as que envolvem questões de gênero e étnico-raciais. Evidentemente que essas atividades on-line se tornaram mais frequentes durante a pandemia de Covid-19 e passaram a ser incorporadas na rotina dessas ativistas.

Em resumo, pode-se afirmar que, ainda que enfrentando um contexto mais adverso nos últimos sete anos no Brasil, a grande maioria

---

[151] *Ibdem*. O dia da Mulher Sambista – 13 de abril –, visto como uma conquista pelo movimento, foi oficialmente instituído nacionalmente (como homenagem a Dona Ivone, nascida nesta data), em 2021 (Lei n. 2517/21). Vale sublinhar que unidos com o objetivo de ampliar e consolidar o espaço da mulher no samba carioca, os atores que atuam no Movimento das Mulheres Sambistas buscam constituir uma importante instância a favor das lutas femininas por igualdade e respeito. Sobre o Movimento das Mulheres Sambistas sugere-se conferir a seguinte página do Facebook: <https://www.facebook.com/MovimentodasMulheresSambistas>. Acesso em: 24 jan. 2022.

das mulheres que participam desses coletivos artivistas femininos vem promovendo manifestações que reinventam o mundo das rodas de samba e de carnaval de rua. Aliás, essas iniciativas têm atraído crescentemente mais público que os blocos e rodas capitaneadas por homens: é possível constatar que o protagonismo feminino tem renovado a presença de participantes mais jovens e, de modo geral, pessoas identificadas com uma agenda política que incorpore de forma mais constante as demandas das minorias LGBTQIA+. Na pesquisa feita junto aos frequentadores desses eventos, muitos deles destacaram que passaram a comparecer com mais assiduidade porque não só se sentem mais bem "acolhidos" e/ou "confortáveis" nos ambientes comandados por mulheres (muitas delas partidárias de um posicionamento sexual mais fluido, menos binário), mas também que se sentem mais satisfeitos em ouvir e dançar músicas que não tenham um tom em geral preconceituoso (situação embaraçosa que é experenciada com certa frequência no contato com muitas músicas tradicionais de samba e de carnaval), isto é, muitos dos entrevistados salientaram o deleite de estar em eventos que interditam canções que promovem de forma mais aberta ou velada uma perspectiva machista, racista, sexista, homofóbica ou mesmo transfóbica.[152]

Pode-se dizer que essas sambistas ressignificam/remixam/sampleiam astutamente e criativamente: a) as dinâmicas da cidade (buscando construir "espaços seguros" no espaço público, lançando manifestos), em geral, obstaculizadas às mulheres; b) os seus corpos

---

[152] O pesquisador João Grand Junior, que possui uma extensa e importante investigação sobre o circuito de rodas de samba do Rio de Janeiro, assinala em depoimento concedido à pesquisa que "[...] nas rodas protagonizadas por mulheres há um processo relevante de renovação do público que passou a frequentar esses eventos culturais, especialmente um público mais jovem e identificado com a agenda e a cultura *queer*" (entrevista com João Grand Junior, geógrafo e pesquisador de economia criativa, concedida à pesquisa no dia 11 de agosto de 2022).

(são corpos fortalecidos pelas "alianças" e interseccionalidades) se tornam "protagonistas" ocupando todos os instrumentos, os quais performam com mais liberdade quase como *"potentia gaudendi"* [Preciado, 2018]); c) e, finalmente, apropriam-se com grande frequência de trechos de letras de música, colocando em pauta sua agenda feminista (ou pós-feminista) articulada a questões de gênero (e pós-gênero). A esse respeito, Fabiola Machado, musicista da pioneira Roda Moça Prosa, comenta:

> Tomamos como referência para a nossa proposta a roda de samba do grupo Só Damas, que atuava no subúrbio carioca [...]. Estamos completando dez anos de atividade e fomos o primeiro grupo que formou uma roda de samba de rua feminina [...]. Sempre nos preocupamos em tocar músicas que não diminuíssem a mulher, e isso repercutiu muito [...]. Hoje temos rodas femininas atuantes e respeitadas, mas muita coisa ainda precisa mudar e melhorar. Há, ainda, muita luta pela frente [...] precisamos ainda colocar em pauta muitas questões [...]. A rodas protagonizadas pelas mulheres estão acolhendo pautas de outras minorias, especialmente LGBTQIA+ [...]. O crescimento dessas rodas indica que as mulheres não querem ser mais coadjuvantes e querem elas mesmas contar as suas próprias histórias [...]. [153]

Outro aspecto relevante possível de constatar no mundo do samba de rua feminino carioca é que, em geral, há uma atitude corporal e narrativas que buscam reforçar a construção de um corpo mais coletivo e coeso. Assim, as proxemias e aglomerações corporais das frequentadoras (das rodas e cortejos) ou a menção a expressões que

---

[153] Entrevista com a musicista Fabiola Machado, do grupo Moça Prosa, concedida à pesquisa no dia 27 julho de 2022.

estão muito em voga – "mexeu com uma, mexeu com todas" (fazendo referência à violência de gênero), "nenhuma a menos" (referenciando o feminicídio diário) ou "ninguém larga a mão de ninguém" (sinalizando risco de ataque aos direitos humanos ou aos cidadãos) – aparecem com frequência entremeando as narrativas cantadas e acionadas nesse universo cultural.

Aliás, o "corpo em performance" (Fernandes *et al.*, 2018) é uma chave importante para compreendermos as relações entre as artistas, os públicos e os espaços nos quais atuam. Esses corpos em ação nos espaços urbanos criam ambiências capazes de subverter as lógicas espaço-sociais-temporais dos lugares. Os gestos, a entonação da voz, a proxemia com o público potencializam interações sensíveis capazes de transmutar os territórios (do corpo e da cidade) por meio do jogo, da ludicidade e da teatralização. Desse modo, considera-se os conjuntos de gestos, memórias (que se expressam de forma poética e discursivas) e as músicas com as quais os corpos performam (cartografando sensivelmente o espaço) – fundando "lugares" pautados por "iniciativas dissensuais" (Rancière, 1996) que visam promover "revoluções moleculares" (Guattari, 1977) – como expressões relevantes capazes não só de alterar os imaginários urbanos, mas também de possibilitar a elaboração de "territorialidades sônico-musicais" (Herschmann e Fernandes2014) potentes. Esses gestos e expressões manifestam e materializam nos corpos dissensuais "desejos de mudança": que potencialmente podem ser convertidos em uma espécie de possível "devir" (Guattari, 1977), o qual poderia ser um dos pontos de partida para a (re)construção de cidades mais solidárias e democráticas.

Seguem, ainda, duas breves observações finais deste capítulo. Primeiramente, pode-se dizer que essas artivistas acabam construindo refúgios e focos de resistência, que tentam ressignificar o mundo de dentro para fora, através do agenciamento musical. São "territorialidades sônico-musicais" (Herschmann e Fernandes2014) que projetam mundos possíveis. Vale sublinhar que, estando em contato com essas expressões culturais da juventude, pode-se observar também o quanto "o amor" – em seu sentido spinoziano, mais comunitário e político (Hardt e Negri, 2009) – tornou-se tão necessário em um país mais dividido pela intolerância, pois o que essas práticas ativistas ou "artivistas" (Raposo, 2015; Semova, 2019) buscam é o fortalecimento de um espírito mais coletivo. Em suma, pode-se dizer que o "ato de amar o outro" adquire um sentido mais político em tempos marcados pelo ódio.

A segunda observação que chama a atenção é a relevância dos dissensos (Rancière, 2009) produzidos nessas rodas, que produzem "lampejos" (DidI-Huberman, 2011) relevantes no espaço urbano, em ambiências muitas vezes sombrias. Se as dinâmicas moleculares dessas rodas partilham um tipo de sensibilidade do que é "comum", tornam também evidente o que fica de fora dessas: "privilegia-se dinâmicas de partilha, aquilo que é da ordem do político e não do policialesco" (Rancière, 1996, p. 72). Assim, nas fronteiras dessa "partilha do sensível" (Rancière, 2009) criam-se cenas alternativas dissensuais (e políticas) que se confrontam com o que está sendo estabelecido como comum, demonstrando que existem rupturas, fissuras de sentido no que é percebido como imutável ou naturalizado. Essa perspectiva nos é válida para compreender a potência política da experiência da "cultura musical carioca de rua": essas expressões artísticas vêm indicando a existência de controvérsias e desacordos nas formas de inserção (ou exclusão) e dos processos de (re)significação dos corpos na cidade do Rio.

Portanto, é nesse sentido que os encontros emergem como territorialidades sônico-musicais temporárias, por onde é possível investigarmos os usos pouco visíveis da cidade. Se, por um lado, o planejamento financeiro e tecnocrático tradicional da cidade propõe a tentativa de regulação dos ritmos e dos espaços urbanos para o fomento do capital; por outro lado, a rua e suas dinâmicas "moleculares" podem apresentar cenas alternativas que escapam a essa lógica funcionalista e excludente, investindo em políticas de sociabilidade e encontros, isto é, em espaços festivos de proteção e de expressão de "artivismos urbanos" (Fernandes *et al.*, 2022), como no caso dos pequenos eventos musicais analisados aqui. Em suma, o mundo do samba feminino carioca sugere dinâmicas estético-políticas relevantes de uma cidade que se pretende mais democrática (que continua a atrair e acolher inúmeros tipos de agrupamentos sociais minoritários) – que colocam em evidência uma diversidade cultural para além do "cartão-postal" da cidade globalizada e cosmopolita –, a qual "resiste" a ser simplesmente reduzida no imaginário como uma localidade fortemente identificada quase de forma exclusiva: ao entretenimento e ao turismo elitizado; aos padrões estéticos predominantemente heteronormativos; e, finalmente, às divisões sociais e à "violência urbana" (na qual haveria a necessidade de uma incrementação imediata da vigilância social e da repressão policial). Em suma, vale sublinhar mais uma vez a importância do processo de ressignificação do cotidiano e dos espaços urbanos. Constata-se que coletivos femininos vêm promovendo "(re)territorializações" (Haesbert, 2010) e vivências heterotópicas que têm presença significativa na atualização de imaginários urbanos, na colocação em cena de uma agenda de valorização de questões de gênero e pós-gênero.

3. Paraty – muito além da cidade dos festivais[154]

>Chegou a minha Vila a girar
>Sonho cobiçado
>Brilho dourado, conquistar
>Segui teus encantos, veio azul e branco
>Encontro a "Jazida do Mar"
>Terra desejada por piratas
>Índio e natureza em comunhão
>Fé e interesses portugueses
>Negro suor da escravidão
>É a Vila a caminho do ouro [...]
>No compasso o traço e um povo
>Que construiu a liberdade em seu lugar
>Um paraíso de riquezas naturais
>Que preserva tradições
>E se "alinha" às transformações
>A paz dos *hippies* encontrando a morada
>O amor, sua bandeira
>Também é uma Veneza brasileira
>Tanta beleza em Paraty
>Me embriagou e saí por aí
>Unindo a alma do carnaval
>A um patrimônio da história mundial
>(trecho do samba-enredo da Unidos de Vila Isabel
>de 2004 intitulado A *Vila é Para ti*, de autoria de André Diniz)

---

[154] Agradecemos a Flavia Magalhães Barroso, Taíza Moraes, Maria Eugênia L. da Silva e Michelle Ezaquiel, pela colaboração na realização da pesquisa empírica na cidade de Paraty.

Vale destacar que, além do selo de "cidade criativa" (na categoria gastronomia) conquistado no ano de 2017, a região de Paraty foi reconhecida também pela Unesco como "patrimônio misto" – cultural e natural – da humanidade em 2019. O reconhecimento se estendeu à Ilha Grande e à Mata Atlântica da Serra da Bocaina.[155] Como interpretar a matéria a seguir veiculada em um importante veículo de comunicação do País? Como avaliar o recebimento do título de "cidade da gastronomia", concedido em 2017 pela Unesco?

> Ao combinar inovação e cultura, cidades de vários cantos do mundo reinventam-se a partir de sua história e vocação e atraem a nata da criatividade. No Brasil, os destaques são Rio de Janeiro, São Paulo, Paraty e Guaramiranga [...]. Considerada meca dos eventos culturais do País [...], há vários anos, entre julho e agosto, a cidade de Paraty vive uma efervescência literária com a FLIP [...]. Caminhar hoje pelas ruas históricas de Paraty é como voltar no tempo [...], a cidade viveu a glória do ouro, ficou praticamente um século no isolamento e na década de 1960, foi em seguida abrigo de intelectuais, para só depois abrir-se definitivamente ao turismo.[156]

Seria a cidade de Paraty um caso raro – não só entre as cidades brasileiras, mas também entre os municípios pequenos e do interior do País – em que uma urbe nacional de fato conseguiu efetivamente se consolidar como uma "cidade criativa" (Reis, 2012) exitosa capaz de construir um território sustentável e equilibrado?

---

[155] Vale lembrar que na América do Sul apenas as localidades de Machu Pichu e o Parque Nacional Rio Abiseo (ambos no Peru) são reconhecidos também como patrimônios mistos pela Unesco.
[156] Achcar, Tatiana. As cidades mais criativas do Brasil. *Época Negócios* (Disponível: <http://epocanegocios.globo.com/Revista/Common/0,,EMI192544-16642,00-AS+CIDADES+MAIS+CRIATIVAS+DO+BRASIL.html>, acesso em: 12.10.2018).

3.1 Da cidade das festas religiosas à cidade dos festivais

A Vila de Nossa Senhora dos Remédios de Paraty foi fundada em 1597 e está localizada na região da Costa Verde no litoral sul do estado do Rio de Janeiro, a 248 km de distância da capital. Cobrindo uma área de 933 km², o município tem quase 40 mil habitantes (últimos dados disponíveis do IBGE são de 2014) e faz limites com as cidades de Angra dos Reis, Ubatuba e Cunha. O principal acesso se faz pela rodovia BR-101 (Rio-Santos). A cidade possui também uma pista de pouso apenas para helicópteros e aviões de pequeno porte. Todo o município de Paraty é – desde meados de 1960 – tombado pelo patrimônio histórico nacional.[157]

Enfatizando a análise nos últimos ciclos de retomada de crescimento da cidade, constata-se que quase todos os atores salientam o período de "isolamento de Paraty" (por aproximadamente 60 anos) como um dos "segredos" do desenvolvimento atual da cidade[158]. Ao contrário de outros lugarejos próximos que se modernizaram, em função do esquecimento de Paraty, o município manteve – por conta de um longo processo de estagnação urbana – boa parte das edificações coloniais, que foram tombadas nos anos 1960 e reconfiguradas para

---

[157] De modo geral, a literatura especializada consultada (de história, urbanismo e turismo) indica que os principais fatores de desenvolvimento do município foram: primeiramente os ciclos do ouro, açúcar e café que transcorreram até o século XIX; e, posteriormente, ao longo do século XX e XXI, a construção da estrada Paraty-Cunha, a abertura da rodovia BR-101, o processo de "patrimonialização" (processo de tombamento), e, finalmente, a dinâmica de "turistificação" da localidade (Nogueira, 2011; Paes, 2015; Axer 2009; Ferreira *et al.*, 2011; Marcelo, 2011; Cruz, 2016).

[158] A abolição do tráfego de escravos, a abertura de ferrovias e o deslocamento do eixo da produção de café para São Paulo e interior do Rio de Janeiro levaram ao abandono do Caminho Velho, aprofundando o isolamento de Paraty, o qual perdurou do final do século XIX até a abertura da estrada de Paraty-Cunha, em meados dos anos 1950 (Axer, 2009).

atender as crescentes demandas do turismo cultural.[159] Apesar do enorme potencial econômico de Paraty (e seus arredores)[160], inúmeros autores salientam como evidência do seu desequilíbrio o fato de a cidade concentrar boa parte das suas atividades de grande destaque e investimento público no Centro Histórico.[161]

Com a abertura da estrada Paraty-Cunha e, posteriormente, a BR 101 (estrada Rio-Santos), Paraty começa a experimentar lentamente um processo de crescimento do afluxo dos turistas espontâneos e, ao mesmo tempo, de construção de uma infraestrutura incipiente de pousadas. As festas religiosas (tais como a do Divino, a da Semana Santa, a de Santa Rita e a da Nossa Senhora dos Remédios) que seguiram sendo celebradas na localidade (Souza, 2008), aliadas ao tombamento e a recuperação da arquitetura histórica (esta última organizada através de uma parceria com a Fundação Roberto Marinho nos anos 1970 e 1980), incrementaram o turismo e permitiram que se fosse cons-

---

[159] Segundo Paes, apesar de a cidade – desde os anos 1970 – assumir que 80% do território é de áreas de preservação da Mata Atlântica e da diversidade biológica, a longa demora da Unesco – desde os anos 1980 – em aprovar a região com o título de patrimônio da humanidade é um indicativo de que há grandes desequilíbrios detectados na região difíceis de serem superados, especialmente em bairros populosos e pobres como Ilha das Cobras e Mangueira (Paes, 2015).

[160] Estima-se que o fluxo anual de turistas gravite em torno de 300 mil pessoas por ano, a grande maioria com alto poder aquisitivo. Aliás, Paraty está entre os municípios brasileiros que mais recebem turistas estrangeiros. Além do turismo cultural, marítimo e ecológico, as principais atividades da cidade são: pesca, comércio em geral, indústria de aguardente, agricultura (banana, mandioca, cana), artesanato e olericultura (pimenta americana, gengibre, berinjela, cambuci, pimentão, milho verde). Além de dispor de atrativos naturais (tais como cachoeiras, praias, ilhas, reservas e parques), a cidade conta com elementos históricos (mais de 400 edificações de 300 anos localizadas no Centro Histórico, vestígios do Caminho do Ouro) e culturais, como por exemplo: festas tradicionais e festivais. (Mais detalhes, cf. Ferreira *et al.* 2011).

[161] Na literatura especializada foi possível identificar trechos de depoimentos dos atores nos quais estes afirmam se sentirem na maior parte do tempo excluídos e que participam, quando muito, como meros espectadores de alguns desses eventos culturais que têm caracterizado os últimos ciclos de crescimento da cidade.

truindo um cenário atraente, um ambiente de grande potencial para o turismo cultural (Nogueira, 2011), o qual exigiu que as lideranças e autoridades locais – a partir de então – começassem a planificar uma proposta turística para a região (aspecto que é facilmente identificado na elaboração crescente de inúmeros planos de gestão e diretores ou mesmo nos vários estudos encomendados para a região).[162]

Se as festas religiosas articuladas às belezas naturais da região impulsionaram a cadeia do turismo num primeiro momento (Mello e Souza, 2008; Barbosa e Oliveira, 2017), os atores locais são quase unânimes em assinalar que a criação da Festa Literária de Paraty em 2003 foi um marco, uma espécie de "divisor de águas" para a cidade, na sua conversão como a "cidade dos festivais". Recorrentemente, os atores em seus relatos assinalam que é o evento mais mobilizador de mudanças em Paraty (a partir de uma agenda sociocultural e do Centro Histórico tomado como cenário da festa). Capaz de mobilizar, em média, 25 mil visitantes e de levar a praticamente 100% a ocupação hoteleira da cidade, tudo parece sugerir que a Flip foi o principal evento que deu fama e projeção nacional e internacional a Paraty,[163] permitindo reposicionar o *branding* do território dentro de um mercado globalizado de megaeventos culturais municipais[164].

---

[162] Cf. Turisrio, 2003 e Plano de Gestão, 2008, Câmara Municipal, 2004.

[163] A Festa Literária é um evento realizado pela Associação Casa Azul desde o ano de 2003. Com duração de cinco dias (geralmente no mês de julho) a programação reúne debates e conversas sobre literatura com autores reconhecidos nacionalmente e internacionalmente, alcançando divulgação no País através da forte cobertura dos meios de comunicação. A idealização da festa é atribuída à editora inglesa Liz Calder, que em contato com Mauro Munhoz, atual presidente da Associação Casa Azul, teve a ideia da criação de um festival literário na cidade. No mundo, outros festivais de literatura fazem sucesso, o mais conhecido destes e que serviu de modelo para a criação da Flip é o de Hay-on-Wye, realizado no País de Gales (Ferreira *et al.*, 2011).

[164] Evidentemente que, durante a sua realização nas edições anteriores, ocorreram inúmeras críticas aos desequilíbrios promovidos em Paraty pelo alto fluxo de visitantes (excesso de lixo, queda na qualidade dos serviços públicos etc.), mas ao mesmo tempo é

A Flip foi um marco para a cidade. Acho que a partir da primeira Flip, que foi em 2003, mudou completamente a forma da cidade lidar com festivais, lidar com o turismo. Já aconteciam outros festivais aqui, já teve festival de música sacra e corais, mas tudo não ocorria na mesma escala e dinamismo. Hoje Paraty é, sem dúvida, a cidade dos festivais do País [...]. A gente quer que Paraty continue assim, mas os eventos precisam deixar legados para a população local, oferecer cursos e atividades paralelas. A equipe que atua na Casa de Cultura tem brigado por isso nos últimos anos [...]. Tem uma indagação que vem nos mobilizando muito hoje: como é que a gente equilibra e apoia tanto os festivais que são feitos por paratienses – e que são muito importantes – com os festivais que vêm de fora?[165]

---

preciso ressaltar também que há um empenho dos organizadores em tentar territorializar um pouco a Flip, com iniciativas tais como: reservar percentual dos ingressos (com preço diferenciado) para os moradores da cidade terem a oportunidade de assistir às mesas e aos debates com os artistas; e as iniciativas de organização – simultaneamente à realização do evento principal – da "Flipinha" (espaço com programação para as crianças e colégios da região). O programa educativo Cirandas de Paraty (criado pela Associação Casa Azul) é o responsável pela criação da Flipinha em 2004, que se constitui em uma programação infantil e juvenil dentro do evento principal da Festa Literária Internacional de Paraty. O objetivo é permitir a inclusão da comunidade local no evento. Um dos frutos desse programa é a Biblioteca Azul, primeira biblioteca voltada para o público infantojuvenil criada na cidade, que atualmente reúne em torno de oito mil livros infantis doados por editoras, escritores e amantes da literatura. Em geral, durante a programação da Flipinha, alunos da rede pública de ensino produzem trabalhos relacionados com os personagens e autores da literatura (Axer, 2009). Além dessa iniciativa há, também a "FlipZona" (espaço com atividades direcionadas ao público jovem), que vem realizando um trabalho educacional importante no município. A proposta busca articular cultura, educação e tecnologia. Desde seu início, em 2009, sua programação envolve os alunos da rede de ensino de Paraty e região, com ações teóricas e práticas que acontecem durante a Festa Literária. A FlipZona foi criada para aproximar os jovens do universo literário e jornalístico, por meio das novas mídias. Com foco na produção audiovisual, promove a convergência entre a literatura, o patrimônio cultural local, novas tecnologias e redes sociais (Axer, 2009).
[165] Entrevista com Rafael Moreira, superintendente da Casa de Cultura, concedida à pesquisa no dia 11 de outubro de 2018.

3.2 Atores sinalizando desafios e perspectivas de mudanças

Ao longo das entrevistas com os atores, mesmo entre os mais críticos, de modo geral há um reconhecimento de que setores progressistas associados à Secretaria Municipal de Cultura têm tentado desenvolver políticas públicas um pouco mais abrangentes, que incluam os interesses e as demandas da população local. Nesse sentido, a então secretária de Cultura, Cristina Mazeda, resumia assim os eixos dessas políticas que vinham sendo implementadas:

> Conversando com a equipe da prefeitura atual, redesenhamos as prioridades para o município. Eu e minha equipe sugerimos, na ocasião, avançar em duas áreas, tomando como foco uma pesquisa com os jovens feita pela Coordenadoria de Juventude, através de redes sociais de troca de mensagens e por WhatsApp. A primeira é o foco na juventude, então toda política cultural é voltada para o jovem. E, depois, a outra: investir em economia criativa, a grande vocação local. Portanto, sugerimos que os eixos de atuação fossem a juventude e a economia criativa. Precisamos olhar para a cidade e pensar o que a gente pode fazer para inserir a população mais jovem. As perguntas que nos nortearam foram: quais são as ações prioritárias para a gente conseguir colocar a cultura como principal motor para a geração de renda e emprego? Como as pessoas e especialmente os jovens podem viver de cultura de forma digna? Essas são algumas das diretrizes traçadas no plano plurianual. Estamos o tempo todo enfatizando junto às outras secretarias a importância das economias criativas e dos jovens. Conseguimos aumentar sensivelmente o orçamento da Secretaria de Cultura e estamos conseguindo levar adiante o projeto de criação de um Centro de Formação Profissional, onde a gente espera atender a maioria das demandas dos jovens e da população em geral. Nossa ideia é criar um espaço de acolhimento, de formação

profissional e que atue também como incubadora: a ideia é dar total apoio para todas as iniciativas criativas locais.[166]

Uma das ações relevantes de aproximação com os jovens implementada pela prefeitura nos últimos anos foi a criação da Coordenadoria Municipal de Políticas Públicas para a Juventude:

> Entregamos um projeto de ação à prefeitura e conseguimos que fosse aprovada a criação da Coordenadoria Municipal de Políticas Públicas para a Juventude da cidade. Isso foi um divisor de águas muito importante para a juventude local. A coordenadoria existe há quase um ano e o nosso objetivo é fazer a mediação entre os interesses dos jovens e as instituições locais, especialmente articulando com as secretarias da prefeitura [...]. Constato que conseguimos avançar em pouco tempo no processo de desestigmatização de alguns grupos juvenis. Os grupos de rap, de rima e de *skate* da cidade, por exemplo, que eram meio que hostilizados pela Guarda Municipal, com o surgimento da Coordenadoria da Juventude, passaram a ter um canal de intermediação. Eles entram em contato com a gente para fazer a mediação e negociar o direito deles de se apresentarem na cidade – muita coisa tem avançado [...]. Claro que a coordenadoria da Juventude quer ajudar os coletivos, mas muitas vezes há certo prazer na rebeldia e na postura de desobediência civil por parte deles. Entendo e respeito a posição desses coletivos mais radicais. O meu papel aqui é tentar humanizar e democratizar mais as políticas públicas direcionadas aos jovens. Estamos terminando um trabalho de mapeamento da juventude de Paraty, que espero que balize as ações que a coordenadoria e a prefeitura querem promover nos últimos anos. Diferente de um passado sem saída e de mais

---

[166] Entrevista com Cristina Mazeda, secretária municipal de Cultura, concedida à pesquisa no dia 25 de março de 2018.

marasmo, acredito que hoje exista em Paraty um ambiente de maior efervescência cultural entre os jovens da cidade, há mais jovens com formação universitária querendo investir e transformar a cidade num espaço mais democrático e com mais qualidade de vida. Acho que o projeto do Centro de Formação Profissional pode ajudar a fixar mais o jovem na cidade, criando alternativas que vão para além da cadeia de turismo, valorizando as suas atividades culturais, dando oportunidade para que experimentem e vivam dessas atividades.[167]

Apesar dos esforços e inciativas mais democratizantes e de mediação, mesmo os técnicos da prefeitura reconhecem não conseguir incluir inteiramente os jovens de Paraty. Nesse sentido, Marcos Maffei faz a seguinte anotação autocrítica.

Na verdade, de certo modo os jovens que tocam música nas ruas no *slam*, nas rimas e no *hip hop* já têm alguma relação com a Secretaria de Cultura. Alguns dos garotos dessas rodas foram ou são alunos de música da Casa de Cultura, mas a gente ainda não conseguiu pensar uma parceria mais permanente com eles. Evidentemente, queremos tentar integrar mais essa juventude às nossas inciativas e estar mais receptivos às suas demandas.[168]

Nesse sentido, identificamos em vários depoimentos levantados que artistas e jovens (que organizam rodas de música e rima em Paraty) criticam veladamente ou de forma explícita não só a falta de apoio do poder público, mas também as intervenções e mesmo as interdições impostas pelos agentes de segurança pública, especialmente nos

---

[167] Entrevista com Lucas Cordeiro, vereador local e ex-coordenador municipal de Políticas Públicas para a Juventude, concedida à pesquisa no dia 20 de julho de 2018.
[168] Entrevista com Marcus Maffei, coordenador de Música da Casa de Cultura de Paraty, concedida à pesquisa no dia 25 de março de 2018.

espaços de maior circulação da cidade (tais como Centro Histórico e arredores), de modo a atender as regras de ordenamento acordadas com o Iphan.

> A gente tem um projeto social de ocupar a rua, que é a Roda de Rima da Praça da Bandeira, que acontece toda quinta-feira, desde meados de 2017, e agora a gente está realizando de forma quinzenal. E nos últimos tempos a gente teve dificuldade, porque aconteceu de duas vezes seguidas vir polícia lá, parar a gente, tipo tratar mal e exigir nossa retirada. Lamentavelmente, não contamos com muito apoio do poder público e precisamos lidar com regras restritivas de ordenamento da cidade. Apesar dessas adversidades, a gente já conseguiu realizar várias edições [...]. No começo ocorreram uns mal-entendidos, acharam que a gente estava querendo ocupar o espaço das rodas de rap que já aconteciam na cidade [...]. A nossa roda está crescendo e os encontros têm sido uma grande festa. Estamos querendo reformular e voltar com um negócio maior, até porque compramos equipamentos para gravar também música. Desde o começo, a nossa intenção com esse projeto e roda era unir a cena de rua local, porque a gente sabe que a cidade tem muita arte [...], do artesanato indígena ao *jazz*, do samba ao *hip hop*. Tem muita coisa boa e que ninguém de fora está conseguindo ver por causa da falta de estrutura e apoio.[169]

> O Esquina do Rap começou nas quebradas com a galera juntando as caixas de som, colando, trocando ideias e fazendo um rolezinho nas ruas. Começou de forma espontânea e depois foram surgindo grupos de rap locais. A Esquina do Rap é um projeto social voltado para a comunidade e aos problemas sociais da nossa cidade [...]. Paraty vive um momento cultural

---

[169] Entrevista com Lucas Salvati, um dos organizadores da Roda de Rima da Praça da Bandeira, concedida à pesquisa no dia 27 de março de 2018.

muito interessante com uma cena de rua interessante [...]. Participamos de editais como Paraty Presente com o projeto "Férias na Pista" e foi muito importante [...]. Depois emplacamos o "Férias na Rua", que também é um projeto semelhante a esse. A ocupação que fizemos do espaço do cinema (que hoje está sendo recuperado e reformado) foi também muito bacana e mobilizou grande número de jovens da cidade [...]. O nosso movimento na rua está sofrendo com o decreto do Iphan e as proibições. Gostaríamos muito de legalizar tudo, conseguindo alvarás e autorizações [...]. E, ultimamente, o poder público não está dando atenção e o apoio que deveria dar para o movimento jovem de rua. Atualmente temos receio de organizar as rodas, pois a polícia pode chegar a qualquer momento e levar os equipamentos que custaram tanto para conseguirmos [...].[170]

Em abril de 2017, começamos a nossa roda de *slam* aqui em Paraty. É aberta, quem quiser chegar e batalhar é só se inscrever e participar. [...]. Começamos a fazer as rodas na rodoviária, que nos acolheu [...]. Antes, ninguém gostava de ir à rodoviária. E o segundo andar da rodoviária é um lugar bacana, tem jardim, tem quiosques organizados. Decidimos ocupar com grandes dificuldades, mas estamos tentando desenvolver ali as atividades do *Slam* de Quinta. De vez em quando a gente passa por certa tensão quando aparece algum policial, mas seguimos resistindo [...].[171]

Mesmo músicos que tocam na cadeia do turismo dentro do circuito dos bares e restaurantes reclamam das restrições impostas pelo Iphan e das regulamentações municipais.

---

[170] Entrevista com Daniel Lima, um dos organizadores do Esquina do *Rap*, concedida à pesquisa no dia 10 de outubro 2017.
[171] Entrevista com Brisa de Souza, uma das organizadoras do *Slam* de Quinta, concedida à pesquisa no dia 25 de março de 2018.

> Ser músico e viver em Paraty tem aspectos positivos e, infelizmente, outros nem tanto. Um dos aspectos positivos é o fato de a cidade proporcionar possibilidades de trocas com pessoas de todas as partes do globo e, a partir desses encontros, vão nascendo diversos projetos culturais interessantes. Por outro lado, há na cidade uma grande dificuldade de poder mostrar o trabalho artístico, especialmente nos espaços públicos. Infelizmente, os músicos e artistas não conseguem se expressar de forma livre, sem medo de infringir o horário de silêncio, a regra de interdição das ruas e calçadas do Centro Histórico [...]. Quase todos têm receio de possíveis intervenções policiais e das queixas de moradores.[172]

Outro fato que chamou a atenção quando acompanhávamos a realização do Festival Mimo em 2017 foi um movimento de músicos ativistas que ocuparam paralelamente a cidade durante esse evento, protestando contra a concentração de apoio e recursos das políticas públicas nos grandes eventos.

> Muitos músicos que vêm para cá acham que aqui tem um mercado de trabalho para explorar e tentam organizar uma cena local, mobilizando bandas e artistas, mas não é tão simples assim. Há muitos interesses que trabalham em outra direção. A cidade se organiza em torno dos grandes eventos, do calendário cultural que é voltado quase exclusivamente para o esquemão turístico. Geralmente, os músicos prestigiados são aqueles bem-conceituados pela Secretaria de Cultura ou de Turismo. Tem muita gente boa que fica de fora da cadeia de turismo da cidade. Resolvemos organizar essa dissidência e ocupação durante o Mimo para mostrar que tem muita gente que está se sentindo excluída na cidade e que produz riqueza aqui. Tem

---

[172] Entrevista com Claudia Ribeiro, do grupo musical Mundiá, concedida à pesquisa no dia 23 de março de 2018.

> muitos artistas que estão na rua vendendo artesanato, a galera que está produzindo e vendendo seu mel e queijo e que que quer estar no Centro Histórico, que é onde rola a grana na cidade. Infelizmente, não há muito diálogo com o poder público. Para muitos músicos, quando apareceu o circuito dos *hostels* foi muito importante, pois abriu um mercado para participarem das festas, mas mesmo assim é muito pouco. Foi um circuito que enquanto funcionou foi muito bacana e permitiu aos artistas talentosos e menos conhecidos mostrarem um pouco de seu trabalho. De uns tempos para cá, a prefeitura e a polícia têm dificultado a realização dessas festas, não entendem que isso é positivo para a vida cultural da cidade. Esta ocupação durante o Mimo é para denunciar que estamos sem espaço na cidade e no calendário organizado exclusivamente para o esquema turístico. Enfim, não temos como mostrar o nosso trabalho a não ser que nos sujeitemos a participar da tradicional cadeia do turismo [...].[173]

A possibilidade de construir um circuito alternativo jovem de festas, apesar da boa receptividade por parte do público, também tem sofrido com as proibições impostas, apesar de os eventos e festas serem realizadas nos espaços privados dos *hostels* da cidade. A este respeito, o produtor cultural Newmar Bowlins faz alguns comentários esclarecedores.

> A proposta do Casa Viva surgiu a partir de uma necessidade de entreter mais os turistas mais jovens que frequentam a cidade, assim, né? Por exemplo, se você analisa com cuidado o caso de Paraty: fora os festivais, durante a noite só tem os barzinhos no Centro. Você só vai encontrar gastronomia, violão e voz. Concertos bem tradicionais mesmo. O pessoal dos *hostels* se

---

[173] Entrevista com Rogério Fortunato, músico da cena local, concedida à pesquisa no dia 9 de outubro de 2017.

juntou, porque sentimos falta na agenda cultural local. E desse jeito, durante algum tempo, conseguimos movimentar os artistas e os músicos da cidade, que não têm espaço para tocar no esquema da indústria do turismo. Nesses eventos dos *hostels*, inclusive, é onde o pessoal pode mostrar um trabalho mais autoral. Essas festas têm o público jovem mais alternativo e o turismo alternativo como alvos. Os estilos musicais eram bem variados nas festas [...]. A gente estava fazendo os concertos e as festas às terças e sábados, na Casa Viva. Surgiram também outros lugares como, por exemplo, o Hostel Canguru, onde rolava toda sexta, e tinha ainda o Bossa Nova, que estava fazendo às quartas. O triste é que, infelizmente, agora não está podendo fazer mais, pois a prefeitura proibiu [...]. A verdade é que a relação com o poder público sempre foi bem complicada. É complicado porque a própria legislação é bem confusa e contraditória. Assim, para você conseguir um alvará, é tanta burocracia que inviabiliza essas atividades. Estamos há vários meses esperando as autorizações, e até agora nada. Você constata que muita gente poderosa da cidade não quer que role este circuito alternativo e jovem. A gente continua fazendo, de vez em quando, sem alvará mesmo [...]. Mas essa não é nossa intenção, pois essas festas poderiam beneficiar todo mundo, gerando emprego e opções novas de entretenimento [...].[174]

Apesar de vários técnicos da prefeitura não se posicionarem abertamente sobre isso, muitos deles temem que essa cena musical jovem coloque em risco o capital da patrimonialização e do tombamento conquistado pela cidade até o momento (e que fundamenta o turismo cultural das últimas décadas) e/ou se traduza em uma ocupação desor-

---

[174] Entrevista com Newmar Bowlins, um dos organizadores das festas do Hostel Casa Viva, concedida à pesquisa no dia 10 de outubro de 2017.

denada dos espaços públicos. Portanto, eles apoiam veladamente as restrições impostas pelo Iphan e, de modo geral, pelo poder público.[175]

> O Iphan realiza um trabalho necessário de preservação do patrimônio local. Reconheço que é um papel chato, de cobrar e fiscalizar os usos do Centro Histórico, mas é muito relevante e caro para a cidade. É preciso evitar que o patrimônio cultural seja descaracterizado ou degradado. [...] O caso dos jovens que não conseguem alvarás e que não podem realizar as suas festas e rodas está relacionado aos abusos nos usos dos espaços públicos e na realização de iniciativas em horários que não respeitam a lei do silêncio. Temos o exemplo da roda do Samba da Benção que está autorizado a ocupar as ruas do Centro Histórico há alguns anos. É uma roda apreciada e frequentada por muitos paratienses. É preciso levar em conta os vários aspectos que envolvem a questão do ordenamento e regulação dos espaços públicos. Talvez, se os jovens ocupassem as ruas e realizassem eventos noturnos com menos excessos, o resultado seria diferente e eles contariam com o apoio das autoridades e instituições.[176]

Outro segmento social do setor criativo que demanda espaço no Centro Histórico é o dos artesãos indígenas, os quais frequentemente vendem quase de forma clandestina seus produtos no chão das ruas do vilarejo. Sobre os conflitos entre os interesses da população e os da cadeia turística, o conhecido músico Luís Perequê faz as seguintes considerações:

> Os representantes do poder municipal deveriam separar mais as tradições e manifestações culturais locais dos produtos culturais

---

[175] Entrevista com Lucineide Silva, secretária municipal de Turismo, concedida à pesquisa no dia 19 de julho de 2018.
[176] *Idem.*

turísticos ao desenvolver as suas políticas para a cidade [...]. Muitas vezes não nos damos conta, mas as práticas culturais exigem um tempo estendido que o capital e turismo dificilmente concedem [...]. O trabalho de formação de músicos e de celebração e valorização da cultura local, muitas vezes, é incompatível com o ritmo frenético da exploração empresarial. Aliás, o empresário dedicado apenas à cadeia do turismo explora não só os turistas, mas principalmente os moradores pobres locais [...]. Claro que muita coisa melhorou nas últimas décadas (é preciso reconhecer isso), contemplando mais os interesses da população [...], mas é preciso estar atento a essas questões [...]. Na minha opinião, as rodas de música e culturais da cidade poderiam ser apoiadas, desde que fossem retiradas delas os seus aspectos comerciais, que levassem esses pequenos eventos a ser consideradas como shows de rua. Ou seja, desde que não haja conflitos entre as rodas e os interesses comerciais da cidade (o que, infelizmente, muitas vezes ocorre), as mesmas poderiam receber apoio e autorizações, como manifestações culturais, que podem desempenhar um papel social relevante, e a população local, evidentemente, demanda muito isso.[177]

Nesse sentido, a roda do Samba da Benção é uma exceção na história dos movimentos nos espaços públicos de Paraty e é frequentemente mencionada por vários atores como uma "ocupação modelo", que é realizada de maneira autorizada pela prefeitura (ou, pelo menos, com a aquiescência de algumas lideranças políticas locais). Nesse sentido, um dos organizadores dessa roda, Fernando Rás, tece alguns comentários.

---

[177] Entrevista com Luis Perequê, músico local, concedida à pesquisa no dia 6 de julho de 2022.

> Começamos a fazer a roda em janeiro de 2016. Foi importante naquela ocasião, porque a cena musical entrou em crise com as proibições de som eletrificado e as interdições nas ocupações do espaço público da cidade. Felizmente, a gente conseguiu encontrar uma brecha e apoio de lideranças políticas locais. A gente entrou em contato com os técnicos do Iphan e eles autorizaram a realização de uma roda na porta da Igreja Santa Rita. A ideia era criar um movimento entre a galera que já tocava por Paraty. Com apoio de algumas pessoas importantes da cidade, conseguimos liberar esse evento [...]. Claro que no início a polícia perturbou um pouco a roda e questionava a nossa autorização [...]. Hoje em dia ninguém chateia mais a gente com isso e apoia a realização da roda [...]. Portanto, seguimos firmes e fortes, pois o objetivo do Samba da Benção sempre foi o de atender a população local, que nas segundas feira está de folga, pois trabalha na indústria de turismo [...]. Afinal, todo mundo tem direito também a se divertir, não?[178]

Além dessa roda, evidentemente outra iniciativa musical que é amplamente apoiada – mesmo porque se insere na lógica da patrimonialização turística – são as atividades da Ciranda de Paraty. A esse respeito, Maffei faz alguns comentários elucidativos.

> A Ciranda de Paraty está completando, este ano, cinco décadas. Apoiamos recentemente a reconstrução da sede da Ciranda que fica em Tarituba (vilarejo vizinho de Paraty). Temos tentado ajudar a renovar essa tradição musical na cidade. Inclusive, a Casa da Cultura e a Secretaria Municipal de Cultura criaram o projeto Ciranda nas Escolas. Realmente, tem esse problema de que os mestres envelheceram e estão todos, lamentavelmente, morrendo. São poucos os jovens que estão tentando

---

[178] Entrevista com Felipe Rás, um dos organizadores da Roda Samba da Benção, concedida à pesquisa no dia 25 de março de 2018.

manter viva esta tradição local. Além disso, a prefeitura está promovendo o registro da ciranda (separado do fandango), na forma de salvaguarda, junto ao Iphan. A riqueza de Paraty é que é uma cidade que contempla do regional ao cosmopolita. Você vai encontrar em Paraty desde a tradicional Festa do Divino embalada no ritmo da Ciranda até a cosmopolita Flip, com eventos para prestigiar algum figurão ou o prêmio Nobel de Literatura.[179]

Diferentemente das atividades musicais que os jovens querem desenvolver em Paraty e que são coibidas (e que parecem ter demanda crescente), a Ciranda – considerada expressão musical mais tradicional dessa região – vem atravessando há vários anos uma profunda crise, especialmente em função da falta de renovação de músicos (de quadros entre os mestres cirandeiros) e das dificuldades em formar públicos interessados em consumir esse gênero musical.[180]

---

[179] Entrevista com Marcus Maffei, Coordenador de Música da Casa de Cultura de Paraty, concedida à pesquisa no dia 25 de março de 2018.

[180] A este respeito, Fernando Albino Alcântara, um dos raros jovens engajados na ciranda da cidade comenta: "[...] a Ciranda aqui em Paraty está presente em vários momentos da vida aqui do paratiense, em várias festas. Você vem aqui na festa do Divino e encontra ciranda – na festa dos remédios também ou mesmo na festa de Santa Rita. A gente tinha mais, mas agora os mestres estão ficando bem velhinhos. Eu mesmo comecei a tocar mesmo há pouco tempo [...]. Tivemos algumas experiências musicais bem interessantes. Por exemplo, a ciranda elétrica foi um grupo que introduziu o baixo, a guitarra, a bateria. Em 2014, tomamos coragem e criamos um grupo só da molecada para tocar ciranda tradicional [...]. A história da Ciranda se confunde com a história da cidade. Assim como Paraty tem que preservar os seus bens materiais, a paisagem, a arquitetura do Centro Histórico [...], a ciranda é um bem imaterial que também ficou [...]. Com o crescimento dos festivais da cidade passaram a chamar menos a Ciranda, e os músicos se sentiram descartados. Contudo, hoje em dia está retornando o interesse pela cultura Caiçara. Tem se investido mais, atualmente, na questão do patrimônio cultural caiçara. Apesar de ser parecido com o fandango caiçara (que já tem o registro de patrimônio imaterial pelo Iphan em outras cidades), a Ciranda daqui tem muitas particularidades. Estamos no processo de criar o dossiê da Ciranda de Paraty e apresentá-la para a aprovação do Iphan [...]. Temos, aqui, os Cirandeiros de Paraty, que é o meu grupo, e em parceria com

As observações do diretor do SESC de Paraty, Marcos Henrique Rego, parecem sintetizar os impasses vividos na cidade e as dificuldades em desenvolver políticas públicas mais inclusivas.

> A cidade é mantida pelo turismo, sua principal fonte de renda, mas não há dados para balizar a ação dos gestores na região. A cidade tem um calendário oficial, que é orientado para essa cadeia produtiva, tudo que é feito aqui é a expressão de uma tentativa de atrair pessoas para a região, muitas vezes essas ações são realizadas em detrimento dos interesses mais gerais da população local [...]. Tudo que é feito é dirigido para o Centro Histórico, esse espaço impressionantemente se constitui na cereja do bolo. Deveria ajudar a gerar dividendos para toda a região, mas, infelizmente, não funciona assim [...]. Desde que chegamos na cidade, há alguns anos, o SESC tem feito um grande esforço de apoiar os projetos propostos pela população local, especialmente das áreas carentes e da periferia. Temos inciativas muito interessantes aqui, desde *rap* indígena até a tradicional ciranda. Temos algumas preocupações que não estão no radar da prefeitura. Ninguém comenta nada, mas, por exemplo, o Quilombo do Campinho é incrível, tem uma importância histórica muito grande para a região. É o quilombo mais antigo e documentado do estado do Rio de Janeiro. O problema desta localidade é que o quilombo está sofrendo atualmente uma violência muito grande com a questão do avanço evangélico. São questões socioculturais como essa que precisam ser mediadas, e, nós do SESC, estamos tentando ajudar. Apesar de alguns esforços de democratizar as políticas

---

a Casa de Cultura, estamos levando a ciranda para as escolas regularmente. Queremos muito manter viva essa tradição [...]. A ideia nesta parceria é a de passar para os garotos, na linguagem dos jovens, essa cultura musical caiçara. A gente criou uma didática nossa, que é diferente da anterior, da praticada pelos mestres, e vem dando resultados incríveis nos últimos anos". (Entrevista com Fernando Albino de Alcântara, músico de Ciranda, concedida à pesquisa em 7 de outubro de 2017).

públicas – que precisam ser reconhecidos e elogiados –, infelizmente o foco maior por parte do poder público segue sendo não só as atividades que se concentram no Centro Histórico, mas também o incremento do modelo turístico que já existe há algumas décadas na região.[181]

3.3 Festivais e práticas musicais como estratégias de desenvolvimento local relevantes

Evidentemente, poder-se-ia afirmar que a cidade de Paraty reposicionou seu *branding territorial* (Reis, 2012) e se inseriu no mapa internacional dos grandes eventos e festivais globalizados com o enorme sucesso da Festa Literária. Portanto, há resultados palpáveis que norteiam e legitimam as políticas públicas que vêm sendo adotadas até aqui na região. Hoje, a cidade abriga pelo menos 12 grandes eventos (um para cada mês do ano), sendo três desses dos mais importantes e prestigiosos festivais de música do País: o Bourbon, Circuito SESC de *Jazz* e o Mimo[182]. De fato, analisando os resultados alcançados pelos eventos culturais, é possível atestar que resultam em um incremento expressivo da cadeia produtiva do turismo, que permite que Paraty mantenha uma ocupação média anual de aproximadamente 70% ao

---

[181] Entrevista com Marcos Henrique Rego, diretor do SESC de Paraty, realizada pelos autores, no dia 6 de outubro de 2017.
[182] O Bourbon Festival Paraty entrou para o calendário oficial do estado do Rio Janeiro em 2008, desenvolvido pelo Ministério da Cultura. Idealizado e produzido pelo Bourbon *Street Music Club* (pelo produtor Edgard Radesca em várias cidades brasileiras), com apoio da prefeitura municipal de Paraty. Já o festival Mimo foi idealizado em 2004 por Lu Araújo (também diretora artística e dona da Lu Araújo Produções) e é outro festival de música importante do País, realizado anualmente em várias cidades brasileiras. A partir de 2022, esse município passou a contar com outro importante festival de *jazz* que é produzido por Stênio Matos: com o apoio do SESC, vem sendo realizada uma das etapas de um circuito de *jazz* estadual nesta cidade.

ano, números que colocam esta cidade entre as que mais arrecadam com turismo no País. Segundo a secretária de Turismo do município:

> [...] como Paraty é muito conhecida em todo o mundo, ela acaba sofrendo menos da sazonalidade que caracteriza as cidades menores [...]. Temos turistas o ano todo, vindo dos recantos do Brasil e do mundo [...]. Claro que fomos afetados pela crise do País, mas de, modo geral, a receita da cidade duplicou nos últimos cinco anos.[183]

Além disso, como já mencionamos anteriormente, Paraty foi reconhecida como "cidade criativa da gastronomia" (pela excelência da cozinha caiçara) e como patrimônio da humanidade pela Unesco. Vale ressaltar que vários outros eventos desse calendário municipal têm na música um ingrediente fundamental para incrementar a sociabilidade das festas e mobilizar os atores. Há uma consciência por parte dos técnicos do município de que a música não só é uma "força movente" (Herschmann e Fernandes, 2014) importante para o turismo na cidade, mas representa, inclusive, uma alternativa aos grandes eventos, uma oportunidade de se capilarizar e de se tornar mais endógeno no território, diversificando um pouco as iniciativas turístico-culturais e atingindo um público mais amplo. É o caso do projeto Estações Musicais (iniciativa capitaneada pela Casa de Cultura e Secretaria Municipal de Cultura), que ocupa, tradicionalmente, vários meses do calendário. Nesse sentido Maffei comenta:

> Estamos tentando ocupar vários espaços da cidade com música, e não só os equipamentos urbanos mais óbvios. A gente utilizou, no ano passado, o Forte da cidade – e vai continuar

---

[183] Entrevista de Lucineide Silva, secretária municipal de Turismo, concedida à pesquisa no dia 19 de julho de 2018.

esse ano também, porque a ideia é um festival na contramão: em vez de ser concentrado em poucos dias, está espalhado o ano inteiro, funciona no contrafluxo dos festivais, nos finais de semana que não tem outro evento na cidade. Além disso, a gente propõe apresentações musicais usando os espaços alternativos da cidade, ao invés de montar tendas e todo um circo para acontecer. Temos usado os espaços das igrejas (que são maravilhosas), a Casa da Cultura e a área do Forte, que tem uma paisagem preciosa.[184]

Aliás, como já mencionado anteriormente, a proposta de analisar Paraty neste capítulo – de colocar em relevo o estudo de caso da música – está fundamentada no pressuposto de que justamente em torno das disputas e tensões que envolvem a música seria possível abrir a "caixa preta" (Latour, 2012) da cidade e compreender melhor algumas das "controvérsias" e interesses presentes no território.

Ainda que haja importantes avanços em termos de negociações político-culturais entre a população local e as entidades governamentais, constata-se, também, que prossegue muito ressentimento entre os paratienses por conta de décadas de políticas públicas excludentes que, em certo sentido, ainda persistem.[185] De modo geral, os atores nas entrevistas afirmam se sentirem sem perspectivas, percebem a cadeia de turismo como uma espécie de "jogo de cartas marcadas", que favorece sempre os principais empresários da cidade, que "exaure as pessoas ao longo da vida", não oferecendo muitas oportunidades de ascensão social. Tendo em vista esse cenário adverso, a Secretaria Municipal de Cultura e o SESC, que concentram um grande número de lideranças

---

[184] Entrevista com Marcus Maffei, coordenador de música da Casa de Cultura de Paraty, concedida à pesquisa no dia 25 de março de 2018.
[185] Por exemplo, percebe-se que há problemas crônicos locais: não existem universidades na região e há pesquisas que apontam para o problema do crescimento da violência urbana, especialmente entre os jovens.

e técnicos progressistas da cidade[186], estão tentando construir novos equipamentos culturais que visam melhorar a qualidade de vida local (tais como bibliotecas, cinemas e teatros), um Centro de Formação Profissional (para tentar qualificar um pouco mais a mão de obra local); e criaram uma Coordenadoria da Juventude do município (para tentar mediar as demandas dos jovens, fazer com que esses interesses cheguem aos principais fóruns institucionalizados da cidade).

Apesar de a Secretaria de Cultura estar aberta e tentando desenvolver políticas públicas mais inclusivas, infelizmente esses mesmos técnicos não atribuem o devido valor não só às rodas de rua – de *slams*, de rima e de *hip hop* – realizadas com regularidade, mas também às festas juvenis da cidade organizadas esporadicamente em *hostels* e locais alternativos (como galpões e praças) como sendo uma "riqueza" (Sousa Santos, 2006), a qual pode contribuir para o desenvolvimento de uma cena juvenil na região, capaz também de mobilizar os frequentadores da vida cultural do município de todos os segmentos sociais. Infelizmente, terminam por endossar a ação de interdição dos técnicos do Iphan local, os quais têm proibido severamente a realização dessas atividades, especialmente em áreas nobres de Paraty.[187] Os técnicos das instituições públicas, no fundo, temem degradar a cidade e, assim, perder o capital da patrimonialização, caso liberem os espaços públicos para o uso da juventude e/ou de demais atores. Ao mesmo tempo, cresce a insatisfação entre parte do segmento criativo local. Para que se possa aquilatar isso, por exemplo, as equipes de produtores que organizam os principais festivais musicais – Bourbon, Circuito SESC

---

[186] Segundo relatos da população local, o SESC tem investido com regularidade na diversidade cultural do território, desenvolvendo atividades voltadas para as comunidades mais carentes da região.
[187] Ao mesmo tempo, sublinha-se que durante os grandes festivais mensais o Iphan de certa forma faz vista grossa, permitindo a ocupação desordenada e predatória durante os dias de realização desses megaeventos.

de *Jazz* e Mimo – são, na sua maioria, trazidas de fora; isto é, quase não se utiliza a mão de obra do setor cultural local.[188]

Embora tenham sido assinaladas essas dificuldades no contexto local, Paraty desponta no cenário do estado do Rio de Janeiro como uma cidade que segue experimentando, há quase duas décadas, significativos patamares de desenvolvimento local, alavancado em grande medida pelas atividades musicais e culturais (de entretenimento e turismo) que são desenvolvidas no território. Se, por um lado, identifica-se a falta de elementos para que esse município seja considerado propriamente uma "cidade criativa" (ainda que a Unesco já a tenha reconhecida enquanto tal), não só faltam dinâmicas de mais integração e associativismo no território, mas também se constata que as táticas e astúcias (De Certeau, 1995) adotadas pelas lideranças, até o momento, ainda são – na sua maioria – ostentatórias, megas, espetacularizantes e exógenas. E, por outro lado, é preciso levar em conta (ainda que de uma perspectiva crítica) que os resultados alcançados por essa localidade, adotando estratégias de marketing territorial, têm sido razoavelmente bem-sucedidos: isto é, têm promovido mais dinamismo no território, ainda que não resolvam os desequilíbrios socioeconômicos relatados pelos atores e identificados em zonas da cidade.

---

[188] Inclusive, a prefeitura preocupada com isso, tem tentado territorializar um pouco esses grandes eventos gratuitos na cidade, nos últimos, exigindo que os festivais ofereçam oficinas e cursos para a população e, quando possível, que os eventos absorvam alguns técnicos na equipe de produção e artistas locais em palcos alternativos dos festivais.

4. As ruas (en)cantadas de Conservatória

> Conservatória, meu amor
> Quando eu partir, por onde for
> Hei de lembrar teus violões,
> Tuas estrelas, teu luar [...].
> E quando alguém te visitar,
> Eu acho que deves falar,
> Que eu estou apaixonado [...]
> Eu posso um dia te deixar,
> Mas vou querer levar pra mim,
> Teus violões, tua seresta,
> E o teu jardim.
> Se não puder, quero ficar,
> Para amar teu céu,
> Beijar teu chão,
> Conservatória,
> Onde perdi meu coração [...]
>
> (trecho da modinha intitulada *Canção para Conservatória*,
> de autoria de Guilherme de Brito)

O que impressiona neste estudo de caso é que se construiu um "imaginário" (Legros *et al.*, 2007) de Conservatória como um "lugar mágico": para muitos – que relatam, invariavelmente, com afetividade e grande emoção esta história – esse pequeno distrito de Valença, apesar dos seus inúmeros problemas, é considerado uma espécie de "refúgio" do estilo de vida das grandes metrópoles, marcado pela intensificação dos "estímulos nervosos" (Simmel, 2013), velocidade e funcionalidade. Essa trajetória exitosa – como será detalhado e analisado aqui – teve como base as experiências regulares de cortejos, rodas e concertos ao vivo semanais, compartilhados por "ativistas musicais" com os frequentadores do vilarejo há mais de 70 anos, o que vem atraindo regularmente grandes levas de visitantes para esse território.

Como ressalta Ribeiro (2010), quando se visita essa localidade, entra-se em contato com um conjunto de gêneros musicais reunidos especialmente sob a rubrica da "serenata" em um ambiente e estilos de vida que remetem a uma "época de ouro da música romântica brasileira". Ou seja, há uma ambiência "nostálgica" reinante nesse território e uma intenção dos atores sociais em reconstruir ou investir nesse "passado" (Huyssen, 2014), conforme é insinuado no próprio nome da localidade. Isto é, qualquer visitante que chega a Conservatória e passa a semana na cidade nota que a rotina da localidade pode ser dividida em dois períodos extremamente distintos. De segunda a quinta-feira, parece um lugarejo como outro qualquer, pacato como são os centros urbanos das pequenas cidades do interior do Brasil, marcados pelo aspecto e dinâmica rural. Entretanto, a partir da sexta-feira e até domingo, aquele cenário de centro urbano do interior passa a acolher regularmente turistas e veranistas, dando lugar a um número surpreendente de atividades artístico-musicais. Nos finais de semana, caminhando pela área central de Conservatória, é possível comprovar que a música parece estar disseminada e quase onipresente no espaço urbano: "[...] seja nos bares e pousadas, nas casas e nas ruas. A atmosfera do lugar reflete-se em nomes dados aos estabelecimentos locais, como, por exemplo, Restaurante Dó-ré-mi, Restaurante Recanto dos Artistas, Pousada Chão de Estrelas, Pousada Sol Maior, Padaria Lua Branca, Drogaria Melodia e Ateliê Casa do Poeta" (Ribeiro, 2010, p. 148). Aliás, tendo em vista a arquitetura de suas casinhas coloniais e das antigas fazendas em seus arredores, Conservatória tem sido utilizada pela produção audiovisual nacional: assim vem sendo empregada como locação para telenovelas e séries de época, tais como *Dona Beija*, *Sinhá Moça*, *Paraíso* e *O Feijão e o Sonho*.

Ao mesmo tempo, poder-se-ia dizer que o extenso ciclo exitoso de Conservatória está relacionado não propriamente ao desenvolvimento de estratégias tradicionais do capitalismo, mas ao engajamento, ou melhor, aos "ativismos musicais" locais, especialmente do chamado "Movimento Seresteiro" (Herschmann e Fernandes2014). Segundo Ribeiro, o sucesso desse movimento evidencia:

> [...] a demanda por eventos humanizados evocativos de afeto e da nostalgia em detrimento do lazer ou entretenimento globalizado pela mídia [...]. Ao mesmo tempo, a calma da cidade e a cordialidade das pessoas de Conservatória também são objeto de estranhamento e sedução [...] e os atores preocupam-se em manter o caráter de celebração das apresentações musicais que deram origem à atmosfera do lugar que se autodenominou Capital Brasileira da Seresta e da Serenata (Ribeiro, 2010, p. 147).

Em qualquer visita a esse distrito é comum identificar apresentações gratuitas de grupos musicais ou cantores acompanhados de violão pelas ruas ou em espaços fechados. Evidentemente, é possível encontrar também não só músicos em hotéis, bares e restaurantes tocando profissionalmente, mas também artistas que vendem eventualmente CDs ou DVDs autorais ou com interpretações de grandes sucessos do passado. No entanto, vale destacar que as atividades musicais em Conservatória são marcadas especialmente pelas dinâmicas não mercantis, ao menos no âmbito do Movimento Seresteiro: como será problematizado mais adiante neste capítulo, a música em Conservatória para os ativistas deve ser vivida em grande medida como uma prática "amadora", que envolve pessoas engajadas e entusiastas por aquelas ambiências musicais (e não exatamente mobilizadas por interesses econômicos).

Nesse sentido, parte-se do pressuposto neste capítulo de que o distrito de Conservatória continua a ter no turismo que gravita em torno da música ao vivo um diferencial competitivo no mundo do entretenimento globalizado – ou melhor, passa a ter um vetor capaz de alavancar o desenvolvimento local. Assim, por meio da articulação de iniciativas de ocupação musical de rua (que constroem sedutoras "territorialidades sônico-musicais") – oferecidas gratuitamente ao público (articuladas ao ativismo musical) e outras mais institucionalizadas (algumas dessas que, inclusive, comercializam esse tipo de atividade) – têm-se produzido ali sinergias e dinâmicas colaborativas potentes entre os atores que vêm construindo na região uma espécie de "distrito criativo" (Reis, 2012).

Analisando retrospectivamente a trajetória da localidade constata-se, por um lado, que, em um primeiro momento (por um largo período, de aproximadamente 60 anos), especialmente o Movimento Seresteiro lhe garantiu – quase de forma exclusiva –um significativo diferencial competitivo no cenário turístico nacional (Herschmann e Fernandes2014); e, por outro lado, mais recentemente (especialmente nos últimos cinco anos), há um processo de diversificação das atividades musicais neste território, entrando em cena também o chorinho, a bossa nova e o samba, isto é, gêneros que vêm de certa maneira compensar a "perda de fôlego" do Movimento Seresteiro. A singularidade das articulações em torno da música em Conservatória tem sido o grande diferencial que impulsiona o turismo e atrai regularmente uma população flutuante de aproximadamente duas mil pessoas que passeiam na cidade, todos os fins de semana, em busca de um ambiente musical caracterizado pela afetividade, memória e engajamento. Nos trabalhos de campo realizados, foi possível verificar que o visitante eventual ou corriqueiro do distrito segue sendo encorajado a participar de cortejos, rodas e concertos musicais: continua sendo uma prática relevante para a potência dessa experiência musical e turística; isto é, constitui-se em um dos artifícios de um conjunto de "astúcias e táticas" (De Certeau, 1994) significativas que não só permitem a sensibilização de novos frequentadores/consumidores (os quais passam a ser convertidos em entusiastas da ambiência diferenciada e sonora do lugar), mas que vem possibilitando o necessário e cada vez menos robusto processo de incorporação de novos atores engajados e participantes do movimento.

Evidentemente, poder-se-ia afirmar que ao consumir esse "estilo de vida nostálgico e retrô" (Reynolds, 2011) –que tem como epicentro dessa experiência (Pine e Gilmore, 2001) uma música "brasileira", considerada "de raiz" (Pereira, 2003), tocada na sua maioria "ao sereno" (de modo geral, não mercantilizada), para os visitantes desta localidade (em sua maioria da terceira idade) – esses indivíduos movem relevantes cadeias produtivas locais que envolves diversos produtos e serviços típicos vendidos em geral como pacotes turísticos.[189] É justamente essa articulação exitosa entre o "amadorismo engajado" e "purista" do Movimento Seresteiro e a perspectiva comercial dos profissionais do comércio e do turismo locais que torna o estudo de caso de Conservatória tão interessante e incomum na história da economia da cultura do País (Prestes Filho *et al.*, 2002). Em certo sentido, é possível considerar este caso uma espécie de "laboratório"

---

[189] Segundo levantamento intitulado "Segunda pesquisa de opinião musical e turística de Conservatória", realizado no início do século XXI, junto aos consumidores, pela Secretaria de Estado de Desenvolvimento Econômico, dentre os frequentadores ou visitantes de Conservatória predominam brasileiros com idade média de 50 anos, que têm ensino superior e renda média acima de R$ 4 mil. O relatório ainda informa que esses consumidores escolheram a localidade pelas seguintes razões: a) o local é agradável (89%); b) pode-se escutar música brasileira (82%); e c) pelas belezas naturais da região (81%). Apesar de destacarem ambiente e natureza agradáveis, vale ressaltar que a esmagadora maioria (82%) informou que a atividade que mais lhe interessa realizar durante a visita a localidade é assistir a uma serenata (mais informações, cf. Secretaria de Estado de Desenvolvimento Econômico, 2005).

para se repensarem políticas públicas mais democráticas e endógenas (Herschmann, 2007 e 2010). Assim, diferentemente das dinâmicas usuais das políticas públicas historicamente desenvolvidas no Brasil – marcadas, em geral, por descontinuidades, autoritarismos e fragilidade institucional (Rubim, 2007; De Marchi, 2018; Barbalho *et al.*, 2011; Calabre, 2008) –, aquelas implementadas nesse vilarejo são caracterizadas não só pelas ininterrupções, mas também – e especialmente – pela longevidade, certamente em razão da trajetória de protagonismo e associativismo dos atores locais nesse território.

4.1 Longevidade do circuito de seresta e serenata na localidade no Vale do Café

Conservatória é um distrito do município de Valença, localizado ao sul do estado do Rio de Janeiro, na região do Médio Paraíba. Tornou-se conhecido como instância turística desde as últimas décadas do século XX. Nessa localidade, a prática da seresta – estilo musical que marcou fundamentalmente a primeira metade do século XX no País – não só foi "preservada", mas especialmente estimulada por meio de um movimento cultural peculiar. Essa microrregião só não vivenciou a crise e a decadência econômica que caracterizaram os sítios urbanos do Vale do Paraíba e o fim do Ciclo do Café porque, a partir da década de 1950 (apesar de os primeiros cortejos ao sereno registrados serem de meados de 1930), passaram a ser realizadas, de forma mais sistemática, as serestas e serenatas na região, as quais foram, aos poucos, atraindo mais público e ganhando mais espaço. Como já foi ressaltado, isso representou a criação de "externalidades" (Cocco *et al.*, 2003; Moulier-Boutang, 2007), permitindo à cidade se destacar pela proliferação de atividades econômicas ligadas ao turismo e ao lazer.

Na realidade, essas serestas e serenatas inicialmente surgiram como atividades espontâneas não comerciais que começaram a fazer sucesso e a atrair um público crescente, a ponto de passar a instigar a concretização de iniciativas mercantis (e ampliar também as não mercantis), que ofereceram sustentação ao fluxo de pessoas que passaram a se sentir atraídas ao local pela prática desse "conjunto de músicas". De modo geral, os seresteiros que têm cantado e tocado ao longo dessas décadas fazem-no por afetividade e prazer. São eles que contribuíram em grande medida para a atribuição de um "perfil" a esse conjunto de produtos e serviços artísticos e turísticos, praticamente único no Brasil[190] (a serenata de Conservatória, que alia a nostalgia musical à singela paisagem das casas casadas do centro urbano). O sucesso fez crescer não só a estrutura comercial e de serviços, mas também o número de imóveis regularizados na cidade (parte significativa deles é constituída por pousadas e casas comerciais): dados da prefeitura revelam que estes aumentaram 60% só entre 2001 e 2010.

Aliás, a presença mais recorrente dos irmãos José Borges Freitas e Joubert de Freitas no vilarejo a partir dos anos 1950, frequentemente é considerada pelos atores como um marco fundador da construção espontânea e democrática do circuito da seresta em Conservatória[191].

---

[190] No Brasil, a experiência que mais se aproxima é a da cidade de Diamantina, que, diferentemente de Conservatória, não está marcada por um movimento musical "engajado" e possui uma dinâmica um pouco distinta. A cidade de Diamantina também é conhecida como "cidade das serenatas" e tem mantido certa presença na mídia nacional por ter criado a chamada "Vesperata", um evento que se realiza durante todo o ano na localidade. Tomando como parâmetro o caso de Conservatória, poder-se-ia afirmar que se trata de uma espécie de "serenata invertida". Os visitantes compram lugares dispostos na rua principal, improvisando uma plateia em mesas de bares, escadas e calçadas próximas. Organizado pelos empresários locais, o público assiste à apresentação de bandas sinfônicas cujos músicos são contratados profissionalmente, e se posicionam nas janelas e sacadas iluminadas dos antigos casarões. Lá esses artistas são regidos por um maestro situado em um pequeno tablado no centro do largo, junto à plateia (mais detalhes, cf. Ribeiro, 2010).
[191] Foram encontradas inúmeras referências à importância da prática da música antes de o movimento passar a ser capitaneado pelos irmãos Freitas. Autores de material de divulgação de Conservatória fazem referência a apresentações de canções populares ao luar que datam do século XIX. Afirmam que em Conservatória, nas noites enluaradas,

Outros sugerem que foi na década de 1960, quando se criou o Museu da Seresta e da Serenata – tradicional ponto de encontro do movimento –, que esse estilo musical passou a ganhar os contornos que mantém até hoje. Cabe ressaltar, ainda, que foi também na década de 1960 que a memória seresteira ganhou as ruas do vilarejo com o "Projeto Conservatória – em toda casa uma canção" (idealizado pelos irmãos Freitas), quando na maioria das casas do centro da cidade passaram a ser instaladas placas alusivas às músicas cantadas nas serestas e serenatas. Com uma população de aproximadamente 4 mil habitantes, a localidade movimenta com o turismo uma média de R$ 250 milhões por mês; destes, mais de dois terços são gerados pelos chamados ativismos musicais, os quais são realizados sistematicamente nos finais de semana nas ruas, em instituições públicas, em hotéis e nas ocasiões festivas previstas no calendário da cidade[192], grande parte

---

era comum a reunião de artistas na praça principal para cantar e tocar, enquanto o povo assistia à distância. O violinista Andreas Schmidt, visitante regular da cidade, é considerado o precursor da Serenata de Conservatória. Marques (2009) assinala que essas festividades – tanto na esfera dos fazendeiros quanto entre os escravos – elevaram a música a uma categoria simbólica e formadora da futura identidade dos habitantes de Conservatória. O autor não só registra a presença pontual de músicos "de fora" contratados para as festas, como ressalta que alguns ali se estabeleceram em caráter permanente. Esses últimos, entre uma apresentação e outra, lecionavam música aos moradores e visitantes.

[192] Além das famosas serestas e serenatas, crescentemente na localidade é possível encontrar cortejos, rodas, concertos e festas que envolvem outros gêneros de "música de raiz" – tais como samba, choro e bossa nova – que ocupam espaços privados e públicos da cidade no período da manhã e da noite, nos finais de semana. Assim, como eventos semanais que ocorrem no vilarejo temos: as Serenatas, as "Solaratas" (neologismo que faz referência a serenata realizada à luz do dia, mas que promove outros tipos de música), o som na pracinha (dedicados aos repertórios de música de samba, bossa nova e algumas canções antigas de MPB) e o choro na praça (realizado na praça principal no sábado pela manhã). Além disso, as principais festas geralmente programadas na cidade têm sido nos últimos anos as seguintes: Aniversário e Encontro dos Seresteiros, Aniversário do Samba de Jorge, Homenagem aos Cantores de Rádio, Aniversário e Noite do Chorinho, Carnaval Antigo e Noite da Bossa Nova (Disponível em: <https://www.conservatoria.tur.br/calendario-de-eventos.html>, acesso em: 10 jun. 2022).

delas apoiada com recursos da Associação Comercial Rural Industrial e Turística (Acritur).

Evidentemente, há outros aspectos, para além da música, que tornam esse vilarejo um local atraente, especialmente para um público mais idoso. Segundo os atores, menciona-se a "proximidade de uma importante metrópole do País, como Rio de Janeiro", a "tranquilidade do lugar", "presença mais intensa do verde", "possibilidade de resgate de um cotidiano não marcado pelo medo da violência e tensões que caracterizam as grandes cidades brasileiras". Analisando a história do distrito, é possível constatar que ainda nos anos 1970 foram abertos os primeiros restaurantes, pousadas e hotéis-fazenda e passaram a ser oferecidas, inclusive, inúmeras atividades típicas de ecoturismo (formando as bases da infraestrutura turística atual). Hoje, além dos atrativos turísticos comuns em cidades pequenas (tais como a igreja matriz de Santo Antônio, a antiga estação ferroviária e as fazendas do ciclo do café que atualmente são abertas à visitação) e de duas casas de espetáculos muito dinâmicas (Espaço Sonora e Instituto Waldir Azevedo), esse território conta com diversos acervos de importantes compositores brasileiros (com coleções de fotografias, pôsteres, instrumentos, discos de vinil, bem como objetos pessoais dos artistas tais como roupas, acessórios, troféus, móveis etc.), a grande maioria doada pelas famílias dos artistas. Idealizados pelos atores locais (e com pouco apoio da prefeitura de Valença), foram criados, assim, os museus Vicente Celestino, Sílvio Caldas, Guilherme de Brito, Gilberto Alves e Nelson Gonçalves (salienta-se que esses espaços ampliaram a oferta de atividades culturais e entretenimento na região, especialmente no período da manhã).

4.2 O Arranjo Produtivo Local de Entretenimento

Evidentemente, o êxito de Conservatória atraiu o interesse de técnicos e consultores do poder público, que identificaram nessa localidade um caso em que a "economia da cultura" (Prestes Filho *et al.*, 2002) foi capaz de alavancar o desenvolvimento local. Técnicos ligados ao poder público passaram a avaliar o que estava ocorrendo na microrregião a partir de uma ótica, ou melhor, de uma "razão instrumental" que, em geral, identifica em Conservatória mais uma experiência exitosa de "associativismo", similar à ocorrida em outras cidades do mundo e fartamente descrita na literatura que analisa a trajetória de *clusters*, arranjos produtivos locais e distritos industriais. Assim, tendo em vista seguidas avaliações feitas por consultores de diversas instituições de fomento, a localidade de Conservatória passou a ser considerada, no início do século XXI, primeiro Arranjo Produtivo Local de Entretenimento do Brasil (Câmara de Gestão dos Apls do Rio de Janeiro, 2007).

A partir desse reconhecimento, foi criado em 2006 um conjunto de estratégias de governança que visaram ampliar e tornar mais eficientes o associativismo, a trama produtiva local. Assim, foi estabelecida uma Coordenação Local do Projeto do APL (com o apoio da Secretaria de Desenvolvimento Econômico do Estado do Rio de Janeiro)[193], que foi abandonado alguns anos depois em função da descontinuidade nas

---

[193] Durante o período de vigência do Projeto do APL, foram realizadas algumas ações cujo objetivo era incrementar o desenvolvimento local da região, tais como: a) Pesquisas de Opinião Musical e Turística, encomendadas pela Secretaria de Desenvolvimento do Estado; b) organização de *workshops*; c) implementação de uma subestação de energia elétrica; d) ampliação, unificação e diversificação do calendário cultural de eventos da cidade; e) asfaltamento das estradas do Contorno e aquela que liga esse distrito a Valença; f) organização de uma oficina técnica para Estruturação do APL de Entretenimento de Conservatória; g) e a criação, em 2009, do Polo Cultural, Histórico e Turístico de Conservatória.

gestões políticas dos governos do estado do Rio de Janeiro. Apesar de reconhecer a importância desse apoio dado pelo Estado, que estava balizado em uma "razão instrumental" – a qual é colocada em ação sob a rubrica da necessidade de "governança", "gestão mais eficiente" e de um "plano de atuação estratégico" –, parte-se do pressuposto aqui de que os envolvidos nesse projeto não deram conta de compreender "os porquês" do sucesso e os desafios que vêm sendo enfrentados por Conservatória. Como é analisado a seguir, parte-se aqui da premissa de que para um melhor entendimento desse raro estudo de caso, é necessário que se leve em conta a "razão sensível"[194], isto é, os fatores estéticos e comunicativos que fundamentam a mobilização e a sociabilidade – marcada por uma forte emoção – dos militantes (ou mesmo dos simpatizantes) e visitantes no cotidiano de Conservatória.

Poder-se-ia afirmar que boa parte dos consumidores e frequentadores regulares de Conservatória busca vivenciar, ali, "experiências" (Pine e Gilmore, 2001) que gravitam em torno do universo da seresta e, de modo geral, da "chamada música de raiz"; isto é, vão ali cantar, tocar e assistir a um conjunto de gêneros musicais considerados por eles "autênticos". Outro fator fundamental que explicaria o êxito alcançado pelo distrito está relacionado à experiência sensorial, espetacularizante, produzida na localidade. Apesar de estarem na periferia da indústria da música e de não se legitimarem perante o seu público como modalidade *mainstream* do mercado cultural, as atividades musicais dessa microrregião acabam gerando produtos e serviços típicos da cultura do entretenimento e do turismo global. A particularidade – ou o diferencial competitivo – de Conservatória

---

[194] Trata-se de um conceito cunhado por Maffesoli nos anos 1990, que propõe problematizar a perspectiva tradicional moderna que encara a razão de forma dissociada da emoção; isto é, o autor opera com uma compreensão sociológica de que os atores, em geral, incorporam nas decisões cotidianas a experiência sensível, espontânea e afetiva como parâmetro importante e bastante presente (Maffesoli, 1998).

é oferecer a um público significativo um ambiente e um conjunto de experiências presenciais de alto valor agregado (Pine e Gilmore, 2001). Ou seja, os concertos musicais identificados a um universo simbólico mais tradicional, aliados à paisagem arquitetônica colonial do Centro Histórico, constituem-se em ingrediente crucial capaz de seduzir expressivos segmentos de público da chamada terceira idade ou melhor idade.

4.3 Enfrentando os desafios locais e agenciando o desenvolvimento no território

É possível, em linhas gerais, identificar três conjuntos de discursos e interesses que avaliam não só o desenvolvimento alcançado pela cidade, mas também como deveria ser conduzido esse processo na região hoje. Evidentemente, possuem pontos divergentes e coincidem sobre algumas posições, o que vem permitindo que se desenvolvam na região dinâmicas colaborativas relevantes.

O primeiro conjunto de narrativas identificado foi o dos donos de grandes hotéis-fazenda dos arredores do vilarejo, que demandam: a) especialmente mais infraestrutura de comunicação e acesso à região (melhorias nas estradas, diversificação do sistema de transporte público e mais largura de banda na transferência de dados/informação), b) mais cursos formadores de mão de obra de qualidade dedicada ao setor turístico; c) incremento e diversificação do calendário anual de eventos da cidade; d) e, evidentemente, estão especialmente preocupados com a diminuição do número de atores envolvidos nessas atividades regulares, ou seja, com a chamada "crise do Movimento Seresteiro" (como solução, esses empresários propõem a imediata profissionalização dos artistas ou, como alternativa, a implementação de uma dinâmica mista que articule músicos amadores e profissionais) porque a apreciação desses cortejos musicais fazem parte dos seus pacotes turísticos (integram as atrações oferecidas aos visitantes). Sérvio Constantino (proprietário do hotel-fazenda Rochedo), umas das principais lideranças locais, externaliza a sua preocupação com o enfraquecimento do Movimento Seresteiro:

> Com as sucessivas crises econômicas, temos que, em geral, correr atrás dos turistas [...] e há uma diminuição do poder de sedução da cidade, de sua capacidade de atrair o público [...] e a principal causa disso é o enfraquecimento ou certo esvaziamento atual do movimento da seresta e serenata [...]. Os seresteiros não querem falar muito disso, mas alguns anos atrás, mesmo dentro de qualquer restaurante, você conseguia ouvir a música porque eram 15 ou 17 violões e 500 turistas seguindo o cortejo [...]. Hoje você vai acompanhar o cortejo e encontra três ou quatro violões e o público foi reduzido pela metade [...]. Infelizmente, não é mais o mesmo movimento do passado, com a mesma capacidade de mobilização.[195]

O segundo conjunto de narrativas e interesses que identificamos na pesquisa é o dos integrantes do Movimento Seresteiro. Esse grupo, que atua há décadas na localidade, acha que o diferencial de Conservatória é que a cidade conta com o movimento da seresta. Seguem os preceitos que foram estabelecidos pelos irmãos Freitas – ainda nos anos 1970 e 1980, considerados pela grande maioria dos moradores a "época de ouro" da seresta e serenata na localidade.[196] Esses ativistas

---

[195] Entrevista com Sérvio Constantino, proprietário do hotel-fazenda Rochedo, concedida à pesquisa no dia 1 de fevereiro de 2011.
[196] A partir de 2009, com a morte de Joubert Freitas, o Museu do Seresteiro foi fechado pela viúva, e o movimento foi transferido para a Casa de Cultura. Para muitos, essa "época dourada" se encerra aí: com frequência, os seresteiros entrevistados listam o falecimento sucessivo de importantes lideranças (a média de idade dos atores envolvidos é muito alta), surgimento de grupos dissidentes que abandonaram o movimento e conflitos motivados especialmente por vaidades pessoais, como aspectos significativos que vêm contribuindo

afirmam que desde daquele período não só buscam se manter à parte das disputas políticas locais, mas também repudiam o caráter comercial da música associado ao movimento. Nos depoimentos das principais lideranças é possível atestar que são pouco tolerantes quanto à presença de profissionais da música na região, não cogitando, de maneira alguma, a mercantilização dos músicos locais:

> A maioria dos turistas reclama muito [...] chega ser engraçado [...] se, por acaso, em um fim de semana chove ou acontece alguma eventualidade que impede de realizar a serenata [...]. Muitos deles se dirigem a nós, exigindo a realização do evento como se fôssemos funcionários dos hotéis ou mesmo da prefeitura [...]. O movimento é consciente do seu importante papel no desenvolvimento econômico da região, mas não quer criar vínculo com interesses de grupos econômicos ou políticos.[197]

Na concepção da maioria deles, caso a música se profissionalizasse em Conservatória, a localidade perderia a sua singularidade e, assim, a capacidade de atrair os turistas e visitantes:

> Se a serenata fosse profissionalizada aqui, provavelmente Conservatória se igualaria a outras tantas cidades que existem pelo País, onde as pessoas recebem para se apresentar e mobilizar o turismo e comércio da região [...]. Ou seja, este movimento acabaria, e certamente a maior parte dos turistas deixaria de visitar a localidade [...]. É um movimento espontâneo e mágico [...] O fato é que as pessoas se sentem compromissadas em estar aqui todos os fins de semana.[198]

---

para a redução expressiva dos ativistas musicais que participam das iniciativas na cidade nos últimos anos.
[197] Entrevista com Marina Fonseca, uma das lideranças do Movimento Seresteiro, concedida à pesquisa no dia 25 de maio de 2019.
[198] Entrevista com Jorge Fonseca, uma das lideranças do Movimento Seresteiro, concedida à pesquisa no dia 31 de janeiro de 2011.

Cabe ressaltar que os integrantes do Movimento Seresteiro não são propriamente contrários à ampliação e diversificação dos eventos musicais e culturais locais, desde que o destaque dado tradicionalmente à seresta na cultura regional seja razoavelmente mantido, especialmente dentro do calendário anual da cidade. Nos trabalhos de campo realizados no município, pode-se perceber que permanecem no ar certas dúvidas sobre a "capacidade do movimento em se renovar"[199]. Por um lado, os atores acham importante movimentar a vida cultural local, mas, por outro, temem que a diversificação dessas atividades e do calendário oficial da cidade altere o perfil do lugarejo. Receiam que essas iniciativas possam vir a "descaracterizar" culturalmente a região e afastar um público fiel que frequenta a cidade há várias décadas.

Ao que tudo indica, os atores locais se sentem divididos, mas acham relevante continuar estimulando um ambiente rico e efervescente, inclusive como uma maneira de recuperar o Movimento Seresteiro. Consideram importante manter, de alguma forma, o grande fluxo de turistas, pois acreditam que o "recrutamento" potencial desses visitantes continua sendo a maneira mais eficaz de ocorrer alguma renovação ou retomada do movimento num futuro próximo:

> Estamos preocupados, e claro que temos tentado nos desdobrar, fazendo um importante trabalho de renovação do Movimento

---

[199] Alguns atores são mais pessimistas sobre o contexto atual de diminuição do número de ativistas e violeiros envolvidos. Edgar Vilela, uma das lideranças do Movimento Seresteiro, chega a colocar em xeque a capacidade de renovação do grupo: "[...] tudo indica que o movimento está com os seus dias contados, pelo menos da forma amorosa e desinteressada como vem sendo feito há muitas décadas [...]. Infelizmente, nos últimos anos estamos fazendo as serenatas e serestas com um número muito reduzido de pessoas. A verdade é que parte dos ativistas se desligou do movimento ou está envolvida em outras atividades musicais da cidade. Ao mesmo tempo, muitas lideranças importantes, que eram bastante carismáticas, morreram, estão muito adoentados ou sem condições físicas de participar dessas atividades" (entrevista com Edgar Vilela, uma das lideranças do Movimento Seresteiro, concedida à pesquisa no dia 24 de maio de 2019).

> Seresteiro, atraindo turistas interessados em ingressar e participar [...]. Compreendemos que a ampliação dos eventos na cidade é uma tentativa de dar um novo fôlego à região, atraindo mais visitantes [...]. Acreditamos que pode ser um encaminhamento válido, contanto que a serenata e a seresta continuem a ser priorizadas nas iniciativas implementadas em Conservatória.[200]

E, finalmente, foi possível constatar um terceiro conjunto de discursos que postulam que o diferencial de Conservatória é que esse território possui vários movimentos musicais mais ou menos espontâneos, um engajamento de amadores apaixonados por música brasileira, mas não exclusivamente associados à seresta e serenata. Esse grupo, evidentemente, também não quer a profissionalização das atividades musicais, identificando no ativismo amadorístico um vetor fundamental para que a mobilização regular dos visitantes aconteça.

Por exemplo, a preocupação dos donos de pousada (e dos bares, restaurantes, museus e casas de espetáculos) é que haja um volume e circulação de visitantes no interior do vilarejo ao longo de todo o dia, daí ser muito importante a diversificação das atrações turísticas (situação bastante distinta da vivida pelos donos de hotéis-fazenda, que realizam praticamente todos os leques de atividades no interior das suas propriedades). Nesse sentido, Deolinda Saraiva (proprietária da Pousada D'Amoras), uma das principais lideranças da cidade, defende a ampliação dos eventos na cidade e a criação de outros movimentos complementares ao consolidado, da seresta e da serenata, tais como o do choro, bossa nova, MPB, samba, entre outros.

---

[200] Entrevista com Ailton Rodrigues, uma das lideranças do Movimento Seresteiro, concedida à pesquisa no dia 31 de janeiro de 2011.

> O diferencial de Conservatória é que a cidade é uma espécie de capital da música brasileira ao vivo, cantada nas ruas, cantada por gente apaixonada por música, mas não necessariamente envolvendo artistas profissionais. Mas, evidentemente, tem muita gente aqui que se apega excessivamente ao que há apenas de mais conservador e não abre a cabeça para as novas tendências, para os novos movimentos musicais que estão surgindo na região. Essas mesmas pessoas ficam preocupadas apenas se o Movimento Seresteiro vai acabar, mas na minha opinião não vai acabar nunca [...]. Tem muita vaidade e ocorrem conflitos e brigas, mas este movimento sempre foi muito forte na cidade. Na verdade, a seresta foi responsável por abrir um caminho, mostrando que esta cidade pode viver de música, desenvolver-se através da música. Hoje há a possibilidade e necessidade de se abrir o leque musical: muita gente na cidade já se deu conta disso [...]. Claro que as serestas e serenatas são os ícones máximos de Conservatória. Considero a seresta e a serenata como nosso Cristo Redentor, e por isso mesmo, devem ser preservados e fomentados. Mas, ao mesmo tempo, precisamos nos dar conta de que o vilarejo é muito mais do que isso também.[201]

Como já mencionado, apesar das tensões entre os vários grupos e interesses presentes no território, existem dinâmicas associativas importantes que vêm garantindo de, certa maneira, não só um calendário e fluxo turístico robusto nesse distrito, mas também índices de qualidade de vida que se destacam no cenário nacional, mesmo em seguidos contextos de crise ou recessão econômica nacional. Assim, a despeito de a prefeitura de Valença não privilegiar muito nas suas iniciativas de políticas públicas esse distrito (o que no passado já

---

[201] Entrevista com Deolinda Saraiva, proprietária da pousada das D'Amoras, concedida à pesquisa no dia 30 de janeiro de 2011.

culminou numa tentativa da localidade de buscar sua independência como município), constata-se que os atores vêm superando alguns dos desafios complexos – que têm se colocado ao desenvolvimento do território – através de práticas colaborativas que gravitam em torno atualmente da Acritur. Essa associação, criada em 2015 como uma entidade que promove o associativismo local, vem conseguindo arrecadar recursos entre os comerciantes, pousadeiros e donos de hotéis-fazenda para serem reaplicados no território, especialmente no setor de entretenimento e turismo. A respeito disso, Mauro Contrucci, na ocasião presidente dessa associação, tece os seguintes comentários:

> Atualmente, quase 65% das pousadas participam, 100% dos hotéis também, 100% dos restaurantes e bares estão conosco, e, quanto ao comércio, temos uma adesão por volta de 70%. A gente está pensando em fazer uma nova campanha para aumentar o número de integrantes, mas de qualquer maneira já contamos hoje com 209 associados. Nossos eventos e programações são todos direcionados às tradições locais, especialmente ao Movimento Seresteiro, que é muito importante para a história de Conservatória. Promovemos também eventos dedicados aos Cantores do Rádio; noites dedicadas à bossa nova e samba e tributos ao chorinho ou às festas de Carnaval antigo. Organizamos um calendário de eventos que é atualizado e construído coletivamente todo ano. Chamamos as lideranças e artistas da cidade para organizá-lo até final de novembro do ano anterior. Em geral, comparecem a essas reuniões estratégicas, por exemplo, o Edgar Vilela (como representante dos seresteiros) o Juarez de Brito (representando o chorinho), o Roberto Velasque (pela bossa nova), entre outros membros importantes da nossa comunidade. Nessas reuniões, decidimos com quanto a associação vai apoiar cada evento naquele ano. Nosso orçamento tem sérias limitações, mas tentamos contemplar todo mundo, toda a diversidade de iniciativas. A ideia é cobrir com atividades o ano todo, garantindo – na medida do

possível – um bom fluxo turístico para Conservatória. Claro que temos alguns eventos que a Acritur consegue bancar 100% e outros que os organizadores precisam correr atrás de parte de recursos para viabilizá-los, mas é tudo muito debatido, de forma colaborativa.[202]

A presença da Acritur é tão importante para a localidade, que muitos dos atores entrevistados chegam a confundir o papel da associação com o da prefeitura de Valença (infelizmente, pouco presente e atuante nesse distrito). Nesse sentido, Contrucci sublinha que:

> A diretoria da Acritur já teve muitos problemas com isso. A prefeitura às vezes colabora com Conservatória e é parceira, mas às vezes não, por diversas razões: seja a falta de recursos ou mesmo por razões políticas. Muita coisa a gente consegue resolver. Entretanto, isso acaba gerando muita confusão e frequentemente os moradores nos cobram se o caminhão de lixo não passou ou se está faltando água em algum lugar, independentemente de isso estar relacionado ou não a uma atividade turística.[203]

4.4 Capital da Serenata e da Seresta

Os atores entrevistados, apesar de sublinharem algumas ressalvas, reconhecem com certa frequência os benefícios produzidos por algumas iniciativas do projeto de governança do APL (que levaram a melhorar o acesso pelas estradas e à criação de um calendário de eventos unificado e da subestação de energia elétrica). Inclusive, parecem incorporar a lógica tecnocrática/instrumental quando mencionam que algumas

---

[202] Entrevista com Mauro Contrucci, Presidente da Acritur, concedida à pesquisa no dia 25 de maio de 2019.
[203] *Idem*.

iniciativas poderiam ser implementadas com alguma facilidade, melhorando a integração o e desenvolvimento da região, tais como: a) um centro de recepção turística (com pessoal especializado em atender os visitantes e fornecer materiais informativos, tais como folhetos e mapas históricos e turísticos da cidade e arredores); b) a criação de um conjunto de serviços responsável por realizar o traslado de turistas para visitar os diversos atrativos da região; c) a implementação de mais linhas e ônibus regulares ligando a cidade do Rio de Janeiro diretamente a Conservatória; d) o fechamento do Centro Histórico à circulação dos automóveis; e) a instalação subterrânea dos cabos elétricos e de telefone dentro do Centro Histórico da cidade; e f) a ampliação dos meios de comunicação e dos serviços bancário e de correio na localidade. Vale sublinhar que o Projeto do APL é encarado com alguma desconfiança por inúmeros atores sociais (Bessa, 2011). Vários pequenos empresários, seresteiros e membros da sociedade civil temem que os projetos em curso atendam mais os interesses e as necessidades dos grandes empresários locais (em geral, identificados como os proprietários dos hotéis-fazenda).

Analisando a trajetória desse lugarejo, foi possível constatar que algumas mudanças significativas estão acontecendo em Conservatória: por um lado, mesmo com a "crise do movimento", o vilarejo continua a ser considerado a "capital da Seresta e da Serenata"; mas, por outro lado, é possível perceber que os atores vêm buscando alternativas de sustentabilidade, que visam atender os diferentes segmentos de interesses presentes no território. Assim, verifica-se hoje que há claramente uma diversificação das atividades musicais para além do circuito tradicional dos seresteiros[204]. Não só há inúmeros "ativistas

---

[204] Mesmo nas principais rádios da localidade, essa diversidade é cada vez mais expressiva e vai se legitimando, inclusive junto ao público mais conservador, que frequentemente exige a veiculação de músicas e temas mais tradicionais. A respeito, disso Roberto Velas-

musicais" engajados em fazer acontecer encontros gratuitos semanais importantes articulados a gêneros como chorinho, samba (com a presença até de blocos de Carnaval que saem em cortejos ao longo do ano) e bossa nova (ou até MPB); como também há empresários e produtores culturais que vêm realizando concertos de seresta com artistas pagos nos espaços de hotéis-fazenda, casas de espetáculos ou mesmo bares da cidade.

Entre os frequentadores da cidade, recorrentemente identificamos comentários positivos, que sinalizam como vêm repercutindo essas mudanças entre o público visitante:

> Sempre que a gente tem um tempinho ou uma folga, a gente corre para cá. A gente ama esse lugar, adora participar do chorinho, da seresta, da serenata e, de modo geral, de todas as rodas de música. Hoje a gente estava no teatro, porque foi aniversário do Espaço Sonora, fomos ver as apresentações [...] foi uma coisa linda. Amanhã vai ter o bloco da Carmen Miranda, que faz sempre uma festa incrível. A seresta é sempre maravilhosa e diferenciada, adoro cantar com o pessoal músicas tão antigas que a minha família cantarolava em casa. Já assisti aqui também apresentações de bossa nova e corais, é tudo sempre bacana. Esse vilarejo é maravilhoso, a gente respira música aqui, a música antiga e nostálgica está em todos os lugares. Também não tem o *stress* da cidade grande. O ritmo de Conservatória está em sintonia com a vida na terceira idade. Nem sempre o

---

que, que dirige a Rádio Sarau, comenta que "algumas vezes, alguns ouvintes contestam a nossa programação, dizem que estamos tocando muito samba ou bossa nova, ao invés de serestas [...] respondo que a seresta é o nosso carro-chefe e sempre será, mas que existem outros movimentos culturais que ocorrem aqui, que também agregam e que são importantes riquezas da região. Além disso, o chorinho, samba, MPB e bossa nova fazem parte do rico e tradicional repertório da música brasileira, respeitada em todo o mundo" (entrevista com Roberto Velasque, diretor da Rádio Sarau, concedida à pesquisa no dia 25 de maio de 2019).

pessoal da terceira idade tem condições de aproveitar o que um lugar teria para oferecer. Aqui é diferente: parece que tudo foi feito para um público mais maduro.[205]

Pode-se afirmar, ainda, que os atores do vilarejo de Conservatória (mesmo em contextos nacionais adversos) vêm conseguindo enfrentar os desafios locais analisados, especialmente através da diversificação dos ativismos musicais que têm ocupado os espaços públicos e privados da localidade. Essas práticas ativistas seguem construindo "territorialidades sônico-musicais" relevantes – isto é, experiências envolventes e valorizadas pelos atores dos movimentos e visitantes, que se configuram para a grande maioria quase em "heterotopias" (Lefebvre, 2004) potentes –, mas também dinâmicas colaborativas (e uma cultura associativista) de grande sucesso sedimentadas na localidade e que envolvem comerciantes, artistas, produtores culturais, donos de pousadas e hotéis.

---

[205] Entrevista com Nathalia Santos, frequentadora das serestas de Conservatória, concedida à pesquisa no dia 26 de maio de 2019.

5. Rio das Ostras: entre grandes festivais, tentativas de reconhecimento da Unesco e outras estratégias *branding* territorial

> Âncora e Marilea
> Recreio e Costa Azul
> Centro e Nova Cidade
> No Gelson ou na Bangu
> Oi não me esqueço da Ilha
> e também do Goiamum
> Peroba e Operário
> Eu canto e não me encanto
> Para as minas da praiana [...]
>
> (trecho do *rap* intitulado *Se joga em Rio das Ostras*,
> de autoria do MC Joga 7)

Neste capítulo, buscou-se dar continuidade à cartografia (Latour, 2012) e às reflexões que vêm sendo desenvolvidas a respeito da trajetória recente da cidade balneária e fluminense de Rio das Ostras, desde 2016[206], repensando especialmente o papel da música na promoção de "desenvolvimento local"[207] para esse território. Ou melhor: buscou-se

---

[206] Os primeiros resultados parciais desta pesquisa estão registrados no artigo intitulado "Rio das Ostras, cidade do *jazz*" (Herschmann *et al.*, 2017).

[207] Vale salientar que o debate efetivamente contemporâneo em torno do desenvolvimento não passa, hoje, por uma perspectiva desenvolvimentista, mas, sim, pelas discussões associadas ao desenvolvimento local, bem como por aqueles referentes à necessária articulação entre os diversos atores envolvidos no processo de desenvolvimento (mais detalhes, cf. Buarque, 2008).

avaliar os desdobramentos da articulação entre a trama comunicacional, o investimento na música como fator relevante de mobilização social (que incrementa o turismo e o dinamismo sociocultural local) e as políticas públicas que vêm sendo implementadas recentemente no cotidiano dessa urbe. Parte-se do pressuposto de que a música pode se constituir em um vetor fundamental para a construção de territorialidades significativas, sobretudo no estado do Rio de Janeiro, conforme vem sendo assinalado em trabalhos publicados nos últimos anos (Herschmann e Fernandes, 2014).

Na pesquisa mais recente feita nesta cidade balneária, foi possível atestar processos de continuidades e descontinuidades importantes envolvendo os atores nas suas associações: salienta-se a relevância das controvérsias nas "cenas musicais"[208] locais; isto é, notadamente as iniciativas que envolvem a música ao vivo vêm colaborando significativamente para converter Rio das Ostras em uma localidade com melhores níveis de inclusão e participação social.

A retomada desse estudo na localidade tornou-se especialmente relevante, tendo em vista a candidatura da cidade ao longo de 2019 ao selo de Cidade Criativa da Unesco (na categoria música). Apesar do revés dessa candidatura, muito dos atores seguem indagando que formatos, práticas sociais e experiências musicais legitimariam a concessão de tal título à cidade. A hipótese que norteia os argumentos desenvolvidos neste capítulo é a de que faltou em Rio das Ostras uma

---

[208] O termo foi cunhado em 1991 pelo comunicólogo canadense Will Straw na conferência intitulada *"The music industry in a changing world"* e é bastante empregado nos Estudos de Som e Música realizados no Brasil. O conceito de modo geral designa as alianças e coalizões ativamente criadas e mantidas pelos atores, através das quais são articuladas formas de comunicação que contribuem para delinear territorialidades e fronteiras socioculturais. Ressalta-se que, com frequência, é confundido com o emprego difuso que é feito pelos atores e pelo jornalismo cultural. Sobre a importância desse conceito para o campo de comunicação, conferir Janotti Jr. e Sá (2013).

cultura associativista e um ambiente mais plural e democrático. O processo de candidatura da cidade a esse selo da Unesco evidencia isso. Infelizmente, essa candidatura não foi inteiramente aproveitada como uma oportunidade significativa para integrar mais esse território: poderia ter sido uma ocasião relevante para os atores repensarem conjuntamente alternativas para construir uma "cidade criativa" de forma efetiva, agenciando direta e indiretamente a música e a "cultura como recurso".[209] A opção das lideranças e do poder público local foi deixar de lado por ora essa iniciativa, sem muito debate ou diálogo com os conselhos e fóruns da cidade. Quando indagada sobre o processo de reconhecimento da Unesco, a secretária de Turismo Aurora Siqueira afirmou: "[...] buscamos fazer sempre o melhor para a cidade [...], contudo, não podemos pretender ser o que ainda efetivamente não somos."[210]

5.1 Ressignificação musical da cidade

Há um empenho, aqui, em apresentar questões vinculadas não só às práticas musicais institucionalizadas (protagonizadas em Rio das Ostras pelo megaevento, no qual se constitui o festival anual de *Jazz & Blues*), mas também de considerar as iniciativas musicais espontâneas – que se constituem de forma mais temporária e menos visível – que por vezes participam de forma "astuta e/ou tática" nos processos de (re)construção de imaginários e ritmos do dia a dia da

---

[209] Yúdice salienta que hoje no mundo de tendências neoliberais, de modo geral, há uma grande expectativa dos atores de que o campo da cultura não só dê conta de administrar as tensões políticas presentes no mundo contemporâneo (de tendência multicultural), mas também que se constitua em um vetor capaz de alavancar o desenvolvimento das localidades em função da sua capacidade de incrementar o turismo e o marketing territorial (Yúdice, 2005).

[210] Entrevista com Aurora Siqueira, secretária de Turismo e Desenvolvimento Econômico, concedida à pesquisa no dia 11 de março de 2022.

urbe. Buscou-se analisar particularmente as articulações e tensões entre os atores, especialmente no momento em que a gestão pública ensaia valorizar a música como vetor de desenvolvimento socioeconômico, apostando na articulação dessa atividade artística com a cadeia do turismo, gastronomia e, de modo geral, do entretenimento. Assim, com objetivo de construir cartografias sensíveis dessa urbe, seguiu-se as dinâmicas de reagregação dos atores, rastreou-se as controvérsias presentes nesse território e tentou-se abrir as caixas pretas, visando uma melhor compreensão das potencialidades e dos desafios enfrentados nessa localidade.

A partir de uma perspectiva limitada aos dados estatísticos e à motivação econômica da fundação da cidade, Rio das Ostras por vezes é considerada uma "cidade dormitório" que cumpriria apenas a função de acolher por um tempo a mão de obra do setor petrolífero, sujeita a flutuações do mercado, sem que seus moradores construíssem propriamente vínculos ou práticas produtivas na cidade.[211] A transitoriedade da população é vista ainda como tendo sido incrementada pela chegada da Universidade Federal Fluminense em 2003 na localidade.[212] A presença de uma população transitória, contudo, deve ser avaliada não só a partir dos parâmetros estatísticos, mas também deve levar em conta as relevantes trocas culturais que se constituem no encontro de diferentes fluxos populacionais tais como caiçaras nativos, trabalhadores do setor de petróleo, profissionais do turismo,

---

[211] Rio das Ostras é uma pequena cidade fluminense, emancipada de Casimiro de Abreu em 1992. Tem a população estimada em 150 mil pessoas e destaca-se por ter apresentado o maior índice de crescimento populacional do estado (em média 11% ano até 2010). O crescimento exponencial da população é atribuído principalmente à exploração de petróleo na Bacia de Campos. O *boom* do mercado petrolífero na década de 1980 atraiu trabalhadores diretos e indiretos do setor a residir nessa região.

[212] Ressalta-se que esse balneário recebe estudantes em trânsito de todo o Brasil que passam a residir em Rio das Ostras. Em sua maioria, eles circulam para as suas cidades de origem durante todos os anos de (pós)graduação, retornando no final dos seus cursos.

estudantes universitários, entre outros. Nesse sentido, Carlos Henrique Pimentel, assessor da Fundação Rio das Ostras de Cultura, faz o seguinte comentário:

> É equivocado considerar Rio das Ostras como uma "cidade dormitório" [...]. Na realidade, é uma "cidade em trânsito", na qual se identifica o encontro de várias trajetórias, culturas e memórias. Aqui há uma diversidade cultural expressiva, e é justamente isso que se constitui em uma riqueza da cidade. Precisamos começar a assumir isso como um aspecto positivo, como uma marca local.[213]

É interessante assinalar ainda que, apesar de ser um município jovem, Rio das Ostras conta com equipamentos culturais importantes, tais como o Centro de Formação Artística (conhecido como ONDA); o Teatro Popular; um Museu dedicado à cultura sambaqui; a Biblioteca Municipal; a Casa de Cultura; a Fundição de Artes e Ofícios; e a Concha Acústica (utilizada para diversos tipos de apresentação cultural). Portanto, é uma cidade que pode ser considerada razoavelmente bem-servida de equipamentos culturais públicos, especialmente quando é comparada com os municípios vizinhos e do mesmo porte da Região dos Lagos.

Especificamente no âmbito musical, podemos destacar: a) as ações institucionalizadas locais, como os cursos de coral e música oferecidos pela ONDA e por artistas que compõem a orquestra municipal;[214] b) as iniciativas musicais turísticas como o SESC Verão[215], o Festival de

---

[213] Entrevista com Carlos Pimentel, assessor da FROC, concedida à pesquisa no dia 15 de agosto de 2019.
[214] Essas iniciativas são administradas pela Fundação Rio das Ostras de Cultura (FROC) e têm como objetivo a profissionalização de músicos locais, além de atender estudantes de escolas públicas do município.
[215] O Festival de Verão atrai, diariamente, cerca de 5 mil pessoas aos shows de cantores

Covers[216] e, de forma mais destacada, o Festival de *Jazz & Blues*[217]; c) os concertos semanais (realizados regularmente às quintas-feiras) do projeto "*Soul* da Casa" (organizados no Teatro Popular e dedicados aos músicos da cidade e de variados gêneros musicais); d) iniciativas independentes, tais como o tradicional Ostras*Cycle*[218] (que acontece também uma vez por ano); e) as apresentações oferecidas regularmente pelas bandas independentes nos espaços da Taberna da Amendoeira e da Confraria do Jamelão; f) a potente cena de *Trap* e *Funk* local, a qual tem pouca visibilidade nos canais oficiais da cidade, mas que promove regularmente bailes, festivais e festas, que ocorrem principalmente no bairro do Centro e localidades pobres do lugar (mencionados no *rap* do MC Joga 7, na epígrafe deste capítulo 5)[219]; g) e, finalmente, as práticas culturais que ocupam os espaços públicos, tais como as rodas de *hip hop* e rima, que acontecem com alguma regularidade na Praça dos Três Morrinhos.

---

e bandas populares associados a variados gêneros musicais. O festival acontece durante a alta temporada e é financiado através de parcerias público-privadas.

[216] O Festival de Covers teve sua primeira edição em 2019 e contou com inscrições de grupos musicais de todo o País. O planejamento para 2020 é que o festival amplie seu tamanho, sendo, inclusive, reconhecido como o mais importante do País.

[217] O Festival de *Jazz & Blues* é financiado também por meio de parcerias público-privadas e é considerado a iniciativa institucional musical de mais destaque na cidade em razão não só da sua continuidade (o festival vem sendo regularmente realizado desde 2003), mas também em função de ser o projeto de música de maior envergadura (isto é, aquele que mobiliza mais mão de obra e recursos da prefeitura). Informações mencionadas em entrevista realizada com Aurora Siqueira, secretária de Turismo e Desenvolvimento Econômico de Rio das Ostras em 5 de dezembro de 2019.

[218] O Ostras*Cycle* é um encontro anual de motoqueiros, no qual ocorrem apresentações de espetáculos envolvendo motos, feira de gastronomia e alguns concertos de música ao vivo. O evento é realizado há décadas e colabora para fomentar o turismo na baixa temporada da cidade.

[219] A casa de espetáculos Midas *Music Beer* (localizada no Centro), por exemplo, tem uma programação regular, dedicada a essa cena musical: vem promovendo bailes e festivais muito populares na região (mais detalhes, conferir: <https://www.facebook.com/midasmusicbeer>, acesso em: 12 dez. 2022.).

A partir do trabalho de campo realizado, foi possível identificar que há inúmeras controvérsias envolvendo os atores locais sobre de que forma melhor empregar a "música como um recurso" (Yúdice, 2005), e esse fato, inclusive, se expressa nas distintas ações do poder público. Conforme foi relatado pela secretária de Turismo e Desenvolvimento Econômico do município, Aurora Siqueira, a música é parte central do projeto turístico local, planificado para os próximos anos pela gestão atual. Para essa autoridade local, a música deverá desempenhar cada vez mais um papel fundamental para o desenvolvimento socioeconômico através do turismo. Na sua perspectiva, "[...] a música como atividade de entretenimento seria capaz de atrair o turismo de alto poder aquisitivo e mesmo fora dos períodos de alta temporada e, portanto, deve ser organizada em uma programação mais eclética e mais familiar".[220]

Apesar da tendência de valorização da música hoje, vários entrevistados sublinharam em conversas informais (realizadas no trabalho de campo) que há pouco espaço para o "som autoral e independente" nessa urbe, o que termina por forçar muitas vezes a saída desses músicos da região e/ou levar esses artistas a buscar outras ocupações profissionais.

Além disso, os jovens artistas locais – e muitos oriundos do curso de Produção Cultural (da Universidade Federal Fluminense) – com frequência questionam não só o pouco espaço de participação nos projetos culturais da cidade, mas também a constante descontinuidade dos eventos produzidos nesse território.

> Ao longo das duas últimas décadas, o município tem mais investido em cultura, mas quase sempre em iniciativas direcionadas

---

[220] Entrevista com Aurora Siqueira, secretária de Turismo e Desenvolvimento Econômico, concedida à pesquisa no dia 5 de dezembro de 2019.

mais para o setor turístico [...]. A questão é que as expressões culturais são imprevisíveis e, muitas vezes, geram questionamentos e críticas sociais difíceis de administrar localmente [...]. Muitas lideranças do poder público ficaram surpresas com os questionamentos que surgiram em muitos eventos realizados na cidade [...], inclusive, a UFF contribuiu para isso também, formando profissionais e alguma massa crítica na cidade. E isso acabou levando a um abalo das relações da prefeitura com a UFF em 2014, por conta da performance *Xerec Satanik* [...]. Tudo isso gerou muita repercussão negativa na mídia do País e os segmentos conservadores da cidade ficaram muito de "pé atrás" com a galera da área cultural [...]. Sem dúvida, cultura e caretice realmente não combinam [...], e isso tem gerado muitas descontinuidades nas iniciativas que envolvem os artistas locais. Infelizmente, muitos projetos de interesse desses artistas e da população foram abandonados porque não produziriam um retorno imediato para a cidade, pois não atendiam propriamente aos interesses turísticos [...], isto é, não impactavam tanto como a opção em investir em festivais e grandes eventos que atraem visitantes para a cidade [...]. Claro que uma linha de atuação não exclui a outra: acho que seria possível contemplar a maioria dessas iniciativas de pequeno e grande porte [...]. Evidentemente, muitos festivais são importantes e procuram dar oportunidades para alguns artistas da cena local, como é o caso do festival de *jazz* e *blues* [...]. Mais recentemente, percebo que, felizmente, vêm ocorrendo algumas mudanças positivas, ainda que pontuais. A gestão atual da Secretaria de Cultura vem incorporando mais sistematicamente a mão de obra formada pela UFF como técnicos. Essa secretaria vem apoiando mais as iniciativas locais e vem desenvolvendo vários projetos relevantes voltados para a cena local, tais como o "*Soul* da Casa". Essas iniciativas têm encontrado muito engajamento e ressonância na população local [...]. Apesar disso, os desafios dos artistas aqui ainda são enormes. Mesmo se sabendo que as reservas de petróleo da região não vão durar para sempre e que o setor cultural pode ser uma riqueza local alternativa, existe ainda na cidade muita desconfiança em relação ao que é proposto pelos artistas da região.[221]

Levando em conta as vozes dos atores mencionados aqui brevemente, é possível constatar que Rio das Ostras vem tentando desde 2019 construir de forma mais ou menos endógena – seja pela via tendencialmente mais privada ou pública – um projeto de desenvolvimento para a cidade (no qual se evidenciam alguns impasses, desafios e contradições), ainda que, em alguns momentos, na prática venham-se reproduzindo ali estratégias de *branding* territorial adotadas em outras urbes de perfil mais turístico do País (Reis, 2012). Nesse sentido, Stênio Matos, organizador do grande Festival de *Jazz* & *Blues* da cidade faz o seguinte comentário:

> O festival foi um grande marco, um momento incrível, de virada para a cidade: que sempre teve muita dificuldade de se destacar na Região dos Lagos como uma cidade capaz de atrair os turistas [...]. A música realmente ajudou a mudar para melhor Rio das Ostras [...]. Apesar das grandes adversidades, sempre tive o apoio do poder público municipal [...] e são muitos anos de continuidade, trazendo resultados socioeconômicos bastante palpáveis para a cidade Rio das Ostras. Temos feito um trabalho duro e sério, realizando o maior festival da América Latina, e sempre trazendo artistas muito importantes para cá [...] e, evidentemente, ajudando a revelar alguns novos talentos da cena local e nacional.[222]

---

[221] Entrevista com Marcos Matarazzo, músico local, concedida à pesquisa no dia 18 de junho 2022.
[222] Entrevista com Stênio Matos, produtor e organizador do Festival de *Jazz* & *Blues*, concedida à pesquisa no dia 07 de março de 2022.

5.2 Relevância e limites do Festival de *Jazz & Blues*

Esse festival começou a ser realizado em Rio das Ostras em 2003[223], ganhando rapidamente grande visibilidade no cenário nacional. O evento é gratuito, aberto e conta com atrações locais, nacionais e internacionais, promovendo entretenimento por aproximadamente sete dias de atrações musicais dentro do gênero, distribuídas em palcos pela cidade, sendo eles: Praia de Costa Azul, Praia da Tartaruga, Lagoa do Iriri e Concha Acústica. Desde a primeira edição, a duração do evento, bem como a distribuição dos shows nos palcos, vem sofrendo algumas alterações, que visam ajustar nas dificuldades estruturais, financeiras e até climáticas.

É inegável que o Festival de *Jazz & Blues* consolidou-se como uma iniciativa atraente muito relevante para a cidade de Rio das Ostras, no que tange ao seu impacto socioeconômico, especialmente para o setor turístico. Conforme dados levantados, é possível afirmar que o evento vem possibilitando, de forma significativa, a geração de renda e emprego para a população, bem como o incremento da atividade econômica no município há mais de uma década. Em 2019 e 2020, a Secretaria de Turismo e Desenvolvimento Econômico relatou que o município injetou muitos recursos no evento. Em contrapartida, o retorno econômico no território foi estimado em dez vez mais do que foi investido.

É importante salientar que esse festival não apenas promove externalidades positivas para as atividades econômicas, mas também gera benefícios no cotidiano da cidade, como o surgimento de oficinas de música, oportunidades para o comércio formal e informal, incentivos acadêmicos e revitalização de ambientes e equipamentos urbanos. É interessante notar ainda que o público local é incorporado sistemati-

---

[223] Para mais detalhes sobre a trajetória do festival, consultar: Herschmann *et. al.* (2017).

camente ao evento: de acordo com dados da Secretaria de Turismo, a participação dos rio-ostrenses durante as atrações principais é da ordem de mais de 70% ao longo das últimas duas décadas.

Em trabalho anteriormente realizado, indagou-se se as externalidades positivas identificadas na cidade seriam realmente promovidas pelo Festival de *Jazz & Blues*. Muitos atores ponderaram, com razão, que o IDH alcançado na localidade é resultado em grande medida dos *royalties* do petróleo (proveniente da Bacia de Campos), sem os quais seria impossível fazer investimentos públicos no território (inclusive incentivando as atividades culturais que se desenvolvem ali). Essa ponderação não só se faz necessária, mas fundamental, tendo em vista que, até 2018, grande parte do patrocínio concedido ao Festival de *Jazz & Blues* tem sua origem nas inúmeras empresas do setor petrolífero que atuam na região. Levando-se em conta a falta de disposição do comércio local em apoiar esse festival, pode-se afirmar que durante muitos anos a viabilidade desse megaevento foi alcançada com recursos e apoios oriundos do setor do petróleo.

> Acredito que esses eventos devam ser financiados pela prefeitura [...]. Sem falar que, com essas sucessivas crises, ninguém tem legitimidade para cobrar ajuda para os hotéis, as pousadas ou para os pequenos comerciantes locais, que estão passando por grandes dificuldades [...].[224]

Em 2019, percebemos que as dificuldades vêm levando os organizadores a tentar buscar diversificar o leque de patrocinadores desse megaevento, o que levou à consolidação de uma parceria com o SESC local. Conforme dados fornecidos pela Secretaria de Turismo e Desen-

---

[224] Entrevista com Janaína Gomes, dona da Pousada do Bosque, concedida à pesquisa no dia 23 de dezembro de 2016.

volvimento Econômico, essa instituição foi o principal financiador do Festival de *Jazz & Blues* e é ainda o principal parceiro do Festival de Verão (inclusive rebatizado, em 2019, de SESC Verão).

> Temos que entender que as empresas que incentivam a cultura aqui estão ligadas ao petróleo e ao gás e, portanto, temos perdido importantes recursos nos últimos anos por conta da crise do petróleo. Em 2019, a nossa sorte foi contar com o SESC, que abraçou a nossa grade de eventos anuais de entretenimento. Os recursos dos *royalties* do petróleo que minguaram e dispomos vêm sendo utilizados para financiamentos básicos importantes: na educação, no saneamento e na saúde da cidade. Assim, temos buscado alternativas junto a outros parceiros.[225]

Aliás, sobre essa relevante parceria com o SESC, Stênio Matos faz as seguintes observações:

> Essa sinergia tem sido muito importante para a retomada das atividades neste contexto atual, após o enfraquecimento da pandemia de Covid-19 [...]. Conseguimos estabelecer uma parceria com o SESC, e o festival de Rio das Ostras foi incluído como uma das etapas de um circuito estadual de *jazz* que será muito importante para reerguer a vida cultural, não só em Rio das Ostras, mas especialmente no estado do Rio de Janeiro. A tendência é que tenhamos, nos próximos anos, um circuito de *jazz* potente, atendendo o turismo e a vida cultural de inúmeras cidades do estado.[226]

---

[225] Entrevista com Aurora Siqueira, secretária de Turismo e Desenvolvimento Econômico, concedida à pesquisa no dia 5 de dezembro de 2019.
[226] Entrevista com Stênio Matos, produtor e organizador do Festival de *Jazz & Blues*, concedida à pesquisa no dia 7 de março de 2022.

Muitos atores entrevistados têm manifestado o seu desconforto com esse quadro de dependência da cidade em relação aos *royalties* de petróleo; isto é, demonstraram insatisfação em relação às oscilações de mercado e quanto isso afeta as atividades criativas na região.

> Gostaríamos de estar discutindo sobre como incrementar o turismo e a nossa economia criativa. Na nossa avaliação, infelizmente a cidade segue muito dependente dos *royalties* de petróleo, que, aliás, são recursos muito escassos que podem se esgotar naturalmente. Acreditamos que a economia criativa pode oferecer alternativas para a cidade. Talvez possamos construir assim um futuro mais sustentável e duradouro.[227]

Ainda sobre os desafios e as controvérsias relacionados ao Festival de *Jazz & Blues*, é imprescindível sublinhar as críticas não só à pouca participação de músicos e artistas locais, mas também ao baixo aproveitamento dos ex-alunos formados em produção cultural nesse evento. Sobre a pouca incorporação dos músicos locais, é possível tecer alguns comentários relevantes. Esse festival conta como um dos seus "palcos alternativos" com a Casa do *Jazz*, que é administrada pela Fundação de Cultura (com a função de promover espaços para apresentação de artistas independentes). Na Casa do *Jazz* estão reunidos alguns estandes que divulgam trabalhos de artistas locais, como os desenhos do Coletivo Barteliê e os discos do tradicional Clube do Vinil, bastante conhecido no balneário.

> Poderíamos nos perguntar como o Festival de *Jazz & Blues* de fato afeta positivamente a vida do músico de Rio das Ostras? A Casa do *Jazz*, que é uma proposta bacana, infelizmente é muito

---

[227] Entrevista com Carlos Pimentel, assessor da FROC, concedida à pesquisa no dia 15 de agosto de 2019.

> tímida, que pouco colabora com os artistas locais. Infelizmente, as lideranças da cidade não pensam nos músicos quando promovem eventos [...]. Já toquei no festival muitas vezes, é uma vitrine importante, mas apenas isso não basta para garantir e fomentar a cena musical local [...].[228]

Em vários relatos colhidos e nas observações participantes de alguns festivais, foi possível identificar algumas das dificuldades que vêm sendo enfrentadas pelos atores que compõem as cenas culturais locais.

> Há uma falta de cuidado evidente com os profissionais da cena musical local. Você constata a diferença de tocar em um palco ou em outros. Infelizmente, em um lugar como a Casa do *Jazz* as coisas não acontecem como nos palcos principais, de forma profissional [...]. Se você quiser mostrar o seu trabalho nesse festival, você lamentavelmente já sabe que os poucos que tocam ali o fazem de forma gratuita.[229]

Pelo que foi apurado até o momento, o estudo de caso de Rio das Ostras indica que o festival – como estratégia deflagradora de amplos processos que podem alavancar de forma mais capilar o desenvolvimento socioeconômico – ainda se constitui em uma iniciativa pontual, que engaja apenas limitadamente os atores locais. Assim, há o risco de se perpetuar como estratégia relevante de *city marketing*, a qual gera inegavelmente alguns resultados positivos, mas que, de modo geral, proporcionou até o momento apenas benefícios diretos e indiretos limitados à população desse território.

---

[228] Entrevista com Diogo Spadaro, músico local, concedida à pesquisa no dia 30 de outubro de 2019.
[229] Entrevista com Cau Barros, músico local, concedida à pesquisa no dia 30 de outubro de 2019.

Ao mesmo tempo, pode-se afirmar que algumas lideranças e técnicos vislumbram no horizonte alternativas para a cena local com a "ampliação da estrutura e temporalidade do festival".

> Esse festival é maravilhoso para a cidade, mas gostaríamos de poder contar com outros eventos que tivessem uma duração mais contínua e não tão sazonal. Ou seja, seria importante contarmos com eventos de qualidade que acontecessem durante mais dias do ano atendendo os artistas e a região [...].[230]

5.3 Candidatura ao selo da Unesco

A candidatura de Rio das Ostras ao selo Cidade Criativas da Unesco foi conduzida pela Fundação Rio das Ostras de Cultura (FROC) de maneira articulada ao poder público municipal. Nesse sentido, a atual gestão municipal tem feito esforços na tentativa de alinhar as políticas culturais da cidade ao Sistema Nacional de Cultura, de modo a implementar mecanismos viabilizadores da participação cidadã. Inclusive, em 2017, a FROC criou o Plano Municipal de Cultura com metas e diretrizes de cada setor, bem como a eleição do conselho de cultura formado por titulares do poder público e nove representantes da sociedade civil[231]. Para os técnicos da prefeitura, o formato dessa fundação confere a mesma agilidade no estabelecimento de novos marcos legais para a área da cultura.[232]

---

[230] Entrevista com Renata Cabral, assessora da FROC, concedida à pesquisa no dia 15 de agosto de 2019.
[231] O Plano Municipal de Cultura, bem como atas e demais documentos referentes ao Conselho Municipal de Cultura estão disponíveis em: <http://conselhodeculturariodasostras.blogspot.com>. Acesso em: 4 jan. 2020.
[232] É relevante destacar certas particularidades sobre essa fundação. A FROC é fundada em 1997, quando a cidade opta por não ter exatamente uma Secretaria Municipal de Cultura dentro da gestão cultural do município, mas, sim, uma fundação. A estrutura de fundação tem algumas particularidades, entre elas a unidade orçamentária indepen-

O processo de candidatura ao selo da Unesco foi iniciado a partir do momento em que a cidade ganha o edital promovido pelo Ministério da Cultura que concedia uma consultoria para a confecção do dossiê de candidatura ao selo da Unesco. A escolha da categoria música foi realizada com ajuda de consultoria organizada pela FROC, em função de ser historicamente o setorial cultural que tem iniciativas institucionalizadas e investimentos mais diversificados, tais como: a escola local para a formação de músicos; a orquestra e o coral da cidade em funcionamento há vários anos; o megafestival anualmente dedicado ao *Jazz & Blues* (em funcionamento há quase duas décadas); os espaços privados dedicados à cena local e independente; as rodas frequentes de *hip hop*; e, finalmente, a relação histórica da cidade com compositores e músicos renomados do País.

> Fizemos uma grande pesquisa e conseguimos construir o dossiê da Unesco. Isso foi muito importante porque, na verdade, colocou a gente diante de um "diagnóstico" revelador e muito relevante. Pudemos constatar neste documento onde estão os gargalos e as fragilidades da cidade. Ao mesmo tempo, pudemos vislumbrar como a comunidade vê a gestão musical aqui dentro da cidade, tanto por parte do poder público quanto por parte

---

dente. A FROC não possui um percentual orçamentário congelado, como ocorre com as secretarias de Saúde e Educação da cidade, sendo essa uma das principais reivindicações do setor. Diante disso, a fundação possui uma unidade orçamentária independente, podendo atuar de forma mais ágil e captar recursos externos (para além do próprio orçamento municipal). Na avaliação de Cristiane Regis, presidente da FROC, "[...] há vários benefícios deste modelo: a) agilidade nas licitações, contratações e formulações de projetos; b) flexibilidade orçamentária por acelerar as parcerias público-privadas e por conceber a fundação também como uma prestadora de serviços; c) maiores possibilidades de construção de marcos legais, por incorporarem a máquina jurídica, que viriam a promover maior continuidade nas políticas públicas de cultura do município, questão identificada como sendo um dos grandes desafios da fundação" (entrevista com Cristiane Regis, presidente da Fundação de Cultura de Rio das Ostras, concedida à pesquisa no dia 11 de março de 2022).

do setor privado. Através desse dossiê, pudemos compreender melhor a relação dos músicos locais com a sociedade de um modo geral. Então, esse dossiê vai ser importante para as futuras iniciativas. Nós levantamos dados muito importantes, que seguem gerando reflexões e debates.[233]

Durante o processo de elaboração do dossiê e candidatura, os técnicos e assessores relatam que os moradores locais, de maneira geral, apoiaram essa iniciativa. A categoria dos músicos, contudo, apresentou certa resistência à candidatura, tendo em vista críticas e desafios experienciados por eles no cotidiano. De qualquer modo, de acordo com as entrevistas realizadas, a proposição ao selo da Unesco promoveu um diagnóstico aprofundado das cenas musicais e das políticas públicas que tinham sido implementadas até aquele momento pela fundação. Dentre as questões abordadas, poder-se-iam destacar: a) as percepções críticas dos músicos locais em relação ao Festival de *Jazz & Blues*; b) as dificuldades de absorção do músico profissionalizado na cidade pelo mercado de música local; c) a identificação de desafios específicos na formação de plateia para a música autoral; d) a existência de um mercado de música ainda pouco explorado; e) carência de medidas de proteção ao músico da noite, como a garantia da cobrança de cachê; e) e, finalmente, as projeções de que cenas independentes mais consistentes poderiam vir a se desenvolver, mas que essas necessitariam de maior apoio por parte do poder público.

Técnicos da FROC tecem alguns comentários também sobre as críticas que já foram mencionadas aqui e que, em sua grande maioria, são direcionadas às limitações da proposta do Festival *Jazz & Blues*.

---

[233] Entrevista com Carlos Pimentel, assessor da FROC, concedida à pesquisa no dia 15 de agosto de 2019.

> No dossiê, ficou evidenciado como os músicos, na verdade, enxergam o *Jazz & Blues*. O fato é que os músicos locais não estão se sentindo empoderados nesse evento; isto é, esses artistas percebem que não têm lugar como protagonistas no festival [...]. A condição deles é bem diferente daquela dos músicos de outros países ou de outras cidades do País que vêm tocar aqui.[234]

Eles comentaram também que os músicos profissionalizados – através dos cursos técnicos oferecidos pela FROC – muitas vezes não encontram espaços e oportunidades para transformar esse conhecimento em uma fonte de renda no dia a dia.

> Apesar de dispormos de uma escola profissionalizante de música, poderíamos nos perguntar: até que ponto esses artistas locais estão realmente preparados para enfrentar esse complicado mercado? Além disso, por mais que tenhamos os espaços da Taberna da Amendoeira e da Confraria do Jamelão, lamentavelmente não há muitas outras possibilidades de espaços na cidade. Como alternativa, vários músicos acabam produzindo eventos, pois do contrário não tocariam em nenhum outro lugar [...]. Infelizmente, muita gente desiste de lutar por uma cena musical local e acaba se mudando para a cidade do Rio de Janeiro.[235]

A carência de espaços voltados especificamente às apresentações das cenas musicais locais aparece como uma queixa constante nas conversas informais realizadas, inclusive entre os empreendedores da região. Os empresários que atuam no mercado da gastronomia e da noite de Rio das Ostras, de modo geral, apostam no consumo de

---

[234] *Ibidem*.
[235] Entrevista com Renata Cabral, assessora da FROC, concedida à pesquisa no dia 15 de agosto de 2019.

bebidas e comidas, sem que os concertos ao vivo se constituam em um importante diferencial para os bares e restaurantes.

> Se pensarmos que se trata de uma cidade pequena, pode-se dizer que temos um razoável mercado de música da noite. Um percentual dos bares eventualmente paga um músico – em geral isolado – para incrementar um pouco o ambiente. Então, o artista que mantém o cliente consumindo pode vir a interessar algum empresário. Contudo, de modo geral, lamentavelmente não se prestigia muito o músico. Os empresários costumam não oferecer novas atrações para o lugar: ou seja, para esses empreendedores, investir em música não faz parte, exatamente, das estratégias para formação de novos segmentos de público consumidor.[236]

Apesar disso, algumas exceções – de empresários que prestigiam esses artistas – foram identificadas na cidade.

> É possível identificar algumas casas noturnas que são emergentes no mercado de música ao vivo. É o caso da Confraria do Jamelão, a Amendoeira, o Trik Trik, que são pontos que já têm outra relação com os músicos. Estão conscientes de que a música contribui para o sucesso do seu negócio. Aliás, são lugares onde há inclusive espaço para a música autoral e para outros estilos que não são só os mais populares.[237]

É importante salientar que foi mencionada, por diferentes atores, a necessidade urgente de ações de formação de novos públicos. Para que as iniciativas privadas de espaços musicais se tornem atrativas para o empresariado e sustentáveis para a cidade na absorção dessa

---

[236] *Ibidem.*
[237] *Ibidem.*

mão de obra qualificada, é fundamental fomentar também a demanda do público. Nesse sentido, Regina Muniz, proprietária da Taberna da Amendoeira (bar que existe há mais de 20 anos, com forte vínculo com apresentações de música autoral) argumenta que concertos realizados em espaços públicos poderiam vir a se constituir em um caminho para a ampliação dessa demanda. Ela menciona (ao lado de outros entrevistados) a dificuldade para a realização de eventos de música nas ruas da cidade.

> Acho que falta em Rio das Ostras um bom trabalho de formação de público interessado na música local. Realizar música ao vivo no espaço público poderia ter um efeito educativo. Isso é importante, pois as pessoas vão se habituando a consumir esses concertos em eventos gratuitos. Há muitas proibições e dificuldades em realizar mesmo pequenos eventos de rua.[238]

Nesse sentido, Diogo Spadaro, conhecido músico local, acrescenta, ainda, que os músicos não se sentem inteiramente seguros em realizar concertos públicos, por não visualizarem um amparo legal com a liberação de alvarás para esses eventos de rua (os atores temem a repressão do aparato policial local).

> Infelizmente, Rio das Ostras não possui um circuito de casas noturnas. Há alguns bares que prestigiam a música, como a Confraria Jamelão e a Taberna, que são lugares maravilhosos. Cada vez que a gente volta para tocar nesses lugares tem um público maior e mais diversificado [...]. Já pensamos em nos organizar e incrementar esse trabalho de formação de público, indo para a rua [...] só que a gente passa por tantas situações

---

[238] Entrevista com Regina Muniz, proprietária do bar Taberna da Amendoeira, concedida aos autores em 18 de outubro de 2019.

> complicadas que isso gera muita insegurança. Muitas vezes, temos a impressão de que podemos fazer um som em algum lugar [...] a sensação é a de que por algum tempo acostumamos algumas pessoas a se juntar de forma espontânea [...]. O fato é que, se a polícia aparecer, corre-se o risco de prisão ou de perder os equipamentos. Apesar das dificuldades, há muito potencial de formação de novos públicos, e isso é muito importante para a vida cultural de Rio das Ostras.[239]

Para outros artistas, como Micha Devellard – musicista conhecida e importante liderança LGBTQIA+ (e integrante do Conselho Municipal de Cultura) – essa possibilidade de ocupar os espaços públicos na forma de rodas e pequenos eventos deveria ser mais explorada pelos músicos das cenas locais, especialmente após ter ocorrido a aprovação da Lei Municipal n. 2177 (de 2018) que, em tese, garante o direito de apresentação dos artistas de rua em Rio das Ostras.

> É uma lei recente e importante, que permite garantir sustento para os artistas de rua, desde que, evidentemente, se respeite as normas de regulação do espaço público da cidade [...]. Aliás, o Conselho Municipal de Cultura neste momento está preocupado com a ampla divulgação dessa lei, pois percebemos que há muito desconhecimento. Portanto, estamos empenhados pelo reconhecimento público dessa lei, no respeito dela como um direito dos artistas de ocuparem Rio das Ostras: muitas vezes, essas ocupações geram tensões e confusão envolvendo moradores, artistas e a polícia. Tentando oferecer orientações à população, esse Conselho, do qual faço parte, pretende divulgar mais amplamente uma cartilha para dar mais esclarecimentos.[240]

---

[239] Entrevista com Diogo Spadaro, músico da banda Os Abufelados, concedida aos autores em 30 de outubro de 2019.
[240] Entrevista com Micha Devellard, musicista local e integrante do Conselho Municipal

5.4 A música como vetor importante capaz de alavancar o desenvolvimento local

Ainda que existam grandes dificuldades em dinamizar as cenas musicais em Rio das Ostras, é preciso reconhecer o esforço recente de técnicos progressistas que atuam na FROC, que buscam não só incrementar os canais de comunicação (através de *web* rádio, e do Conselho Municipal) e as possíveis sinergias entre os diversos segmentos e interesses presentes na cidade (Bennett *et al.*, 2014), mas também fomentar o dinamismo das iniciativas musicais (e culturais) já existentes na cidade.

> Consideramos muito importante ouvir as demandas da região antes de tentar planificar e desenvolver as nossas ações. Temos um Conselho Municipal de Cultura muito atuante e bastante representativo na cidade, que tem nos ajudado a repensar a nossa linha de ação e projetos [...]. Rio das Ostras é, sem dúvida, uma cidade extremamente musical, que respira diversos gêneros de música [...]. Evidentemente, estamos atentos a isso, desenvolvendo várias linhas de atuação relevantes da FROC no campo da música.[241]

Muitas vezes, nos damos conta que, apesar de todos os nossos esforços em construir diagnósticos e ouvir a população, seguimos carecendo de mais informações e dados sobre a cidade. Vou dar um exemplo: quando apoiamos os artistas com renda básica durante a pandemia de Covid-19, conseguimos criar um cadastro mais atualizado, que é fundamental se queremos desenvolver, efetivamente, políticas públicas mais inclusivas. Antes da lei Aldir Blanc, contávamos com cerca de uma cen-

---

de Cultura, concedida à pesquisa no dia 17 de junho de 2022.
[241] Entrevista com Cristiane Regis, presidente da Fundação de Cultura de Rio das Ostras, concedida à pesquisa no dia 11 de março de 2022.

tena de artistas inscritos no cadastro da cidade. Atualmente, constatamos que temos quase 800 inscritos entre artistas e coletivos de arte [...]. Dentro do possível, temos procurado atuar em diferentes frentes, apoiando diversos projetos socioculturais na cidade [...]. Os festivais são mais da alçada da Secretaria de Turismo e são muito importantes para o dinamismo da cidade. A nossa linha de atuação é mais no sentido de oferecer: por um lado, a formação na área cultural através das oficinas e cursos e, por outro, fomentar as iniciativas e dar oportunidades aos artistas da região.[242]

Ao mesmo tempo, os atores em seus depoimentos e no seu diálogo com essa fundação, têm crescentemente enfatizado a necessidade de uma maior flexibilidade da regulamentação urbana, visando facilitar especialmente a viabilização das apresentações nos espaços públicos. Para diversos atores entrevistados, essa estratégia poderá vir a ser relevante e capaz de contribuir de forma significativa no necessário processo de "formação de públicos" nessa urbe, ou melhor: essa iniciativa poderá colaborar para a construção de cenas musicais mais sustentáveis (no sentido de que incorporaria mais efetivamente variados segmentos da população local) e mais plurais[243] – em suma, por isso mesmo deveria

---

[242] Entrevista com Mariana Gomes Ribeiro, assessora do FROC, concedida à pesquisa no dia 10 de março de 2022.
[243] Evidentemente, os atores mencionaram, nas entrevistas, a importância de existirem mais programas de rádio dedicados a divulgar os trabalhos dos músicos das cenas locais. Na realidade, de modo geral, eles salientam a importância de: a) utilizar os meios de comunicação tradicionais e a internet (redes sociais) na divulgação do trabalho desses artistas; b) continuar investindo na formação musical dos atores locais; c) articular em iniciativas criativas, os jovens que vêm sendo formados nos cursos de produção cultural (pela Universidade Federal Fluminense) com os coletivos de músicos locais; d) e, finalmente, abrir espaços institucionais para os grupos das cenas locais nas diferentes iniciativas – especialmente na programação de eventos e festivais (de meio e grande porte) – que estão sendo realizadas regularmente na cidade.

ser incorporada a futuras políticas públicas locais mais sintonizadas com os interesses coletivos da localidade.

Ao longo desse estudo, foi possível atestar que a elaboração do dossiê da candidatura ao selo da Unesco contribuiu para a identificação de problemas e também de potencialidades experienciadas de forma menos visível na cidade e que estão direta e indiretamente relacionadas ao setor musical, à percepção de que a música pode ser um vetor de desenvolvimento local.[244] Assim, como já mencionamos, a candidatura levou à construção de um diagnóstico interessante da cidade que poderia ter se constituído no ponto de partida para a reconstrução de uma agenda de políticas públicas, mais comprometida com a construção da democracia e do desenvolvimento sustentável na região. Infelizmente, a falta de transparência e de debate sobre as críticas assinaladas pela Unesco (na sua avaliação negativa à concessão do selo de cidade da música a esse território) e a "cultura da descontinuidade" das políticas públicas reinante em diversas áreas do País (Rubim, 2007; Barbalho *et al.*, 2011; Calabre, 2008) dificultam a realização de projeções futuras para a região.

Além disso, nos trabalhos de campo, entrevistas e conversas informais com artistas, atores e lideranças locais, ficou patente a necessidade de os representantes do poder municipal retomarem de

---

[244] Ao preencher o formulário do dossiê, os assessores e técnicos relataram que, com certa surpresa e entusiasmo, identificaram cenas e coletivos musicais existentes (e de pouca visibilidade na cidade) que ajudaram o poder público a cumprir os quesitos exigidos pela Unesco, tais como: parcerias musicais em âmbito internacional em curso; a existência de uma cena de música autoral; projetos musicais que atingem públicos de vulnerabilidade sendo realizados; presença de grupos envolvidos com temas como identidade negra e feminismo; e, finalmente, grupos ativos de troca, venda e colecionadores de artefatos musicais. A candidatura foi identificada pela grande maioria como uma iniciativa significativa, que poderia vir a gerar no futuro novas sinergias e externalidades positivas relevantes para a localidade (entrevista com Mariana Gomes Ribeiro, assessora do FROC, concedida à pesquisa no dia 10 de março de 2022).

forma efetiva a parceria com a Universidade Federal Fluminense, a qual ficou um pouco estremecida desde maio de 2014, quando ocorreram as performances artísticas realizadas no âmbito do 2º Seminário de Investigação & Criação – organizado pelo curso de Produção Cultural dessa instituição de ensino superior – que na ocasião chocou os segmentos sociais mais conservadores da cidade.[245] Tendo em vista que essa universidade pública é a única que atua na localidade (e, que, portanto, é a que vem contribuindo para a mão de obra local, a qual atenderá direta e indiretamente ao projeto de construção de uma cidade criativa em Rio das Ostras), pode-se dizer que a retomada dessa articulação institucional no horizonte se coloca como estratégica, urgente e necessária.

Apesar das dificuldades assinaladas neste capítulo, é notório que nos caminhos que podem levar a novos patamares de desenvolvimento na região – a partir do fomento de uma cultura musical local – seguem existindo algumas controvérsias que saltam aos olhos do observador mais atento e que precisarão necessariamente ser enfrentadas, privilegiando principalmente as riquezas (especialmente as menos visíveis) e os interesses coletivos do território. Ainda assim, a heterogeneidade de grupos interessados em planejar e atuar no setor musical e do entretenimento (produtores culturais, *players* da inciativa

---

[245] Para mais informações sobre a polêmica gerada por essas performances artístico-culturais, conferir as seguintes matérias jornalísticas: Azevedo, Reinaldo. Universidades brasileiras em tempos petistas. *Veja*, São Paulo, 3 jun. 2014 (Disponível em: <https://veja.abril.com.br/coluna/reinaldo/universidade-federal-em-tempos-petistas-vagina-e-costura-da-num-evento-chamado-xereca-satanik-na-uff-voces-estao-lendo-direito-chefao-do--departamento-diz-que-os-criticos-da-festa-sao-conservadores-e-de/>, acesso em: 8 jul. 2022); Machado, Isadora. O que a mídia não contou sobre o Xerec Satânik. *Pragmatismo Político*, São Paulo, 17 jun. de 2014 (Disponível em: <https://www.pragmatismopolitico.com.br/2014/06/o-que-midia-nao-contou-sobre-o-xerec-sataniks.html>. Acesso em: 9 jul. 2022); Newsletter. Festa satânica da UFF terá ato de apoio. *O Globo*, Rio de Janeiro, 2 jun. 2014 (Disponível em: <https://oglobo.globo.com/brasil/educacao/festa-satanica--da-uff-tera-ato-de-apoio-12687369>, acesso em: 8 jul. 2022).

privada da área turística e gastronômica, técnicos de cultura e músicos profissionalizados, entre outros) podem levar a cidade a alcançar futuramente a condição de uma cidade criativa relevante do estado do Rio de Janeiro.

6. O *fazer* com polinizador e (re)existente dos vagalumes, abelhas, formigas e borboletas pelos territórios

Como tivemos a oportunidade de constatar ao longo deste livro, as quatro cidades pesquisadas não se constituem exatamente em "cidades-modelo" de desenvolvimento local nem de implementação de políticas públicas diligentes e democráticas. Apesar do avanço em muitas esferas nessas localidades, essas urbes seguem enfrentando diversos desafios que se constituem em obstáculos para o crescimento equilibrado desses territórios. Ao mesmo tempo, vale salientar que partimos do pressuposto de que esses estudos de caso indicam um enorme potencial de crescimento para o estado do Rio de Janeiro, e que, como riquezas locais, independente das políticas públicas mais ou menos adequadas implementadas, vêm "polinizando" (Moulier--Boutang, 2010) e produzindo algumas sinergias entre os setores e cadeias da cultura, turismo, comunicação e informação, e, de modo geral, do entretenimento.

Assim, apesar de todo potencial e enorme relevância dessas cadeias produtivas criativas acima mencionadas na trama urbana da cidade do Rio, a trajetória recente da capital do estado, especialmente após as Olímpiadas e os megaeventos da década de 10 do século XXI, sugerem um contexto de crise e de estagnação desse território. Pode-se afirmar que, de certo modo, a Zona Portuária é quase uma espécie de "microcosmo" do que vem ocorrendo em linhas gerais nessa metrópole: por um lado, é possível atestar um processo de perda de dinamismo na localidade e descontinuidades das políticas públicas – poderíamos mencionar a gentrificação do porto e construção de grandes equipamentos urbanos no período de preparação para os megaeventos internacionais já mencionados; posteriormente, um período marcado pela carência de políticas culturais e que se traduziu, de modo geral, em uma falta de apoio para os setores criativos durante a administração do prefeito Marcelo Crivella (agravado evidentemente também pela longa pandemia de Covid-19); e, finalmente, a retomada de projetos e processos indutivos de grande envergadura com o retorno de Eduardo Paes ao poder municipal –; e, por outro lado, tem sido possível atestar a vitalidade, táticas e astúcias das "territorialidades sônico-musicais" construídas pelos atores no cotidiano (Herschmann e Fernandes 2014) que ocupam criativamente o espaço público dessa localidade, isto é, as "(re)xistências" dos artivismos de diversos coletivos (Fernandes *et. al.*, 2022), especialmente aquelas práticas engajadas que gravitam em torno da "música negra" (Gilroy, 2001) e seguem negociando (apesar de todas as adversidades) uma cidade atraente, mais inclusiva e dos encontros. Além disso, detectou-se no nosso estudo a tendência crescente das mulheres protagonizarem a cena musical de rua da cidade, agenciando eventos mais acolhedores (num contexto de agravamento da polarização política e de ampliação da violência urbana) e uma agenda política mais interseccional, que vem atraindo outras minorias, especialmente da cena LGBTQIA+ local.[246]

Já na cidade Paraty, nos últimos anos a conquista do selo da Unesco (na área de gastronomia) e da condição de patrimônio misto da humanidade (apesar de alguns problemas e desequilíbrios no âmbito

---

[246] Como mencionamos no capítulo 1, certas áreas tradicionalmente ocupadas pelo "artivismo musical negro" (na Pequena África, Zona Portuária do Rio) abriram caminho para outras territorializações sônico-musicais capitaneadas por mulheres e, posteriormente, outras minorias *queer*.

ambiental local de pouca visibilidade midiática) ofereceu mais prestígio a esse pequeno vilarejo e consolidou ainda mais o modelo turístico baseado na patrimonialização e na realização de grandes festivais (três deles centrados na música), que efetivamente vêm trazendo grandes benefícios socioeconômicos a essa localidade (afinal, Paraty e a cidade do Rio de Janeiro são os dois dos principais destinos turísticos do País). Ao mesmo tempo, alguns problemas seguem se colocando como obstáculo à construção de novos patamares de desenvolvimento na região: por exemplo, infelizmente continuam se oferecendo poucas alternativas de qualidade de vida e mecanismos de ascensão social para a juventude e para os segmentos mais pobres, o que se reflete nos significativos índices de violência e criminalidade na cidade e nos arredores. A proposta de construção de novos equipamentos culturais, a ampliação de oficinas e cursos e a criação do Centro de Formação Profissional são resultado de políticas públicas progressistas, as quais buscam contrabalançar carências e atender demandas locais (como a ausência de universidades e instituições de ensino superior na região); isto é, compensar a falta de oportunidades de trabalho para além da cadeia do turismo e, ao mesmo tempo, qualificar um pouco melhor a mão de obra local. Foi possível notar também que segmentos expressivos da população da cidade – tais como jovens, artistas e artesãos (a maioria deles dos grupos indígenas dos arredores) – demandam – há muitos anos – o direito de ocupar o espaço público do Centro Histórico de Paraty, mas esbarram recorrentemente na regulamentação municipal e na inflexibilidade do Iphan, que coíbem a ocupação dessas áreas. Isso tem gerado polêmicas, tensões e questionamentos na cidade, mesmo porque, durante os megafestivais regulares, os alvarás são concedidos e essas normas são transgredidas, ou seja, durante esses grandes eventos os critérios de preservação do patrimônio histórico e as "leis que interditam a perturbação da ordem" são, em geral, colocadas de lado, em nome dos interesses dos principais grupos políticos e econômicos que atuam na região.

O caso Conservatória é bastante curioso, pois, apesar de não ser propriamente uma cidade (trata-se de um distrito de Valença, portanto, não tem autonomia completa para desenvolvimento de políticas públicas municipais), tem conseguido construir – a partir de certas táticas e astúcias (De Certeau, 1995) elaboradas pelos atores e lideranças locais – um longo ciclo de sucesso associado especialmente ao Movimento Seresteiro (de cunho amadorístico), o qual vêm mobilizando, há décadas, os atores e visitantes nos finais de semana no vilarejo. Apesar da crise atual do ativismo seresteiro (que tem gerado polêmicas e sugestões que apregoam a necessidade de contar com artistas profissionais nas serestas e serenatas dos finais de semana), o esquema turístico e criativo musical continua apresentando resultados expressivos e segue gerando benefícios socioeconômicos relevantes e qualidade de vida (a localidade não apresenta índices significativos de violência urbana, desemprego e de ataques ao meio ambiente). Assim, com a colaboração financeira dos comerciantes e pousadeiros locais (de práticas associativistas), a Associação Comercial, Rural, Industrial e Turística de Conservatória vem conseguindo angariar recursos, o que tem permitido que na localidade, apesar da crise do País, siga-se organizando e realizando um calendário anual musical diversificado de eventos e festivais, os quais se articulam aos encontros semanais dos seresteiros de grande popularidade. Tudo isso vem possibilitando que se continue construindo sinergias significativas entre as várias iniciativas e as cadeias produtivas criativas da cidade.

E, finalmente, no caso de Rio das Ostras, pode-se constatar que a tentativa malsucedida de pleitear o selo da Unesco (na categoria música) representou um passo relevante no processo de amadurecimento do debate técnico sobre criatividade, que tem levado inclusive o poder público municipal a investir mais na produção musical e cultural da localidade. Assim, foi possível atestar na pesquisa realizada não só um crescente empenho da Fundação Rio de das Ostras de Cultura em realizar eventos, programas e oficinas dirigidos a fomentar a cultura local e atender demandas da população do balneário, mas também que mesmo dentro do modelo turístico predominante – baseado em grandes festivais – passou a ser incorporada uma preocupação maior com a inclusão mais significativa dos artistas e de parte da mão de obra local nesses eventos. Apesar de existirem fóruns de debate importantes como o Conselho Municipal para discutir estratégias que promovam o adensamento desse território e que promovam mais desenvolvimento local, a cidade ainda carece de mais integração e construção de um diálogo mais profícuo com algumas instituições--chave em processos de inovação e formação, tais como a Universidade Federal Fluminense.

A essa altura, o leitor deve ter se perguntado – e com toda legitimidade: por que escrever, agora, este livro sobre "cidades criativas"? Por que investir nesse tipo de estudo (se inclusive essas urbes não são modelos de desenvolvimento local sustentável)? Qual é o sentido de desenvolver este trabalho em um momento em que no País se desvaloriza o saber acadêmico e se sente a sensação inconsolável de viver em uma "terra arrasada"? Quais são as razões de buscar desenvolver essas reflexões nesse momento em que a maioria se dá conta de que estamos vivendo uma profunda "crise" (de diversas ordens e deflagrada em grande medida pela claudicante gestão do ex-presidente Jair Bolsonaro, pela longa pandemia de Covid-19, pelas oscilações do preço do petróleo, pelo retorno da alta inflacionária, pela polarização e violência sociopolítica, pelo aumento da violência social – e a falta de uma disposição na construção de um diálogo e entendimento entre diferentes grupos e segmentos sociais –, e, finalmente, pelo crescimento da fome e da miséria em diversas localidades do País)?

Poderíamos argumentar que, mais do nunca, a construção de projetos coletivos capazes de promover o crescimento sustentável das localidades e que, ao mesmo tempo, possam atender as demandas da população, tornou-se de grande urgência e fundamental para reverter, ainda que de forma modesta, esse contexto de crise.

Há elementos palpáveis que permitem não sucumbirmos a uma perspectiva derrotista e apocalíptica. Segundo os dados organizados pela Firjan (2019), o PIB das empresas criativas do estado do Rio de Janeiro totalizava no final da década de 10 do século XXI quase R$ 25 bilhões, equivalendo a praticamente 4% de toda a riqueza produzida ali. Esses dados sugerem ainda que existem cerca de 25 mil empresas criativas nessa macrorregião do Sudeste, as quais correspondem a 5,6% do total. Esses números demonstram a importância das atividades criativas para a economia estadual, ainda mais se reconhecemos, por um lado, que nenhum estado no contexto brasileiro possui maior participação de empresas criativas no seu total de empresas do que o Rio de Janeiro; e, que, por outro, apenas São Paulo supera o Rio na participação percentual do PIB criativo (São Paulo concentra hoje cerca de 47% do "PIB criativo" brasileiro, e gera R$ 78,35 bilhões por ano) no *ranking* do PIB por estado. O mesmo levantamento destaca, ainda, que o estado do Rio de Janeiro tem a maior média salarial da economia criativa (superior a R$ 10 mil) número bem superior à média nacional desse setor produtivo (que gira entorno de R$ 7 mil) e equivalente a mais de três vezes ao salário médio fluminense, o qual é de cerca de R$ 3.200,00 (Firjan, 2019). Em termos de distribuição dos empregos criativos pelo estado do Rio de Janeiro, constata-se que há concentração muito grande na capital, ou seja, 74% dos empregos criativos formais estão localizados na cidade do Rio de Janeiro (Figueiredo e Jesus, 2020). Analisando esses dados, ficam patentes dois aspectos: não só o de que a economia criativa representa, efetivamente, uma importante riqueza dessa macrorregião, mas também o de que é preciso criar mais condições para que ocorra uma melhor distribuição de empregos criativos em outras cidades do estado. Nesse sentido – para além da metrópole do Rio –, essa publicação oferece elementos para se repensar o potencial de "desenvolvimento local sustentável" (Buarque, 2008) de outras cidades de médio e pequeno porte, tanto do litoral (tais como Paraty e Rio das Ostras) quanto do interior do estado (como é o caso de Conservatória), agenciando as áreas da cultura, entretenimento e turismo.

No final de março de 2022, quando estávamos na etapa final da nossa pesquisa e no processo de confecção deste livro, fomos informados de que a Secretaria de Cultura e de Economia Criativa do Estado do Rio de Janeiro (Secec) teria criado o "Laboratório de Cidade Criativas". Utilizando o apoio de escritórios de consultoria privada, a Secec implementou, no final da gestão do governador Claudio Castro, três programas: um na área do audiovisual (intitulado Cine +); outro voltado para a formação em escolas da rede pública (denominado "Escolas Criativas"); e um terceiro, de *design*, que aplica estratégias de urbanismo tático em praças de algumas cidades.[247] Segundo a secretária Danielle Barros,

> [...] ao implementar esses projetos buscamos criar alguns mecanismos visando uma maior participação da população local, incluindo os artistas e mão de obra local [...] os projetos nas praças, nos cinemas e nas escolas buscam construir uma identidade com os territórios, ou seja, uma relação com a cultura e história locais [...].[248]

---

[247] Segundo informações fornecidas pela Secretaria de Cultura e Economia Criativa do Estado, o Laboratório de Cidades Criativas é uma realização da Quitanda Soluções Criativas e do Instituto BR e correalização do Rua Walls com patrocínio da Enel e da Secretaria de Estado de Cultura e Economia Criativa do Rio de Janeiro e Secretaria da Cultura do Ceará, através da Lei Estadual de Incentivo à Cultura, produção executiva da Cinco Elementos Produções, com consultoria executiva da Marco Zero. Mais informações, conferir: LAB Cidades Criativas é lançado no Estado do Rio de Janeiro. *LAB Cidades Criativas*, Rio de Janeiro, 19 mar. 2022. (Disponível em: <https://labcidadescriativas.com.br/lab-cidades-criativas-e-lancado-no-rio-de-janeiro>. Acesso em: 7 ago. 2022).

[248] Entrevista com Danielle Barros, secretária de Cultura e de Economia Criativa do Estado

Analisando o material divulgado pela Secec sobre as três iniciativas, pode-se dizer em linhas gerais que: o programa Cine+ visa a construção de salas públicas de cinema em cidades de até 250 mil habitantes do estado[249]; e que a iniciativa das "Escolas Criativas" aparentemente propõe recapacitação de professores e reforça as propostas encabeçadas há várias décadas por organizamos internacionais (tais como a Unesco) para a área da educação, especialmente na sua interface com a inovação e sustentabilidade.[250]

Desses três programas do Laboratório de Cidades Criativas, o que se encontra certamente em estágio mais avançado é o de *design* urbano, tendo sido já aplicado em Macaé e Rio das Ostras. Ao que tudo indica, esse programa se propõe a contribuir para a "revitalização" de algumas praças públicas de cinco cidades fluminenses, utilizando algumas ferramentas do "urbanismo tático" (Nogueira e Portinari, 2016), as quais sugerem intervenções no espaço urbano provisórias e exógenas (que não necessariamente incrementam o desenvolvimento local, a criatividade no território e/ou atendem as demandas da população

---

do Rio de Janeiro, concedida aos autores no dia 13 de agosto de 2022.

[249] A proposta é que as salas de cinema desse programa exibam filmes autorais brasileiros que abordem principalmente direitos humanos e educação. Além disso, a Secec informa que esses equipamentos culturais também serão usados como espaço multiuso, onde poderão acontecer ações formativas e apresentações artísticas. O programa ainda prevê realização de capacitação técnica e artística em exibição cinematográfica nas cidades contempladas. Mais informações, ver: LAB Cidades Criativas é lançado no Estado do Rio de Janeiro. *LAB Cidades Criativas*, Rio de Janeiro, 19 mar. 2022. (Disponível em: <https://labcidadescriativas.com.br/lab-cidades-criativas-e-lancado-no-rio-de-janeiro>. Acesso em: 7 ago. 2022).

[250] A Secec informa que esse programa tem como objetivo capacitar educadores e orientar alunos da rede pública das cidades contempladas para uma atuação mais responsável no processo de desenvolvimento, a partir da difusão de conhecimentos sobre sustentabilidade, inovação e criatividade. Mais informações, conferir: LAB Cidades Criativas é lançado no Estado do Rio de Janeiro. *LAB Cidades Criativas*, Rio de Janeiro, 19 mar. 2022. (Disponível em: <https://labcidadescriativas.com.br/lab-cidades-criativas-e-lancado-no-rio-de-janeiro>. Acesso em: 7 ago. 2022).

local). Segundo Danielle Barros: "[...] esta ação conjunta, entre poder público e setor privado, mostra o quanto o estado está fortalecido [...] esses programas são a cara do Rio de Janeiro e da cultura fluminense"[251], ressaltou a secretária de Cultura e Economia Criativa durante a cerimônia de lançamento do Laboratório de Cidades Criativas no Palácio Guanabara.

A despeito dos possíveis efeitos positivos momentâneos e mais pontuais nas localidades, é possível de antemão fazer ao menos uma crítica a esse programa de urbanismo tático, ainda que em estágio inicial. Analisando as informações divulgadas, tem-se a impressão de que a população dessas urbes está em geral participando como coadjuvante dessas intervenções urbanas: a sensação é a de que as propostas, ainda que relativamente customizadas para as localidades (incorpora-se elementos da cultura dessas urbes), parecem já estar todas devidamente delineadas nas pranchetas de técnicos e urbanistas e que tendem a produzir efeitos instantâneos sobre a imagem desses territórios. Portanto, não há evidências concretas de que esse tipo de iniciativa alicerçará e fomentará a médio e longo prazo as cenas criativas locais (ou conduzir a uma melhoria da qualidade de vida nesses territórios).

A despeito das descontinuidades, da perspectiva exógena e quase sempre indutiva que caracterizam os processos de implementação de novas políticas públicas no Brasil (o que em geral é quase sempre problemático), gostaríamos de finalizar essa publicação recordando ao leitor que a cultura é biopoder, mas ao mesmo tempo que ela também fundamenta iniciativas de (re)xistência (portanto, é também

---

[251] LAB Cidades Criativas é lançado no Estado do Rio de Janeiro. *LAB Cidades Criativas*, Rio de Janeiro, 19 mar. 2022. (Disponível em: <https://labcidadescriativas.com.br/lab-cidades-criativas-e-lancado-no-rio-de-janeiro>. Acesso em: 7 ago. 2022).

biopolítica), as quais têm a capacidade de ressignificar os cotidianos e imaginários urbanos.

Gostaríamos, ainda, de salientar que, para além das políticas públicas e dos aspectos econômicos, foi tentando sublinhar processos importantes e quase invisíveis de ressignificação que procuramos caminhar na direção, também, das histórias pouco conhecidas, as quais tecem diariamente tramas rizomáticas, inconclusas e aparentemente pouco relevantes: nesses estudos cartográficos, buscou-se (no limite) oferecer ao leitor algumas fabulações especulativas, as quais indicam processos relevantes de ressignificação dos imaginários urbanos. Assim, ao longo dos capítulos do livro, pudemos notar e sublinhar que os atores muitas vezes agiram significativamente não só "polinizando" (como as abelhas) através de suas redes musicais as tramas urbanas, mas também enviando – como "borboletas" (*papillons*) – conhecimentos e mensagens sonoras políticas relevantes. Através do agenciamento da experiência musical coletiva, mesmo em "tempos mais sombrios" vividos recentemente no País, atuaram como "vagalumes", inspirando com seu brilho um caminhar mais afetivo, lúdico, dionisíaco e solidário. Por exemplo, como tivemos a oportunidade de constatar nos capítulos anteriores (em que cartografamos essas quatro cidades), diversos grupos minoritários – sintonizados principalmente com a agenda de luta LGBTQIA+ – têm alcançado certo protagonismo nas redes musicais dessas localidades e, de certa forma, têm sido bem-sucedidos em construir outros imaginários e dinâmicas urbanas, nos quais pode-se dizer que: a) o direito à cidade é crescentemente considerado um princípio básico e fundamental; b) e os seus corpos insurgem fortalecidos pelas alianças e interseccionalidades edificadas (aliás, vêm se tornando cada vez mais "protagonistas" dessas experiências musicais coletivas).

E, finalmente, gostaríamos de ressaltar que não se buscou com essas reflexões de cartógrafos-"formigas" (inspirados na *Actor Network Theory*) apresentadas aqui dar conta dos múltiplos aspectos que envolvem as dinâmicas culturais nessas cidades do estado do Rio. Interagindo com alguns dos atores pesquisados (especialmente os mais combativos), a sensação mais presente que tivemos é a de que esses continuam apostando no "fazer com" e que a sua tarefa é, em última instância, "seguir com o *trouble*" (Haraway, 2019a), tentando criar linhas de fuga, dissensualidades, *detournéments*, os quais promovem de certa maneira micropolíticas que tensionam com o biopoder nessas urbes. Em alguma medida, são conscientes de que os processos criativos e a postura colaborativa são fundamentais para que possam seguir (re)existindo e construindo territorialidades sônico-musicais e "heterotopias" (Lefebvre, 2004; Harvey, 2013), as quais abrem um campo de possibilidades e enriquecem as experiências vividas no seu cotidiano.

Referências

ACSELRAD, Henri. *Cartografias sociais e território*. Rio de Janeiro: UFRJ/IPPUR, 2008.

ADORNO, Teodor W. *Indústria Cultural e Sociedade*. São Paulo: Paz e Terra, 2002.

ALBORNOZ, Luis A. La transformación y diversificación de la industria de la música. In: BUSTAMANTE, Enrique (org.). *La cooperación cultura-comunicación en iberoamérica*. Madrid: Fundación Alternativas, 2007.

ALBORNOZ, Luis A.; GALLEGO, Juan Ignacio. Setor da música... independente? Apontamentos sobre a trama empresarial española. In: HERSCHMANN, Micael (org.). *Nas bordas e fora do mainstream musical*. São Paulo: Estação das Letras e das Cores, 2011.

ALFARO, Santiago. *Economía y cultura de la música andina*. 2009. Tese (Doutorado em Sociologia) – Departamento de Sociologia, Pontifícia Universidade Católica do Peru, Lima, 2009.

AMARAL, Adriana. Cybersubculturas e Cybercenas. *Revista Famecos*, n. 3. Porto Alegre: PPGCOM da PUC-RS, 2007.

AMARAL, Adriana. Subculturas e ciberculturas: para uma genealogia das identidades de um campo. *Revista Famecos*, n. 37. Porto Alegre: PPGCOM da PUC-RS, 2008.

ANDREATTA, Verena et al. Rio de Janeiro e a sua orla: história, projetos e identidade carioca. *Coleção Estudos Cariocas*, n. 1, p. 1-16. São Paulo: Nova Cultural, 2009.

ARANTES, Otilia. Uma Estratégia Fatal: A Cultura nas Novas Gestões Urbanas. In: ARANTES, Otilia; VAINER, C.; MARICATO, E. (ed.). *A Cidade do Pensamento Único*, pp. 11-74. Petrópolis: Vozes.

ATTALI, Jacques. *Ruídos*. México: Siglo Veintiuno, 1995.

AXER, Stéphanie. Turismo cultural: o município de Paraty e a Flip. *Revista Intinerarium*, v. 2. Rio de Janeiro: Escola de Museologia/UNIRIO, 2009.

AZNAR ALMAZAN, Yago; CLAVO, Maria I. Arte, política y activismo. *Concinnitas – Revista do Instituto de Artes da UERJ*, ano 6, v. 1, n. 10, Rio de Janeiro, 2007.

BARBALHO, Alexandre et al. (org.). *Cultura e desenvolvimento*: perspectivas políticas e econômicas. Salvador: EDUFBA, 2011.

BARBOSA, Diego; OLIVEIRA, Elza. *A festa do Divino Espírito Santo em Paraty*. Jundiaí: Paco, 2017.

BARBOSA, Luiz; ZAMOT, Fuad. Políticas públicas para o desenvolvimento do turismo. In: BARBOSA, Luiz et al. (org.). *Gestão em turismo e hotelaria*. São Paulo: Aleph, 2004.

BATES, Eliot. The World Map of Music. In: *The society for Ethnomusicology*. v. 54, n. 3, 2010.

BAUDRILLARD, Jean. *Simulacro e Simulações*. Lisboa: Relógio D'Água, 1991.

BAUMAN, Zygmunt. *Globalização*. Rio de Janeiro: Jorge Zahar, 1999.

BAZILA, Muhammad Junior Braga. *Arquitetura e memórias da escravidão e lutas*: o Museu da História e Cultura Afro-Brasileira e o Museu do Legado. Brasília: UNB, 2021.

BECK, Ulrich. *Qu' est-ce le cosmopolitisme?* Bris: Édition Aubier, 2006.

BECKER, Howard. *Outsiders*. Rio de Janeiro: Zahar, 2008.

BENJAMIN, Walter. *Obras escolhidas*. São Paulo: Brasiliense, v. 1, 1987.

BENNETT, Andy et al. (ed.) *Festivalization of Culture*. Nova York: Routledge, 2014.

BENNETT, Andy; KAHN-HARRIS, Keith (ed.). *After subcultures*: critical studies in contemporary youth culture. Nova York: Palgrave Macmilliam, 2004.

BENNETT, Andy; PETERSON, Richard A. (ed.) *Music Scenes*. Nashville: Vanderbilt University Press. 2004.

BESSA, Claudia. *Gestão social e desenvolvimento local no APL de Entretenimento e Turismo de Conservatória*. Rio de Janeiro: Dissertação de mestrado defendida no Programa de Pós-Graduação em Economia Empresarial da Universidade Candido Mendes, 2011.

BEZERRA, Amilcar A. et al. Detonando as fronteiras: notas sobre a formação de uma Cena Metal na cidade do Recife. In: XXXIV Congresso Brasileiro de Ciências da Comunicação. *Anais* [...]. Recife: Intercom, 2011.

BHABHA, Homi K. *O local da cultura*. Belo Horizonte: Editora UFMG, 1998.

BlackING, John. *Music, Culture and Experience*. Chicago: University of Chicago Press, 1995.

BLUMER, Herbert. A sociedade como interação simbólica. In: COELHO, Maria Cláudia (org.). *Estudos sobre interação*. Rio de Janeiro: Editora UERJ, 2013.

BORELLI, SILVIA H. et al. (org.). *Jovens na cena metropolitana*. São Paulo: Paulinas, 2009.

BOURDIEU, Pierre. *Questões de sociologia*. Rio de Janeiro: Marco Zero, 1983.

BOURDIEU, Pierre. *A distinção*: crítica social do julgamento. São Paulo: Zouk, 2007.

BRADFORD, Neil. *Creative Cities structured policy dialogue backgrounder*. Otawwa: Canadian Policy Research Networks, 2004.

BRÜSEKE, Franz. J. *A técnica e os riscos da modernidade*. Florianópolis: Editora UFSC, 2001.

BUARQUE, Sergio. *Construindo o desenvolvimento sustentável*. Rio de Janeiro: Garamond, 2008.

BURNETT, Robert. *Global Jukebox*. Nova York: Routledge, 1996.

BUTLER, Judith. *Corpos em aliança e a política das ruas*. Rio de Janeiro: Civilização Brasileira, 2018.

CALLON, Michel. The Sociology of an Actor-Network. In: CALLON, Michel et al. (ed.). *Mapping the dynamics of Sciense and Tecnology*. Londres: Macmilliam Press, 2010.

CÂMARA DE GESTÃO DOS APLS DO RIO DE JANEIRO. *APLs do Rio de Janeiro*. Brasília: III Conferência dos APLS, 2007.

CÂMARA MUNICIPAL. *Plano Diretor de Desenvolvimento Turístico do Município de Paraty* (Disponível em: <http://www.paraty.rj.gov.br/camaraparaty/painel/Leis/2004/Lei_Complementar).

CANCLINI, Néstor G. *Culturas híbridas*. São Paulo: Edusp, 1997.

CANCLINI, Néstor G. et al. (coord.). *Jóvenes, Culturas Urbanas y Redes Digitales*. Madri: Fundación Telefónica, 2012.

CANEVACCI, Massimo. *Cidades polifônicas*. São Paulo: Studio Nobel, 1993.

CARVALHO, Fernanda.; GONÇALVES, Rossi. O corpo na rua: a linguagem das performances nas Rodas Culturais. *Artefactum*, v. 8, n. 1, Juiz de Fora, 2014.

CHAMBERS, Iain. *Urban Rythms*. Londres: Macmillan, 1985.

COCCO, Giuseppe et al. (org.). *Capitalismo Cognitivo*. Rio de Janeiro: DP&A, 2003.

COMITÊ POPULAR RIO – COPA E OLIMPÍADAS. *Dossiê Megaeventos e Violações dos Direitos Humanos no Brasil*. Rio de Janeiro: CPR, 2013.

CONNOR, Steven. *Dumbstruck*: a Cultural History of Ventriloquism. Oxford: Oxford University Press, 2000.

CONTRERA, Malena; MORO, Marcela. Vertigem midiática nos eventos musicais. *E-Compós*, v. 11, n. 1, pp. 1-15, Brasília, Compós, 2008.

CORREIA, Mayã M. *Entre portos imaginados*: construções urbanísticas pensadas a partir do projeto Porto Maravilha, cidade do Rio de Janeiro. 2013. Dissertação (Mestrado) – Universidade de São Paulo, São Paulo, 2013.

COSTA, Ricardo; BARROS, Teresa. Redes de afeto e pertencimento no carnaval de rua da região portuária carioca. In: COSTA, Elianne; AGUSTINI, Gabriela (org.). *De baixo para cima*. Rio de Janeiro: Aeroplano, 2014.

COUTO, Mia. *O último voo do flamingo*. São Paulo: Cia das Letras, 2005.

CRUZ, Gisele R. Práticas participativas e clientelismo político: a lógica das experiências de gestão integrada. In: *Cadernos do CEAS*, n. 225, . São Paulo: Abril, 2016.

CURA, Tayanne. *Minas de Batalha*: feminismo(s) em rodas de ritmo e poesia. 2019. Dissertação (Mestrado em Comunicação) – Escola de Comunicação, Universidade Federal do Rio de Janeiro, Rio de Janeiro, 2019.

DAPIEVE, Arthur. *Black Music*. Rio de Janeiro: Objetiva, 2008.

DAVIS, Angela. *Mulheres, raça e classe*. São Paulo: Boitempo, 2016.

DEBORD, Guy. *A sociedade do espetáculo*. Rio de Janeiro: Contraponto, 1997.

DE CERTEAU, Michel. *A invenção do cotidiano*, v. 1, Petrópolis: Vozes, 1994.

DELEUZE, Gilles; GUATTARI, Felix. *Mil platôs*. Rio de Janeiro: Editora 34, 1995.

DE LOPES, Maria Immacolata V. A teoria barberiana da comunicação. *Matrizes*, v. 12, n. 1. São Paulo: USP, 2018.

DE LOPES, Maria Immacolata V. La investigación de la comunicación. *Diálogos de la comunicación*, n. 56. Lima, FELAFACS, 1999.

DE MARCHI, Leonardo. Análise do plano da Secretaria de Economia Criativa e as transformações na relação entre Estado e Cultura no Brasil. *Intercom* – RBBC, v. 37, n. 1, pp. 193 - 215, jan./jun. São Paulo, 2014.

DE MARCHI, Leonardo. Políticas públicas para as cidades musicais no Brasil. In: FERNANDES, Cíntia S.; HERSCHMANN, Micael (org.) *Cidades Musicais*. Porto Alegre: Sulina, 2018.

DENORA, Tia. *Music and Everyday Life*. Cambridge: Cambridge University Press, 2000.

DIDI-HUBERMAN, George. *Sobrevivência dos vagalumes*. Belo Horizonte: Editora UFMG, 2011.

DIDI-HUBERMAN, George. *Désirer, Désobéir*. Paris: Minuit, 2019.

DIMENSTEIN, Magda *et al*. Da vida dos jovens nas favelas cariocas: drogas, violência e confinamento. *Revista do Departamento de Psicologia*, v. 16, n. 1, pp. 23 - 40. Niterói: UFF, 2004.

DU GAY, Paul (org.). *Production of culture, culture of production*. Londres: Sage, 1997.

DURÁN, María-Ángeles. *La ciudad compartida*. Santiago: Ediciones Sur, 2008.

ESTEVÃO, Andrea; HERSCHMANN, Micael. Artivismo feminista no Carnaval carioca. In: 43º Congresso Brasileiro de Ciências da Comunicação. *Anais [...]*. São Paulo: Intercom, 2020.

EUGÊNIO, Fernanda; LEMOS, João Francisco. Tecno-territórios: ocupação e etnografia das Cenas Eletrônicas Cariocas. In: XVI Encontro Nacional da Compós. *Anais [...]*. Curitiba: Compós, 2007.

FERNANDES, Cíntia S. A cultura local ressignificando os espaços públicos da cidade do Rio de Janeiro. In: XXXIV Congresso Brasileiro de Ciências da Comunicação. *Anais [...]*. São Paulo: Intercom, 2011.

FERNANDES, Cíntia S. Música e sociabilidade. *In*: HERSCHMANN, Micael (org.) *Nas bordas e fora do mainstream musical*. São Paulo: Estação das Letras e das Cores, 2011.

FERNANDES, Cíntia S. Territorialidades cariocas: cultura de rua, sociabilidade e música nas ruas-galerias do Rio de Janeiro. *In*: FERNANDES, Cíntia S.; MAIA, João; HERSCHMANN, Micael (org.). *Comunicação e Territorialidade*: Rio de Janeiro em cena. São Paulo: Anadarco, 2012.

FERNANDES, Cíntia S.; TROTTA, Felipe.; HERSCHMANN, Micael. Não pode tocar aqui!? *E-Compós*, v. 18, n. 2. Brasília: Compós, 2015.

FERNANDES, Cíntia S. *et al.* Corpo, cidade e festa. *Interin*, v. 24. Curitiba: PPGCOM da UTP, 2018.

FERNANDES, Cíntia S.; HERSCHMANN, Micael (org.) *Cidades Musicais*. Porto Alegre: Sulina, 2018.

FERNANDES, Cíntia S.; BARROSO, Flavia M.; BELART, Victor. Cidade Ambulante. *Revista Mediação*, v. 22, n. 29. Rio de Janeiro, 2019a.

FERNANDES, Cíntia S.; LA ROCCA, Fabio; BARROSO, Flavia M. Beco das Artes: festas, imaginários e ambiências subversivas na cidade. *ECO-PÓS*, v. 22, n. 3, p. 140-165. Rio de Janeiro: *PPGCOM da UFRJ*, 2019b.

FERNANDES, Cíntia S.; HERSCHMANN, Micael. Músicas, sons e dissensos. *Matrizes*, v. 14, n. 2, p. 163-179. São Paulo, 2020.

FERNANDES, Cíntia S. Corpos femininos reinventando os espaços urbanos. *In*: FERNANDES, Cíntia S. *et al.* (org.). *Arte, comunicação e (trans)política*. Belo Horizonte: Selo PPGCOM/UFMG, 2021.

FERNÁNDEZ, Eloy P. *Homo Sampler*. Barcelona: Anagrama, 2008.

FERREIRA, Maria T. *et al.* Análise do desenvolvimento de APL: um estudo de caso do município de Paraty. *Revista de Administração Pública*, n. 45, v. 2, mar./abr. Rio de Janeiro: FGV, 2011.

FERREIRA, João S. W. Apresentação: um teatro milionário. *In*: JENNINGS, Andrew *et al.* (org.). *Brasil em jogo*. São Paulo: Boitempo, 2014.

FERREIRA, Victor Moura S. *A rede de cidades criativas da Unesco*. Goiânia: Faculdade de Artes Visuais/Universidade Federal de Goiás, 2017.

FIGUEIREDO, João Luiz de. A dimensão econômica da cultura. *In*: MARAFON, Gláucio; ROCHA, Geiza (org.). *Caderno de cultura do estado do Rio de Janeiro*. Rio de Janeiro: Editora UERJ, 2017.

FIGUEIREDO, João Luiz de; JESUS, Diego S. V. de (org.). *Cidades criativas*: aspectos setoriais e territoriais. Rio de Janeiro: E-Papers, 2017.

FIGUEIREDO, João Luiz de; JESUS, Diego S. V. de. Economia criativa: Oportunidades e gargalos para o seu fortalecimento na cidade do Rio de Janeiro. *Geo UERJ*, n. 36. Rio de Janeiro: UERJ, 2020.

FINN, John; LUKINBEAL, Chris. Musical cartographies. *In*: Johansson, O.; Bell, T. (ed.). *Sound, Society, and the Geography of Popular Music*. Burlington: Ashgate, 2009.

FIRJAN. *A Cadeia da indústria criativa no Brasil*. Rio de Janeiro: Firjan, 2008.

FIRJAN. *Mapeamento da indústria criativa no Brasil*. Rio de Janeiro: Firjan, 2019.

FLORIDA, Richard. *The rise of the creative class*. Nova York: Basic Books, 2002.

FLORIDA, Richard. *Cities and the creative class*. Nova York: Routledge, 2005.

FÓRUM DE ARTE PÚBLICA. *Relatório de Arte Pública* – uma política em construção. Rio de Janeiro: Arte Pública, 2014.

FOUCAULT, Michel. *Nascimento da Biopolítica*. Lisboa: Edições 70, 2010.

FOUCAULT, Michel. *O corpo utópico, as heterotopias*. São Paulo, N-1 Edições, 2013.

FRITH, Simon. La industria de la musica popular. *In*: FRITH, Simon; STRAW, Will; STREET, John (ed.). *La otra historia del rock*. Barcelona: Ediciones Robinbook, 2006.

FÜZESSÉRY, Stéphane; SIMAY, Philippe (ed.) *Le choc des Métropoles*. Paris: Éditions de l'Éclat, 2008.

GARCÍA CANCLINI, Néstor (org.). *Conflictos interculturales*. Barcelona: Gedisa, 2011.

GILROY, Paul. *Atlântico negro*. São Paulo: Editora 34, 2001.

GOFFMAN, Erving. *A representação do eu na vida cotidiana*. Petrópolis: Editora Vozes, 2009.

GOHN, Maria da Glória. *Novas teorias dos movimentos sociais*. São Paulo: Edições Loyola, 2014.

GOMES, Nilma L. *Sem perder a raiz*: corpo e cabelo como símbolos da identidade negra. Belo Horizonte: Autêntica, 2006.

GRAND JR, João. Cidade, cultura e desenvolvimento: perspectivas e desafios para a economia cultural-criativa do samba-carnaval carioca. *Diálogo com a Economia Criativa*, v. 1, n. 1. Rio de Janeiro: ESPM-RJ, 2016.

GROSSBERG, Lawrence. *Dancing in Spite of Myself*: essays on popular culture. Durham/London: Duke University Press, 1997.

GUATTARI, Felix. *Revolução molecular*. São Paulo: Brasiliense, 1977.

GUILHERME, Luciana Lima. Creative economy: thematic perspectives addressed and research methodologies adopted. *Brazilian journal of science and technology*. v. 4, n. 1, 2017.

GUIMARÃES, Roberta S. *A utopia da Pequena África*. Tese (Doutorado em Sociologia) – IFCS/UFRJ, Rio de Janeiro, 2011.

HAESBAERT, Rogério. *Territórios alternativos*. São Paulo: Contexto, 2002.

HAESBAERT, Rogério. *O mito da desterritorialização*. Rio de Janeiro: Bertrand Brasil, 2010.

HALL, Stuart; JEFFERSON, Tony (org.). *Resistance through rituals*: youth subcultures in post-war. Londres: Hutchison & Co., 1976.

HALL, Stuart. *Da diáspora*. Belo Horizonte: Editora UFMG, 2003.

HARAWAY, Donna. *Seguir com el Problema*. Bilbao: Edición Consonni, 2019a.

HARAWAY, Donna. *Habiter le trouble avec Donna Haraway*. Paris: Édition Dehors, 2019b.

HARAWAY, Donna. *Testigo_ Modesto@Segundo_ Milenio*. Buenos Aires: Raris Avis Casa Editorail, 2021.

HARAWAY, Donna. *Quando as espécies se encontram*. São Paulo: Ubu, 2022.

HARDT, Michael; NEGRI, Antonio. *Império*. Rio de Janeiro: Record, 2000.

HARDT, Michael; NEGRI, Antonio. *Multidão*. Rio de Janeiro: Record, 2005.

HARDT, Michael; NEGRI, Antonio. *Commonwealth*. Massachusetts: Harvard University Press, 2009.

HARTLEY, John (ed.) *Creative industries*. Oxford: *Black*well Publishing, 2005.

HARVEY, David. *Espaços de esperança*. São Paulo: Edições Loyola, 2009.

HEBDIGE, Dick. *Subculture*. The meaning of style. Londres: Methuen, 1979.

HENNION, Antoine. Gustos musicales: de una sociología de la mediación a una pragmática del gusto. *Comunicar*. Huelva: Grupo Comunicar Ediciones, v. 17, n. 34, pp. 25-33, 2010.

HERSCHMANN, Micael. *O funk e o hip hop invadem a cena*. Rio de Janeiro: Editora UFRJ, 2000.

HERSCHMANN, Micael. Espetacularização e alta visibilidade. *In*: FREIRE FILHO, João; HERSCHMANN, Micael (org.). *Comunicação, cultura e consumo*. Rio de Janeiro: E-Papers, 2005.

HERSCHMANN, Micael. *Lapa, cidade da música*. Rio de Janeiro: Mauad X, 2007.

HERSCHMANN, Micael. Ciudadania y estética de los jóvenes de las periferias y favelas *In*: MARTÍN-BARBERO, J. *et al.* (ed.). *Entre saberes desechables y saberes indispensables*, pp. 121-160. Bogotá: CCAL, 2009.

HERSCHMANN, Micael. A indústria da música como laboratório. *Observatório*, n. 9, pp. 21-30. São Paulo: Itaú Cultural, 2010.

HERSCHMANN, Micael. *Indústria da música em transição*. São Paulo: Estação das Letras e das Cores, 2010.

HERSCHMANN, Micael (org.). *Nas bordas e fora do mainstream*. São Paulo: Estação das Letras e das Cores, 2011.

HERSCHMANN, Micael; FERNANDES, Cíntia S. Territorialidades sônicas e ressignificação dos espaços do Rio de Janeiro. *Revista Logos*, n. 35, v. 18, n. 2. Rio de Janeiro: PPGCOM da UERJ, 2011.

HERSCHMANN, Micael; FERNANDES, Cíntia S. Revisitando Néstor García Canclini: interculturalidade e políticas culturais para a América Latina. *In*: GOMES. I.; JANOTTI JR, J. (org.). *Comunicação e Estudos Culturais*. Salvador: EDUFBA, 2011.

HERSCHMANN, Micael; FERNANDES, Cíntia S. Nova Orleans não é aqui? *E-Compós*, v. 15, n. 2. Brasília: Compós, 2012.

HERSCHMANN, Micael. Cenas, Circuitos e Territorialidades Sônico-Musicais. *In*: JANOTTI JUNIOR, Jeder; SÁ, Simone P. (org.). *Cenas Musicais*. Guararema: Anadarco, 2013.

HERSCHMANN, Micael; FERNANDES, Cíntia S. Potencialidade movente do entretenimento, da música e espacialidade no Rio de Janeiro. *In*: RIBEIRO, Ana P.; FREIRE FILHO, João; HERSCHMANN, Micael. *Entretenimento, felicidade e memória*: forças moventes do contemporâneo. Guararema: Anadarco, 2013.

HERSCHMANN, Micael; FERNANDES, Cíntia S. *Música nas ruas do Rio de Janeiro*. São Paulo: Editora Intercom, 2014.

HERSCHMANN, Micael; SÁ, Simone, TROTTA, F., JANOTTI JUNIOR., Jeder. Consolidação dos estudos de música, som e entretenimento no Brasil. *In*: MORAIS, Osvando de (org.). *Ciências da Comunicação em Processo*. São Paulo: Editora Intercom, 2014.

HERSCHMANN, Micael; FERNANDES, Cíntia S. Bem-vindo ao Rio de Janeiro de pouca visibilidade! *In*: XXXVIII Congresso da Intercom. *Anais [...]*. São Paulo: Intercom, 2015.

HERSCHMANN, Micael. *et. al.* Moda, corpo e música no Baile *Black*. *In*: NOROGANDO, R.; Benetti, A. (org.). *Moda, música e sentimento*. São Paulo: Estação das Letras e Cores, 2016.

HERSCHMANN, Micael *et al.* Rio das Ostras, cidade do *jazz*. *RECIIS*, pp. 1-13. Rio de Janeiro: Fiocruz, 2017.

HERSCHMANN, Micael; FERNANDES, Cíntia S. Resiliência e polinização da música negra nos espaços urbanos do Rio de Janeiro. *Galáxia*. São Paulo: PUC-SP, 2021.

HESMONDHALGH, David. Subcultures, scenes or tribes? *Journal of Youth Studies*, v. 8, n. 1. Londres, 2005.

HOBSBAWN, Eric. *Bandidos*. São Paulo: Forense Universitária, 1975.

HOHLFELDT, Antônio; MARTINO, Luís; FRANÇA, Vera. *Teorias da Comunicação*: conceitos, escolas e tendências. Petrópolis: Vozes, 2008.

HOLLANDA, Heloísa B. (org.). *Explosão feminista*. São Paulo: Cia das Letras, 2018.

HOWKINS, John. *The creativy economy*. Londres: Penguin Books, 2009.

HUYSSEN, Andreas. *Culturas do Passado-Presente*. Rio de Janeiro: Contraponto, 2014.

JACOBS, Jane. *Morte e vida das grandes cidades*. São Paulo: Martins Fontes, 2000.

JACQUES, Paola B. Teoria da deriva. *In*: JACQUES, Paola B. (org.). *Apologia da deriva*. Rio de Janeiro: Casa da Palavra, 2003.

JACQUES, Paola B. *Elogio aos errantes*. Salvador: EDUFBA, 2012.

JAMESON, Fredric. *Pós-modernismo*. São Paulo: Ática, 1997.

JANOTTI JUNIOR, Jeder. Os Cantos das Cidades. XXXIV Congresso Brasileiro de Ciências da Comunicação. *Anais [...]*. São Paulo: Intercom, 2011.

JANOTTI JUNIOR, Jeder. Partilhas do Comum: cenas musicais e identidades culturais. XXXV Congresso Brasileiro de Ciências da Comunicação. *Anais [...]*. Fortaleza: Intercom, 2012a.

JANOTTI JUNIOR, Jeder. War for territory: cenas, gêneros musicais, experiência e uma canção heavy metal. XXI Encontro Nacional da Compós. *Anais [...]*. Juiz de Fora: Compós, 2012b.

JANOTTI JUNIOR, Jeder. Will Straw e a importância da ideia de cenas musicais nos estudos de música e comunicação (Entrevista). *E-Compós*, v. 15, n. 2. Brasília: Compós, 2012c.

JANOTTI JUNIOR, Jeder; SÁ, Simone (org.). *Cenas Musicais*, Guarema: Editora Anadarco, 2013.

JENKINS, Henry. *Fans, bloggers and gamers*. Nova York: New York University Press, 2006.

JENKINS, Henry. *Cultura da convergência*. São Paulo: Aleph, 2008.

JENNINGS, Andrew et al. (org.). *Brasil em jogo*. São Paulo: Boitempo, 2014.

JENSEN, Klaus. B. Teoria e filosofia da comunicação. *Matrizes*, ano 2, n. 1. São Paulo: PPGCOM da USP, 2008.

JESUS, Diego Santos V. de; KAMLOT, Daniel. *Economia criativa e políticas públicas*. Curitiba: Prismas, 2016.

JEUDY, Henri Pierre. Penser la ville, vivre la communaute urbaine. *In*: PAIVA, Raquel; TUZZO, Simone A. (org.). *Comunidade, mídia e cidade*. Goiânia: Cirgráfica, 2014.

KISCHINHEVSKY, Marcelo; VICENTE, Eduardo; DE MARCHI, Leonardo. Em busca da música infinita: os serviços de streaming e os conflitos de interesse no mercado de conteúdos digitais. *Fronteiras*, v. 17, n. 3. São Leopoldo: Unisinos, 2015.

KITTLER, F. *Gramophone, Film, Typewrither*. Stanford: Stanford University Press, 1999.

KUSEK, David; LENHOARD, Berd. *The futur of the Music*. Boston: Berklee Press, 2005.

LABELLE, Brandon. *Acoustic Territories*. Nova York: Continuum, 2010.

LAIGNIER, Paulo C. *Do funk fluminense ao funk nacional*. 2013. Tese (Doutorado em Comunicação) – Escola de Comunicação, Universidade Federal do Rio de Janeiro, Rio de Janeiro, 2013.

LANDRY, Charles; BIANCHINI, Franco. *The Creative City*. Londres: Comedia, 2000.

LANDRY, Charles. *The art of city-making*. Londres: Easthscan, 2006.

LATOUR, Bruno. *Reagregando o social*. Salvador: EDUFBA, 2012.

LEFEBVRE, Henri. A *Revolução Urbana*. Belo Horizonte: Editora UFMG, 2004.

LEFEBVRE, Henri. *O direito à cidade*. São Paulo: Centauro, 2015.

LEGROS, Patrick et al. *Sociologia do imaginário*. Porto Alegre: Sulina, 2007.

LEMOS, André. Ciber-cultura-remix. *Seminário sentidos e processos*. São Paulo: Itaú Cultural, 2005. (Disponível em: <https://www.facom.ufba.br/ciberpesquisa/andrelemos/remix.pdf>. Acesso em: 24 jan. 2022).

LEMOS, Ronaldo; CASTRO, Oona. *Tecnobrega*: o Pará reinventando o negócio da música. Rio de Janeiro: Aeroplano, 2008.

LEMOS, André. Ciborgues, cartografias e cidades. *Revista Comunicação e Linguagens*. Lisboa: Relógio d'Água, 2011.

LEMOS, André. *A comunicação das coisas*. São Paulo: Annablume, 2013.

LERNER, Jaime. Every city can be a creative city. In: REIS, Ana C.; KAGEYAMA, Peter (org.). *Creative cities perspectives*. São Paulo: Garimpo de Soluções e Creative Cities Productions, 2009.

LOPES, Maria Immacolata V. Por um paradigma transdisciplinar para o campo da comunicação. In: DOWBOR, Ladislau; IANNI, Octavio (org.). *Os desafios da comunicação*. Petrópolis: Vozes, 2001.

MAFFESOLI, Michel. *Elogio da razão sensível*. Rio de Janeiro: Forense-Universitária, 1998.

MAFFESOLI, Michel. *O mistério da conjunção*. Porto Alegre: Sulina, 2003.

MAFFESOLI, Michel. *Saturação*. São Paulo: Iluminuras, 2010.

MAFFESOLI, Michel. *Homo Eroticus*. Rio de Janeiro: Forense-Universitária, 2014.

MALINI, Fabio; ANTOUN, Henrique. *A internet e a rua*. Porto Alegre: Sulina, 2013.

MARCELO, Hernán V. *Patrimônio cultural e turismo no Brasil em perspectiva histórica*: encontros e desencontros na cidade de Paraty. Niterói: PPG em História da UFF, 2011.

MARCHI, Leonardo de. *A destruição criadora da música brasileira*. Rio de Janeiro: Folio Digital, 2016.

MARCHI, Leonardo *et. al*. Mudanças relevantes na indústria da música em Tempos de Pandemia. *Revista Eptic*. Aracaju: UFSE, 2022.

MARGULIS, Mario. *La Juventud es más que una palabra*. Buenos Aires: Biblos, 1996.

MARGULIS, Mario *et al.* (org.). *Viviendo a toda*. Bogotá: Siglo del Hombre editores, 1998.

MARICATO, Ermínia. A Copa do Mundo no Brasil: tsunami de capitais aprofunda a desigualdade urbana. *In*: JENNINGS, Andrew *et al.* (org.). *Brasil em jogo*. São Paulo: Boitempo/Carta Maior, 2014.

MARQUES, Angela. Comunicação, estética e política. *Galáxia*, n. 22. São Paulo: PUC-SP, 2011.

MARTÍN-BARBERO, Jesús. *Dos meios às mediações*. Rio de Janeiro: Editora UFRJ, 2003.

MARTÍN-BARBERO, Jesús. *Ofício de cartógrafo*. São Paulo: Loyola, 2004.

MARTÍN-BARBERO, Jesús. A mudança na percepção da juventude: sociabilidades, tecnicidades e subjetividades entre os jovens. *In*: BORELLI, Silvia; FREIRE FILHO, João (org.). *Culturas juvenis no século XXI*. São Paulo: EDUC, 2008.

MARTINO, Luis. Interdisciplinaridade e objeto de estudo da comunicação. *In*: HOHLFELDT, Antônio; MARTINO, Luis; FRANÇA, Vera. *Teorias da Comunicação*: conceitos, escolas e tendências. Petrópolis: Vozes, 2008.

MATOS, Claudia. *Acertei no milhar*. Rio de Janeiro: Paz e Terra, 1982.

MATTELART, Armand; MATTELART, Michele. *História das teorias da Comunicação*. São Paulo: Loyola, 1999.

MEAD, Margareth. *Sexo e temperamento em três sociedades primitivas*. São Paulo: Perspectiva, 1979.

MELLO E SOUZA, Marina. *Paraty, a cidade e as festas*. Rio de Janeiro: Ouro e Azul, 2008.

MERCER, Kobena. *Black* hair, style politics. *New Formations*. Londres: Lawrence, 1987.

MERLEAU-PONTY, Maurice. *O olho e o espírito*. São Paulo: Cosac & Naify, 2004.

MIÉGE, Bernard. *La société conquise par la communication*. Grenoble: PUG, 1989.

MIGNOLO, Walter. Decolonialidade como o caminho para a cooperação. *Revista do Instituto Humanitas*, n. 431, 4 nov. 2013. (Disponível em: <https://bit.ly/3gBixhi>. Acesso em: 12 ago. 2021).

MONTEIRO, Tiago J. L. Alfama chorou: elementos para uma cartografia da presença musical brasileira em Portugal. *Logos*, v. 18, n. 2. Rio de Janeiro: PPGCOM/UERJ, 2011.

MOREIRA, Clarissa da C. *A cidade contemporânea entre a tábula rasa e a preservação*. São Paulo: UNESP, 2004.

MORIN, Edgar. *O Método*, vol. 1 a 6. Porto Alegre: Sulina, 2005.

MOULIER-BOUTANG, Yann. *Le Capitalisme Cognitif*. Paris: Amsterdam, 2007.

MOULIER-BOUTANG, Yann. *L'abeille et l'économiste*. Paris: Carnets Nord, 2010.

MOURA, Roberto. *No princípio, era a roda*. Rio de Janeiro: Rocco, 1983.

NEGUS, Keith. *Géneros musicales y la cultura de las multinacionales*. Barcelona: Paidós, 2005.

NOGUEIRA, Narjara do V. *Paraty*: análise histórica do seu desenvolvimento turístico. Niterói: Departamento de Turismo/UFF, 2011.

NOGUEIRA, Pedro; PORTINARI, Denise. Urbanismo tático e a cidade neoliberal. *Arcos Design*, v. 9, n. 2. Rio de Janeiro: PPG da ESDI/UERJ, 2016.

OLIVEIRA, Alberto. A economia dos megaeventos. *Revista Paranaense de Desenvolvimento*, n. 120. Curitiba: IPARDES, 2011.

OLIVEIRA, Indira Rodrigues de. Comunicação e Música: os agenciamentos do *Jazz & Blues* da cidade de Rio das Ostras. In: IV Comúsica. *Anais [...]*. Rio de Janeiro: UERJ, 2014.

OLSON, Mark. Everybody loves town. In: SWISS, Thomas e outros (ed.). *Mapping the beat*. Malden: *Blackwell*, 1998.

PAES, Maria T. Trajetórias do patrimônio cultural e os sentidos dos seus usos em Paraty. *Resgate*, v. 23, n. 30. Campinas: Unicamp, 2015.

PECHMAN, Roberto M. *História dos Bairros: Saúde, Gamboa, Santo Cristo* – Zona Portuária. Rio de Janeiro: Índex, 1987.

PEREIRA, Carlos A. *Cacique de Ramos*. Rio de Janeiro: E-Papers, 2003.

PEREIRA, Simone Luci; SANTIAGO, Sabrina. Circuitos, cenas, cosmopolitismos: Cartografias da latinidade em São Paulo. In: IV Comunicon. *Anais [...]*. São Paulo: PPGCOM/ESPM, 2014.

PINE, Joseph; GILMORE, James. *O espetáculo dos negócios*. Rio de Janeiro: Campus, 2001.

PIO, Leopoldo G. Cidade e Patrimônio nos projetos Corredor Cultural e Porto Maravilha. *Revista Húmus*, v. 4, n. 10. São Luís: UFMA, 2014.

PLANO DE GESTÃO. *Paraty Patrimônio da Humanidade*. Grupo de Trabalho da Comissão Permanente Pró-Sítio do Patrimônio Mundial de Paraty, Rio de Janeiro, 2008.

PRECIADO, Paul B. *Testo Junkie*. São Paulo: N1-Edições, 2018.

PRESTES FILHO, Luiz Carlos *et al.*(org.). *Economia da cultura*. Rio de Janeiro: E-Papers, 2002.

PRESTES FILHO, Luiz Carlos *et al.* (org.). *Cadeia produtiva da economia da música*. Rio de Janeiro: Instituto Gênesis/ PUC-RJ, 2004.

RANCIÈRE, Jacques. *O desentendimento*. São Paulo: Editora 34, 1996.

RANCIÈRE, Jacques. *A partilha do sensível*. São Paulo: Editora 34, 2004.

RAPOSO, Paulo. Artivismo. *Cadernos de Arte e Antropologia*, v. 4, n. 2. Lisboa: ICTE, 2015.

RAUDIG, Gerald (org.). *Producción cultural y prácticas instituyentes*. Madrid: Traficantes de Sueños, 2008.

REGIS, Vitor M.; FONSECA, Tania. M. G. Cartografia: estratégias de produção do conhecimento. *Fractal*, v. 24, n. 2. Niterói: Departamento de Psicologia da UFF, 2012.

REIA, Jhessica. *et al*. Entre regulações e táticas. *Revista Famecos*, v. 25, n. 3. Porto Alegre: PUCRS, 2018.

REIS, Ana C.; KAGEYAMA, Peter (org.). *Creative cities perspectives*. São Paulo: Garimpo de Soluções e Creative Cities Productions, 2008.

REIS, Ana Carla. *Cidades criativas, soluções inventivas*. São Paulo: Garimpo de Soluções, 2010.

REIS, Ana C. *Cidades Criativas*. São Paulo, Editora SESI-SP, 2012.

REVILL, George. Landscape, music and the cartography of sound. *In*: HOWARD, Peter; THOMPSON, Ian; WATERSON, Emma (ed.). *Companion to Landscape Studies*. Londres: Routledge, 2012.

REYNOLDS, Simon. *Retromania*. Londres: Macmillan, 2011.

RIBEIRO, Ana Clara *et al*. (org.). *Cartografia da ação social e movimentos da sociedade*. Rio de Janeiro: Lamparina, 2011.

RIBEIRO, Ana C. Homens lentos, opacidades e rugosidades. *Redobra*, n. 9, p. 58-71. Salvador: UFBA, 2012.

RIBEIRO, Maria de F. *A música no processo constitutivo de arranjos produtivos locais*. Tese (doutorado) – Programa de Pós-graduação em Engenharia de Produção, Universidade Federal do Rio de Janeiro, Rio de Janeiro, 2010.

RÍNCON, Omar. O popular na comunicação. *Eco-Pós*, v. 19, n. 3. Rio de Janeiro, 2016.

ROLNIK, Suely. *Cartografia sentimental*: transformações contemporâneas do desejo. Porto Alegre: Sulina, 2011.

RUBIM, Antônio A. C. *Políticas culturais no Brasil*. Salvador: EDUFBA, 2007.

SÁ, Simone P. de (org.). *Rumos da Cultura da Música*. Porto Alegre: Sulina, 2010.

SÁ, Simone P. de. Cenas musicais, sensibilidades, afetos e cidades. *In*: GOMES, Itania; JANOTTI JUNIOR, Jeder (org.). *Comunicação e Estudos Culturais*. Salvador: EDUFBA, 2011.

SÁ, Simone P. de; MIRANDA, Gabriela. Aspectos da economia musical popular no Brasil: o circuito do *funk* carioca. *In:* HERSCHMANN, Micael (org.). *Nas bordas e fora do mainstream*. São Paulo: Estação das Letras e das Cores, 2011.

SÁ, Simone P. de. Contribuições da teoria ator-rede para a ecologia midiática da música. *Contemporânea*, v. 12, n. 3. Salvador: PPGCOM/UFBA, 2014.

SÁ, Simone P. de; CUNHA, Simone E. Controvérsias do *funk* no Youtube. Eco-Pós, v. 17, n. 3. Rio de Janeiro: PPGCOM da UFRJ, 2014.

SANSONE, Lívio. *Negritude sem etnicidade*. Salvador: EDUFBA, 2004.

SANTOS, Milton. *A natureza do espaço*. São Paulo: EDUSP, 2002.

SANTOS, Milton. *Da totalidade ao lugar*. São Paulo: EDUSP, 2005.

SASSEN, Saskia. *La ville globale*. Paris: Descartes & Cie., 1996.

SCHAFER, Raymond Murray. *The new soundscape*. Vancouver: Don Mills, 1969.

SCHWARZ, Roberto. Ideias fora do lugar. *Cultura e política*. São Paulo: Cia. das Letras, 1999.

SCOTT, Allen J. *Creatives cities*: conceptual issues anda policiy questions. Londres: s.ed., 2006 (Disponível em: <escholarship.org/uc/item/77m9g2g6>, acesso em: 12 jun. 2016).

SECRETARIA DE ESTADO DE DESENVOLVIMENTO ECONÔMICO. *Segunda Pesquisa de Opinião Musical e Turística de Conservatória*. Rio de Janeiro: Governo do Estado do Rio de Janeiro, 2005.

SELDIN, Claudia. O discurso da criatividade na cidade. *In:* XVI ENANPUR. *Anais [...]*. Belo Horizonte: ENAMPUR, v. 16, n. 1, 2015.

SELDIN, Claudia. A cidade criativa como um novo paradigma nas políticas urbano-culturais. *In:* VII *Seminário Internacional de Políticas Culturais*. Rio de Janeiro: Fundação Casa de Rui Barbosa, 2016.

SEMENSATO, Clarissa. Políticas públicas de cultura para os megaeventos no rio de janeiro. *In:* III Seminário Políticas Públicas. *Anais [...]*. Rio de Janeiro: Fundação Casa de Rui Barbosa, 2013.

SEMOVA, Dimitrina J. *et al.* (ed.) *Entender el artivismo*. Oxford: Peter Lang, 2019.

SILVA, Catia Antonia da. Cartografia da ação e a juventude na cidade: trajetórias de método. *In:* RIBEIRO, Ana Clara *et al.* (org). *Cartografia da ação social e movimentos da sociedade*. Rio de Janeiro: Lamparina, 2011.

SILVA, Regina Alves da (org.). *Ruas e redes*. Belo Horizonte: Autêntica, 2014.

SILVA, Rômulo V. *Flows & views*: batalhas de rimas, batalhas de YouTube, cyphers e o rap brasileiro na cultura digital. 2019. Dissertação (Mestrado em Comunicação) – Instituto de Artes e Comunicação Social, Universidade Federal Fluminense, Niterói, 2019.

SILVEIRA, Nilton. Rótulos lisérgicos: discutindo identidades, cenas e contemporaneidade no contexto das raves. *In*: **XXXIII Congresso Brasileiro de Ciências da Comunicação. Anais [...]**. Campina Grande: Intercom, 2010.

SIMMEL, Georg. A metrópole e a vida mental. *In*: VELHO, Otávio (org.). *O fenômeno urbano*. Rio de Janeiro: Zahar Editores, 1967.

SIMMEL, Georg. *Les grandes villes et la vie de l'esprit*. Paris: Payot, 2013.

SINGER, Ben. Modernidade, hiperestímulo e o início do sensacionalismo popular. *In*: CHARNEY, Leo; SCHWARTZ, Vanessa R. (org.). *O cinema e a invenção da vida moderna*. São Paulo: Cosac & Naif, 2001.

SODRÉ, Muniz. *Samba, o dono do corpo*. Rio de Janeiro: Mauad, 1998.

SODRÉ, Muniz. *As estratégias sensíveis*. Petrópolis: Vozes, 2006.

SOUSA SANTOS, Boaventura de. *Gramática do Tempo*. São Paulo: Cortez, vol. 4, 2006.

SOUZA, Marcelo F. de. Cidades Criativas da Unesco no Brasil. *Revista Ciências Humanas*. Viçosa: CCH/UFV, v. 13, n. 2, 2020.

STAHL, Geoff. It´s like Canadá reduce: setting scene of Montreal. *In*: BENNETT, Andy; KAHN-HARRIS, Keith (ed.). *After subcultures*. Nova York: Palgrave Macmilliam, 2004.

STRAW, Will. Systems of articulation, logics of change: communities and scenes in popular music. *Cultural Studies*, v. 5, n. 3, 1991.

STRAW, Will. Scenes and Sensibilities. *E-Compós*. Brasília: Compós, n. 6, 2006.

SUSCA, Vincenzo. *As afinidades conectivas*. Porto Alegre: Sulinas, 2019.

SZANIECKI, Bárbara. *Estética da multidão*. Rio de Janeiro: Civilização Brasileira, 2007.

SZANIECKI, Bárbara. Uma política cultural para as práticas criativas. *Lugar Comum*. Rio de Janeiro: Universidade Nômade, 2012.

SZANIECKI, Bárbara. Criatividade, Conflito e direito à cidade num Rio de Janeiro espetacularizado. *In: Diálogo com a Economia Criativa*. Rio de Janeiro, ESPM-RJ, v. 1, n. 2, p. 8-26, maio/ago. 2016.

TABOADA, N. et al. Resiliência. *Journal of Human Growth and Development*. Marília, v. 16, n. 3, 2006.

TAYLOR, Diana. *Performances*. Buenos Aires: Asunto Impreso, 2012.

TAYLOR, Diana. *O arquivo e o repertório*. Belo Horizonte: Editora UFMG, 2013.

THROSBY, David. *Economía y Cultura*. Madrid: Cambridge University Press, 2001.

TROTTA, Felipe. *O samba e suas fronteiras*. Rio de Janeiro: Editora UFRJ, 2011.

TROTTA, Felipe. Entre o borralho e o divino. *Galáxia*. São Paulo: PUC-SP, v. 26, 2013.

TROTTA, Felipe. Qual é o lugar do pagode no centenário do samba? *E-Compós*. Brasília: Compós, v. 22, 2019.

TURISRIO. *Plano de desenvolvimento turístico do município de Paraty*. Rio de Janeiro: Companhia de Turismo do Estado do Rio de Janeiro, 2003.

TURNER, Victor. *Processo Ritual*. Petrópolis: Vozes, 1974.

UNESCO. *Creative Cities Network*. (Disponível em: <https://en.unesco.org/creative-cities/home>. Acesso em: 14 dez. 2022).

VAINER, Carlos. Cidade de exceção: reflexões a partir do Rio de Janeiro. *In*: XIV Encontro Nacional da ANPUR. *Anais [...]*. Rio de Janeiro: ANPUR, 2013.

VAINER, Carlos. Como serão nossas cidades após a Copa e as Olimpíadas? *In*: JENNINGS, Andrew et al. (org.). *Brasil em jogo*. São Paulo: Boitempo, 2014.

VALIATI, Leandro; MOLLER, Gustavo (org.). *Economia criativa, cultura e políticas públicas*. Porto Alegre: Editora UFRGS/CEGOV, 2016.

VAN DIJCK, José. Datafication, dataism and dataveillance. *Surveillance & Society*, n. 12, v. 2, p. 197-208. Londres, 2014.

VARGAS, Heliana; LISBOA, Virginia. Dinâmica espaciais dos grandes eventos na cidade. *Cadernos da Metrópole*, v. 13, n. 25. São Paulo: Observatório das Metrópoles, 2011.

VAZ, Lilian F.; JACQUES, Paola B. Reflexões sobre o uso da cultura nos processos de revitalização urbana. *In*: IX Encontro Nacional da ANPUR. *Anais [...]*. Rio de Janeiro: UFRJ, 2001.

VENTURA, Zuenir. *Cidade Partida*. São Paulo: Cia. Das Letras, 1994.

VIANNA, Hermano. *O mistério do samba*. Rio de Janeiro: Jorge Zahar, 1999.

VIDAL, L. *Les Hommes Lents*. Paris: Flammarion, 2020.

VIVANT, Elza. *O que uma cidade criativa?* São Paulo: Senac, 2012.

WEBER, Max. *Economia e Sociedade*. Brasília: UNB, 1991.

WOLF, Mauro. *Teorias da Comunicação*. Lisboa: Presença, 1987.

WYNN, Jonathan. *Music/City*. Chicago: University of Chicago Press, 2015.

YÚDICE, George. A *funk*ificação do Rio. *In*: HERSCHMANN, Micael (org.). *Abalando os anos 90*. Rio de Janeiro: Rocco, 1997.

YÚDICE, George. A *Conveniência da cultura*. Belo Horizonte: Editora UFMG, 2005.

YÚDICE, George. La transformación y diversificación de la industria de la música. *In*: BUSTAMANTE, Enrique (org.). *La cooperación en Iberoamérica*. Madrid: Fundación Alternativas, 2007.

YÚDICE, George. Apontamentos sobre alguns dos novos negócios da música. *In*: HERSCHMANN, Micael. (org.). *Nas bordas e fora do mainstream musical*. São Paulo: Estação das Letras e das Cores, 2011.

ZUKIN, Sharon. *Loft Living*: Culture and capital in urban change. Baltimore: The John Hopkins University Pres, 1982.

Micael Herschmann

Historiador com formação pós-graduada em Comunicação e Ciências Sociais. Atualmente é pesquisador do CNPq e Cientista do Nosso Estado da FAPERJ. Vem trabalhando há vários anos na qualidade de Professor Titular da Escola de Comunicação e do Programa de Pós-Graduação em Comunicação da UFRJ, mas também como coordenador do Núcleo de Estudos e Projetos em Comunicação na mesma instituição. É autor dos seguintes livros pela Editora Sulina: *Cidades Musicais* (2018) e *Artivismos Urbanos* (2021).

Cíntia Sanmartin Fernandes

Doutora em Sociologia Política pela UFSC, com doutorado sanduíche junto à Universidade René Descartes-Paris V/Sorbonne, tendo realizado estágios pós-doutorais, respectivamente no Programa de Pós-Graduação em Comunicação da PUC-SP, no Programa de Pós-Graduação em Comunicação da UFRJ, na *Université Paul-Valéry de Montpellier* e na *École des Hautes Études en Sciences Sociales* de Paris. Atualmente, é pesquisadora do CNPq e PROCIÊNCIA/UERJ. Atua como Professora Associada do Programa de Pós-Graduação em Comunicação da UERJ e coordenadora do Grupo de Pesquisa Comunicação, Arte e Cidade. É autora dos seguintes livros pela Editora Sulina: *Cidades Musicais* (2018) e *Artivismos Urbanos* (2021).

Fone: 51 99859.6690

Este livro foi confeccionado especialmente para a
Editora Meridional Ltda.,
em GoudyOlSt BT, 11,5/16 e
impresso na Gráfica Noschang.